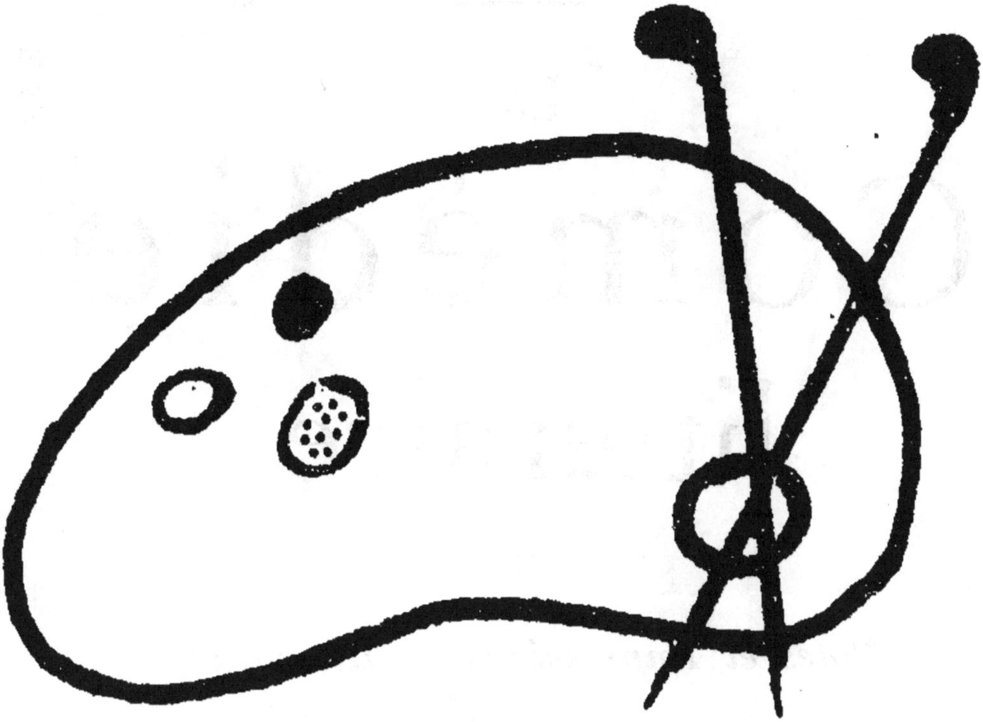

Couvertures supérieure et inférieure
en couleur

Adolphe BRISSON

La Comédie littéraire

Notes et Impressions de littérature

PARIS

Armand Colin & Cie, Éditeurs

Librairie de la Société des Gens de lettres

5, rue de Mézières, 5

Armand COLIN & Cie, 5, rue de Mézières, Paris.

Portraits intimes, par M. ADOLPHE BRISSON.
1 vol. in-18 jésus, broché. 3 50

La Grèce d'aujourd'hui, par M. GASTON DESCHAMPS. 1 vol. in-18 jésus, broché. 3 50

Ouvrage couronné par l'Académie française.

Sur les Routes d'Asie, par M. GASTON DESCHAMPS. 1 vol. in-18 jésus, broché. 3 50

La Vie et les Livres, par M. GASTON DESCHAMPS.
1 vol. in-18 jésus, broché. 3 50

Génie et Métier, par M. HIPPOLYTE PARIGOT,
1 vol. in-18 jésus, broché. 3 50

Un Ministre : Victor Duruy, par M. ERNEST LAVISSE, de l'Académie française, professeur à la Faculté des Lettres de Paris. 1 vol. in-18 jésus, broché. 2 »

Les Littératures étrangères, *Histoire littéraire, Notices biographiques et critiques, Morceaux choisis,* par M. H. DIETZ, Agrégé des lettres et des langues vivantes, professeur de rhétorique au lycée Buffon :

TOME I : *Angleterre, Allemagne.* 1 vol. in-18 jésus, br. 4 »
TOME II : *Italie, Espagne.* 1 vol. in-18 jésus, broché. 4 »

La Comédie littéraire

DU MÊME AUTEUR :

Portraits intimes. 1 volume
in-18 jésus, broché. **3 50**

L'exemplaire d'amateur, sur papier à la
forme. . . . . **8 »**

Droits de traduction et de reproduction réservés pour tous les pays,
y compris la Hollande, la Suède et la Norvège.

Coulommiers. — Imp. Paul BRODARD. — 31-95.

ADOLPHE BRISSON

La Comédie littéraire

Notes et Impressions de littérature

PARIS
ARMAND COLIN ET Cie, ÉDITEURS
Libraires de la Société des Gens de lettres
5, RUE DE MÉZIÈRES, 5
1895
Tous droits réservés.

POÈTES ET ROMANCIERS

M. AUGUSTE VACQUERIE

M. Auguste Vacquerie a eu beaucoup d'amis. Etaient-ce précisément des *amis*? Le mot *ami* est trop familier; le mot *courtisan* n'est pas assez digne. Il faudrait trouver un terme mixte, un substantif forgé tout exprès pour rendre l'état d'âme de ceux (ils sont innombrables) qui crurent devoir, en toute occasion, dire des choses aimables à l'illustre auteur de *Formosa*.

Je ne veux point insinuer que M. Auguste Vacquerie ait été indigne de ces louanges. Il possédait une réputation loyalement conquise par d'éclatants et de longs services. Il écrivit *Jean Baudry* qui est une belle comédie; il fut le compagnon de Victor Hugo; il mangea le pain amer de l'exil. Mais d'autres que lui subirent ces misères, furent honorés de l'affection du grand homme, publièrent des ouvrages remarquables. Et ils ne jouirent pas d'une aussi foudroyante considération; et l'on n'eut pas pour eux ces ménagements infinis, et ce souci constant de les flatter et de leur complaire. J'eus la preuve, il y a quelques années, de cet excès d'indulgence. M. Auguste Vacquerie avait donné au Gymnase une pièce en quatre actes, intitulée *Jalousie*. La pièce tomba, et tomba sans rémission. L'erreur était absolue. Ce fut une de ces chutes qu'il est impossible de pallier et contre lesquelles aucun recours n'est permis. Tous mes confrères considéraient d'un œil morne ce fâcheux événement, et, dans les couloirs, ils se confessaient leurs embarras. « — Comment allons-nous faire ? Nous ne pouvons pourtant défendre une œuvre pareille ? Quel ennui ! » Et le lendemain, ce fut, dans la presse, une explosion de sympathie. On insinuait timidement que la comédie nouvelle manquait un peu de clarté, qu'elle était trop touffue, que l'éminent écrivain y avait voulu mettre trop de choses, et l'on concluait en demandant une reprise de *Tragaldabas* !... Que de précautions ! Que de détours !... On eût été moins tendre assurément pour Pailleron, pour Dumas fils, pour Sardou...

... D'où pouvait venir cette unanimité, si rare, dans l'admiration ? Comment expliquer que seul, ou à peu près, parmi les hommes de lettres contemporains, Auguste Vacquerie n'ait pas connu le *débinage* des petites revues, les assauts furieux qui y sont livrés contre quiconque arrive à la renommée. Zola y est raillé, Coppée bafoué, Sarcey piétiné,

Lemaître lacéré avec aigreur. Jamais l'illustre ami de Victor Hugo n'y fut sérieusement pris à partie. Il semblait qu'on le mît, sinon au-dessus, du moins à part. On le révérait comme les Anglais révèrent Sa Gracieuse Majesté Victoria, *parce qu'elle est la reine.* On révérait M. Vacquerie, *parce qu'il était le roi.*

Le roi de quoi?...

C'est ici que l'analyse va devenir délicate.

Vous vous rappelez le mot qu'on a prêté à une femme charmante, qui occupa longtemps une place brillante dans le monde officiel... On parlait devant elle de la société moderne, et des mœurs démocratiques qui tendent à s'y introduire :

— Oh! s'écria-t-elle, il y a républicains et républicains. Nous faisons partie, nous autres, de la *noblesse républicaine!*

Eh bien! M. Auguste Vacquerie était un des membres les plus considérables de cette noblesse. Quand Victor Hugo revint d'exil, la France lui tendit les bras, le reçut avec des effusions de reconnaissance. Elle lui voua une adoration sans bornes, et tous ceux qui l'accompagnaient participèrent à cette autorité, eurent leur part de cette énorme influence. Le nouveau gouvernement n'avait rien à refuser à ces glorieux proscrits, qui avaient souffert pour la sainte cause. Le moindre désir exprimé par Victor Hugo devenait un ordre, auquel on était heureux d'obéir. Et si l'on s'agenouillait un peu moins bas devant le disciple que devant le maître, on ne l'écoutait pas avec moins de déférence. M. Auguste Vacquerie n'avait qu'à commander ; toutes les puissances de l'État lui étaient acquises. Il pouvait tout avoir. Il ne demanda rien pour lui-même. Ce fut sa grande force. Il pouvait à son gré devenir académicien, député, ministre, grand dignitaire de la Légion d'honneur... plus encore ! Il préféra demeurer poète, dramaturge, simple citoyen, et rédacteur en chef du *Rappel*. Il fit décorer la plupart de ses rédacteurs. Il ne mit jamais un bout de ruban à sa boutonnière. Il exerça, dans la coulisse, une véritable royauté, et jamais une royauté effective... L'opinion publique — plus équitable qu'on ne suppose — lui sut gré de ce désintéressement. Elle honora ce galant homme qui ne recherchait point les honneurs. Et les confrères de M. Vacquerie mirent sur le pavois ce journaliste dont l'intégrité légendaire rehaussait leur profession. De telle sorte qu'on peut dire que M. Vacquerie a bénéficié à la fois et de la situation qu'il occupait et de toutes celles qu'il avait crû devoir refuser.

Et puis M. Vacquerie possédait un avantage immense. C'était une individualité très intéressante, il n'était pas chef d'école. Il avait assez de talent pour s'imposer à l'admiration de la critique ; il n'avait pas assez de génie pour l'humilier. Il ne traînait pas après lui cette horde d'imitateurs qui exagèrent vos défauts et vous créent, par l'agacement qu'ils répandent autour d'eux, une légion d'ennemis.

On n'a pu le rendre responsable ni d'une déformation quelconque de la langue, ni de la création d'une église littéraire. Il s'est élevé, solide et vigoureux arbuste, à l'ombre du chêne; il a grandi sous l'aile de Victor Hugo, ne s'absorbant pas en lui, mais ne s'en dégageant qu'à demi, et laissant flotter sur ses œuvres, comme l'ombre vague et lointaine du dieu...

Cette amitié, qu'aucun dissentiment ne troubla, est touchante. Elle est rare entre artistes qui suivent le même sillon. Il arrive presque toujours que le plus fort blesse le plus faible, soit en étalant, soit en affectant de dissimuler sa supériorité. Ici, l'affection fut inaltérée : le culte de Vacquerie pour Victor Hugo était si fervent, si sincère, qu'aucune jalousie mesquine ne parvint à le troubler.

Je viens de relire le premier volume de vers publié par Auguste Vacquerie. J'y ai goûté un plaisir extrême. Cela est ingénu, tendre, spirituel... Et cela est ardent. On respire en ce recueil les parfums de l'aubépine et la griserie de la bataille. Le jeune Vacquerie arrivait à Paris avec un trésor d'impressions naïves, il y venait avec le désir impétueux de se jeter dans la mêlée romantique... Je ne sais rien de plus charmant que le salut qu'il adresse à la grande ville, objet de ses espérances et de ses craintes :

> Tu ne t'aperçois pas du nouvel arrivé
> Qui ce matin, Paris, erre sur ton pavé.

> Que suis-je pour la ville à qui tout grand artiste,
> Célèbre ailleurs, s'en vient demander s'il existe ?
> Nul, à quelque hauteur que son nom ait monté,
> Ne croit en soi s'il n'a chez toi droit de cité ;
> Ville qui dis les mots que le monde répète,
> Je ne t'arrive pas avec une œuvre faite
> Qui tremble en attendant ton *oui* : je viens à toi
> Avec une œuvre à faire, — et cette œuvre c'est moi !
> Je ne suis qu'une ébauche, une forme incomplète
> Où s'entrevoit à peine un semblant de poète,
> Un rêveur commencé par les flots et les bois.
> Je suis né sur le bord du fleuve que tu bois,
> Mais tout près de la mer, et mon enfance est pleine
> De voiles où le vent souffle sa forte haleine
> Et qui vont bravement vers les pays lointains.
> J'ai dans les yeux le ciel, les couchants, les matins,
> Pour toi j'ai tout quitté, mère, père, sœur, frère.
> Je ne t'apporte rien que l'ardeur de bien faire,
> L'amour du vrai, des yeux que le beau fait pleurer,
> Un immense besoin de croire et d'admirer.

C'est alors qu'il rencontre celui qui devait gouverner sa destinée. Il se prend pour Victor Hugo d'un attachement absolu, profond, qui lui inspire des accents inoubliables :

> Causer avec les voix dont le monde est l'écho
> Etait mon but ; Paris, c'était surtout Hugo.
> Mes monuments, mes parcs, mes princes et mes femmes,
> C'étaient ses vers, c'étaient ses romans et ses drames ;
> Les tours de Notre-Dame étaient l'H de son nom !
> Tu dois te rappeler, ô mon vieux compagnon,
> Ma joie et mon orgueil quand il daigna m'écrire.
> C'est lui que je venais habiter à vrai dire,
> Et mon rêve eût été de louer en garni
> Une scène au cinquième étage d'*Hernani*.

Peu à peu, l'individualité de l'écrivain se dégage. Il se répand dans le monde ; il y a quelques succès.

On lui demande des « autographes pour album », on l'invite à dîner ; on le place à côté de jolies femmes à qui il fait un brin de cour. Sa Muse devient galante. Et il faut bien l'avouer, en cette note légère, Vacquerie surpasse Victor Hugo. Il a la verve moins colossale, l'ironie plus fine. La pièce intitulée le *Keepsake* est un modèle de bonne grâce. Le poète se trouve assis à table auprès d'un « ange en falbala » dont les yeux bleus le troublent jusqu'au fond de l'âme :

> On était nombreux. Combien ?
> Je ne sais pas. La maîtresse
> De la maison, qui veut bien
> Que mon destin l'intéresse,
>
> M'avait mis auprès — et sans
> Que je l'en eusse priée —
> D'une blonde, de vingt ans,
> Très charmante, et mariée !

On passe au salon après le repas. Tandis que le mari fume un gros cigare, la femme feuillette un volume de keepsake. Et son voisin penché près d'elle lui traduit la légende des gravures. Quelle traduction ! Vous allez voir :

> Les dessins variaient : tours,
> Bêtes, gens, lac, panoplie.
> La notice était toujours :
> « Que je la trouvais jolie. »
>
> Un dessin d'un ton très doux :
> Un ruisseau court sous les saules.
> Texte : « Où vous procurez-vous
> La blancheur de vos épaules ? »

Son mari fumait. Dessin :
Un pauvre agneau blanc qui bêle.
Notice : « C'est très malsain
Pour autrui d'être si belle ! »

Elle crut que je mêlais
Quelque fraude à ce prodige.
— Voyons, savez-vous l'anglais ?
— *I love-You*, lui répondis-je.

— L'anglais ? moi ? si je le sais ?
Pas du tout ! et je dois même
Avouer que mon français
N'a que trois mots : *Je vous aime !*

Ses cils étaient palpitants.
Après la dernière planche,
Je lui traduisis longtemps
Une page toute blanche.

« Berthe ! (j'osai son prénom)
Que ma flamme vous pénètre ! »
Et sa bouche disait *non*,
Mais ses yeux disaient *peut-être*.

Le débutant ne s'endormait pas en ces délices. Il combattait le bon combat. La citadelle à détruire, c'était l'école du bon sens. Et il lui portait des coups enragés. Il ne visait pas les prêtres médiocres qui officiaient au pied du temple, il s'attaquait à la divinité même, hélas ! il s'attaquait à Racine. Vous connaissez ces strophes si souvent citées :

Shakspeare en tous sens
Etend sur nos têtes,
Riant des tempêtes,
Ses rameaux puissants.

La sève en sa fibre
Bouillonne. Les cieux
Voient monter vers eux
Le grand drame libre.

Fils du sol sacré,
Il veut pour voisine
L'étoile. — Racine
Est plus modéré,

Pauvre mais avare,
Dès qu'un jet grandit,
Racine lui dit
Que la sève est rare,

Eschyle poltron,
Tacite modeste,
Il ébranche Oreste
Et rogne Néron.

Le reste, il le plie,
Et met, doux bourreau,
Un cèdre au fourreau,
Comme un parapluie!

La feuille croît peu
Dans l'œuvre qu'il gêne.
Shakspeare est un chêne.
Racine est un pieu.

On juge de l'indignation des « bourgeois » quand ils lisaient ces enfantillages. Ils avaient raison de se fâcher, et de défendre Racine contre les « polissons » qui l'insultaient. Ils avaient tort de condamner en bloc, par esprit de protestation, les rêves et les idées de la nouvelle génération. La fureur est toujours mauvaise conseillère, fureur d'invectives et fureur de réaction. Mais tout en se garant autant que possible des deux extrêmes, je ne sais s'il ne vaut pas mieux encourager les fous qui osent, que les sages qui résistent. L'art s'alimente de mouvement. Il languit, dès qu'il demeure immobile. Et ce sont en somme les « gilets rouges » d'*Hernani* qui, par leurs clameurs outrecuidantes, ont renouvelé pour un siècle la littérature de notre pays.

LE CHANSONNIER NADAUD

Il y a des noms évocateurs qui, dès qu'ils sont prononcés, éveillent certaines images, toujours les mêmes, auxquelles ils sont invinciblement liés. Ainsi, vous ne pouvez guère parler de Scribe, sans vous représenter aux fauteuils d'orchestre des Français, un bon vieillard, cravaté de blanc, rasé de frais, vêtu d'une redingote minutieusement brossée, et coiffé d'un chapeau à larges bords; de Désaugiers, sans qu'aussitôt votre imagination ne vous montre un homme gras, rubicond, bourgeonné, déboutonné, en train de boire une flûte de champagne dans un cabinet du *Veau qui tette*, ou du *Rocher de Cancale*... Le nom de Nadaud est de ceux-là. Je n'ai pas eu l'honneur de connaître ce chansonnier. Mais j'ai été élevé dans l'admiration de ses romances. Il fut, pendant un quart de siècle, le dieu des soirées bourgeoises. Après dîner, lorsque les convives quittaient la salle à manger, infailliblement, l'un d'eux s'avançait vers le piano et, à la prière générale, il détaillait *les Deux gendarmes, les Deux notaires, Cheval et cavalier, le Télégraphe* ou *le Voyage aérien*. Oh! ce *Voyage aérien*! Combien de fois l'ai-je entendu chanter et vanter! Dès que mon grand-père le fredonnait, un pleur mouillait sa paupière. Cela lui paraissait infiniment poétique et ingénieux, et tendre, et touchant. Il suivait avec un intérêt passionné les évolutions de l'aéronaute qui, s'élançant dans les airs, contemple de loin la fourmilière humaine, et suffoqué par son essor trop aventureux, retombe inanimé entre les bras de sa mère...

J'ai voulu relire ce fameux *Voyage aérien*. C'est, en vérité, une chose assez frêle, et médiocrement écrite. Nadaud qui estimait sans doute que le mot *ballon* manquait de noblesse l'a remplacé par une ingénieuse périphrase que n'eût pas désavouée l'abbé Delille :

> Le tissu flexible et léger
> Que gonfle le subtil fluide.

La pièce se relève aux strophes suivantes. Le chansonnier décrit en termes heureux les *prés verts*, les *eaux d'argent*, les *villes grisâtres* qui défilent sous les yeux du voyageur. Je goûte moins la note finale, la description de la *maison sédentaire* où languissent une mère et une sœur éplorées... En analysant ce gentil morceau, on a peine à comprendre l'enthousiasme qu'il déchaîna... Le public a de ces caprices singuliers...

Cependant ne nous hâtons pas de jeter la pierre au public. Il est moins absurde que ne le prétendent les écrivains symbolistes et les romanciers incompris. Il ne se détermine point au hasard ; et ses engouements s'expliquent de façon ou d'autre. S'il aima Gustave Nadaud, c'est qu'il trouvait en lui un écho fidèle de ses aspirations et de ses goûts. Nadaud avait toutes les qualités et tous les défauts propres à séduire les classes moyennes. Il était aimable, sensé ; il ne s'élevait pas très haut, il ne rampait pas à terre, il se tenait à mi-côte, dans une région agréable et tempérée ; il n'était ni trop lyrique, ni trop plat, il savait donner un tour piquant aux idées banales, et habiller de couleurs plaisantes les lieux communs. Il ne choquait personne — ce qui est une condition essentielle pour réussir. Enfin, par le fond, par la forme, par sa façon d'exprimer et de sentir, par sa conception de la vie, et par sa philosophie, il était profondément, inexorablement, exclusivement bourgeois...

Prenons ses productions les plus célèbres, et nous y trouverons l'apologie des vertus chères à Joseph Prudhomme (et ne croyez pas que je méprise ces vertus. Ne sommes-nous pas tous, par quelque endroit, cousins de M. Prudhomme?)

D'abord la *prévoyance*, la *prudence* et l'*économie*. C'est un thème sur lequel Nadaud revient sans cesse.

La richesse ne fait pas le bonheur. Les plus fortunés sont ceux qui n'ont pas de besoins et qui se contentent d'une modeste indépendance. Vivre à sa guise, se payer une voiture par semaine et l'omnibus tous les soirs, ne rien devoir à personne : tel est l'idéal. Le chansonnier s'engage à résoudre ce problème avec *trois mille francs de rente*... Il fait fi des plaisirs capiteux, des passions malsaines ; ce qu'il aime le mieux, c'est le *vin ordinaire*, qui ne monte pas à la tête et soutient les forces :

Nos goûts changeants et notre humeur légère
Sous d'autres cieux nous ont souvent conduits.
Est-ce à prouver que la terre étrangère
Passe pour nous avant notre pays ?

On est séduit par un esprit qui brille ;
On va humer l'air parfumé des cours ;
Puis on revient au foyer de famille,
Vin ordinaire, ami de tous les jours.

Et il traduit cette idée sous mille formes. Il oppose la tranquillité du petit rentier à l'inquiétude des rois et des princes (*le Sultan*) ; il établit un parallèle entre la *grande route*, où marchent les ambitieux, et le *petit sentier*, où cheminent les gens paisibles. Et ce qui le séduit en ce petit sentier, ce n'est pas son aspect pittoresque et l'imprévu de ses détours, c'est surtout la certitude de n'y être pas écrasé par les voitures !...

L'amour de la nature. — Entendons-nous. Le chansonnier goûte modérément les aspects grandioses et les convulsions de la nature. Aux âpres solitudes des montagnes, aux murmures de l'Océan, il préfère les délices du bois de Meudon, et le plaisir de manger une friture au bord de la Seine. « Écoute, dit-il à sa belle, tu vas mettre ta *robe lilas* et ton ruban *vert d'eau* et nous allons nous élancer dans les champs cueillant, moi la fleur des buissons et toi la pâquerette » (*Simple projet*). Il ne déteste pas non plus la *pêche à la ligne* et nous vante ses douceurs :

> Il est un clair ruisseau
> Protégé par des saules,
> Qui m'offrent un rideau
> D'ombre fraîche et de gaules.
>
> Dans le sable et les joncs,
> Vit la troupe maligne
> Des frétillants goujons,
> Que je pêche à la ligne.

Mais toujours la note philosophique intervient. Il faut qu'une conclusion morale se dégage de chaque chanson. Cette conclusion vous la devinez, elle est conforme à la prudence qui caractérise le rentier parisien :

> Du choc des passions
> Spectateur insensible,
> Les révolutions
> Me trouvent impassible.
>
> Rois fous, peuples légers,
> Pour un mot, pour un signe,
> Vous vous entr'égorgez...
> Moi, je pêche à la ligne.

Notons en passant qu'il y a beaucoup d'égoïsme sous ce détachement. Le pêcheur à la ligne dédaigne les vains honneurs de ce monde. Mais on se demande s'il consentirait à se déranger dans le cas où la patrie ferait appel à son dévouement.

L'admiration des beautés de la nature s'allie parfois chez le chansonnier à des préoccupations vulgaires. Ainsi il raconte que, se promenant, avec la dame de ses pensées, aux environs de Suresnes, il fit la rencontre d'un colporteur. Aussitôt les deux tourtereaux s'arrêtent et le dévalisent. Qu'achètent-ils? Je vous le donne en mille! Un collier? une bague? un mirliton? un sucre de pomme? Vous n'y êtes pas...

> Le colporteur était subtil :
> « Ça, mes amoureux, nous dit-il,
> Me ferez-vous pas vos emplettes? »
> Nous répondîmes : « Pourquoi pas? »
> Pour elle j'achetai des bas;
> Elle prit pour moi des chaussettes.

L'année suivante, il retrouve dans son tiroir ces bienheureuse chaussettes, et il remarque qu'elles sont percées, et il pleure sur ce *vestige des amours!*

L'esprit frondeur. — Le bourgeois français est caustique. Il se passionne pour la politique, mais affecte d'en médire. Nadaud flatte ce penchant. Il crible de brocards les députés, les sénateurs, les conseillers municipaux, tous ceux qui sollicitent les suffrages populaires. Parfois sa verve est laborieuse

(*La grande classe*); quelquefois elle touche juste, par exemple dans la chanson intitulée *la Profession de foi* et qui est une vive parodie des palinodies électorales :

> Je respecte la loi française
> Qui fait envie à l'étranger ;
> Mais, si vous la trouvez mauvaise,
> Je suis tout prêt à la changer.
>
> Je veux pour sortir de la crise,
> Trouver ce qu'on a tant cherché :
> La hausse de la marchandise
> Avec la vie à bon marché.

Comment les paysans résisteraient-ils à ces alléchantes perspectives? Le candidat ne doute pas du succès :

> J'attends, avec quelque espérance,
> Vos vœux librement exprimés,
> Puisque vous avez l'assurance
> Qu'en me nommant, vous vous nommez.

L'humeur gouailleuse. — Si le marchand de drap de la rue Saint-Denis bat en brèche le gouvernement par esprit d'opposition, il a l'amour-propre de sa ville natale, et se donne les gants de railler les provinciaux. Nadaud ne s'en fait pas faute. Dans une pièce fameuse, il tourne en ridicule les prétentions de la Garonne qui *aurait pu, lanturlu, dégeler le pôle*; ailleurs, il blague l'emphase des gens de Marseille, qui vous promettent monts et merveilles e vous exposent à de fâcheuses déceptions. — Voulez-vous faire un bon dîner, lui dit l'enfant de la Cannebière. Venez chez moi, vous y verrez des merveilles :

> Ciel toujours bleu, prés toujours verts,
> Fruits toujours mûrs, fleurs toujours fraîches,
> Jamais d'étés, jamais d'hivers !
> Puis quelles chasses, quelles pêches !
>
> Dans nos buissons vous ne trouvez
> Que grives et que tourterelles ;
> Nos truffes sont de gros pavés,
> Nos champignons sont des ombrelles.
>
> Avec la main nous attrapons
> Les bartavelles, les outardes ;
> Tous nos poulets naissent chapons,
> Toutes nos poules sont poulardes.

Le Parisien, alléché, saute en wagon, arrive en ce pays de cocagne et tombe devant une soupe accommodée à l'huile et saupoudrée d'ail... (Peut-on calomnier à ce point la succulente, la divine bouillabaisse ! Décidément Gustave Nadaud était un être incomplet !)

Je crois inutile de pousser plus loin cette analyse. Elle établit l'étroite corrélation qui existe entre le talent du chansonnier et l'état d'âme habituel et moyen de la bourgeoisie française. Ce rapprochement explique à la fois la vogue de l'auteur des *Deux gendarmes* et la faible envergure de son génie...

Car, il faut bien le reconnaître, la Muse de ce bon Nadaud est toute fluette, elle marche à petits pas timides et circonspects et ne s'élance jamais dans l'espace comme le héros du *Voyage aérien*. Gustave Nadaud ne possède presque aucune des qualités qui font le poète lyrique, ni le coup d'aile, ni l'éclat de l'image, ni l'ampleur des périodes, ni la forte inspiration. Ses morceaux se déroulent maigrement comme une aune qu'on dévide, ils ne jaillissent pas, ils ne vibrent pas; ils sont étriqués et, pour la plupart, ils sentent l'effort. Enfin la langue est de qualité douteuse. Elle manque de franchise et de spontanéité. Elle est surchargée de faux ornements et d'élégances laborieusement acquises. On n'y trouve ni la gaucherie savoureuse des écrivains primitifs ni l'exquise délicatesse des artistes décadents. Nadaud s'est formé lui-même, il ne s'est pas abreuvé de bonne heure aux sources classiques, il a comblé sur le tard les lacunes d'une culture incomplète, mais il n'a pu s'assimiler ce qui lui manquait. De là, ces réminiscences lourdement plaquées, ces maladroites afféteries, cette abondance de mots inharmonieux, d'épithètes inexpressives, de déplorables chevilles qui gâtent ses pièces les mieux venues et donnent l'impression d'une fausse note dans un morceau de musique.

Par exemple, il dira :

> Dans la marmite en fer *de forge*
> La bouillie ou la soupe d'orge...

Pourquoi *de forge*? Que vient faire ce *de forge*? A-t-il une autre raison d'être que de rimer avec *orge*?
Et plus loin :

>Je crois en toi, car je veux croire
>A tout ce que le ciel *fit beau*.

Connaissez-vous rien de plus abominable, de plus disgracieux que ce *fit beau*? Ce *fit beau* suffirait à déshonorer un poème épique !...

En une autre chanson, Nadaud nous montre le facteur rural allant de *maison à chaumière* (sic) et remettant à chaque habitant des lettres qui le concernent. Il arrive au domicile du tabellion :

>Voici les *paquets d'habitude*
>Pour le notaire en son étude.

On comprend bien ce que l'auteur veut dire, et que les *paquets d'habitude* sont les paquets que le notaire a l'habitude de recevoir. Mais quelle affligeante locution ! Et comme il arrive chez les écrivains dont l'instruction fut morcelée et tardive, Gustave Nadaud fait volontiers étalage d'une érudition qu'on ne sent pas très solide. Parle-t-il de l'art grec, il affecte de citer des noms obscurs, afin de bien affirmer l'étendue et la précision de ses connaissances. S'avance-t-il sur le terrain métaphysique, il invoquera l'autorité de Spinoza qu'il n'a jamais lu, et de Malebranche, dont il se soucie, sans doute, comme d'une guigne. Ce sont là des péchés innocents, je le veux bien. Mais l'ensemble de ces fautes de goût, dont chacune est vénielle, enlève à l'œuvre du pauvre Nadaud, toute beauté littéraire... Ce qu'il a produit n'est pas mauvais; c'est décent, c'est convenable, c'est joli. Mieux vaudrait pour sa gloire qu'il eût écrit des morceaux obscurs, illuminés çà et là par un éclair de génie...

Donc, en tant que poète, je ne crois pas que Nadaud dure longtemps. Je doute fort que la postérité récite ses vers; il peut se faire qu'elle les chante. En effet, Nadaud a joint à ses chansonnettes de charmantes mélodies, et ces airs prêtent aux paroles des grâces qu'elles n'ont pas. Je ne sais rien de plus ordinaire que la romance de *Cheval et Cavalier*, quand elle est lue, dans le livre; je ne sais rien de plus agréable que cette romance quand elle s'exhale des lèvres suaves d'un ténor. Et ainsi de toutes les autres, sauf une demi-douzaine, qui se suffisent et qui n'ont pas besoin d'être accompagnées...

L'excellent Nadaud! Je ne le plains pas. Il a joui de sa gloire, qu'il a pu croire immortelle; il a diverti deux générations; il s'est fait chérir de tous ses amis; il est mort en souriant.

M. PAUL DÉROULÈDE

En parlant de M. Paul Déroulède, les uns disent : c'est un brave ; les autres disent : c'est un fou. Tous s'accordent à admirer son désintéressement, la flamme généreuse qui inspire ses actes, ses écrits et ses discours. Je ne retracerai pas sa biographie qui a été cent fois publiée. Remarquons cependant que la vie de Paul Déroulède présente le phénomène d'une parfaite unité. Elle est dominée par un sentiment qui prime tous les autres, tant il est violent et exclusif : le chauvinisme. De ce sentiment, poussé à ses extrêmes limites, découlent les meilleures qualités et les pires défauts de l'homme et de l'écrivain.

Il s'engage à dix-huit ans, se bat furieusement, rapporte de la guerre, avec une blessure et le ruban rouge, la haine du Prussien et la soif de la revanche. Il publie son premier volume, les *Chants du Soldat*, dont la fortune est prodigieuse. Chacun répète ses vers. On les récite dans les écoles, on les met en musique. Ils retentissent au cœur de la France. Ce n'est pas qu'ils soient tous irréprochables au point de vue littéraire — mais ils sont si éloquents, si vibrants... Ils réchauffent, ils réconfortent. M. Paul Déroulède en huit jours devient célèbre. Encouragé par le succès, il compose de nouveaux poèmes. Il se retourne vers le théâtre, où règne son glorieux oncle, Émile Augier. Il fait jouer *l'Hetman*. Et ici encore, nous retrouvons ses chères préoccupations symboliquement traduites en des alexandrins rudes, heurtés, maladroits, d'où quelquefois jaillit un éclair... A *l'Hetman* succède *la Moabite*, autre drame lu en grande pompe chez Mme Adam, mais qui ne voit pas le feu de la rampe. Les *Chants du Soldat* sont suivis des *Nouveaux Chants* et de *Marches et Sonneries*, recueils conçus dans la même note héroïque.

Cependant M. Paul Déroulède est bientôt las de son rôle de joueur de flûte; il se laisse entraîner dans le torrent de la vie active. Il devient président de la Ligue des Patriotes. Que n'a-t-on pas imprimé sur cette Ligue; que n'a-t-on pas reproché à son président! On a accusé Paul Déroulède de rechercher la popularité, de prêcher la guerre civile... Je crois que ce sont là de pures méchancetés. Sans doute Paul Déroulède éprouvait quelque enivrement à se voir applaudi par la jeunesse; il ne haïssait pas les ovations, il aimait à se sentir populaire. Quel homme demeure insensible à de telles flatteries?

Mais je suis sûr que, dans sa pensée intime, le souci de sa personnalité s'effaçait devant l'amour du pays. Il trouvait doux d'être acclamé, parce qu'il s'imaginait sincèrement incarner l'idée de patriotisme. Et il l'incarnait positivement aux yeux de la foule. Et, comme il arrive toujours, Paul Déroulède, entraîné par ceux qui devaient le suivre, passa les limites, perdit son sang-froid, commit des imprudences, s'associa à des provocations dangereuses. On dut rappeler à l'ordre les sociétés de gymnastique qui eussent volontiers déclaré la guerre à l'Allemagne sans consulter la Chambre des députés. Paul Déroulède quitta non sans tristesse la présidence de la Ligue. Et pour se consoler, il revint aux lettres. Il n'avait jusqu'alors écrit que des vers. Il voulut tâter de la prose; il publia un roman, *Histoire d'amour*, longue nouvelle sentimentale et de forme un peu naïve. Elle passa presque inaperçue. L'écrivain ne jugea pas à propos de réitérer.

A ce moment, éclata l'aventure boulangiste, Paul Déroulède s'y jeta à corps perdu. Il se prit d'un vif engoûment pour le général. C'est encore un des traits de sa nature. Impressionnable à l'excès, Paul Déroulède aime et déteste avec la même furie. Gambetta qui était, paraît-il, un charmeur, avait su gagner son affection... Déroulède lui savait gré de son rôle en 1870 et de l'énergie déployée dans l'organisation de la défense. Il goûtait médiocrement nos autres hommes d'État, les englobant tous, ou à peu près, dans une dédaigneuse indifférence, incriminant leur patriotisme, du moins leur clairvoyance, les soupçonnant de favoriser en sous main un rapprochement avec l'Allemagne ou l'Angleterre. D'ailleurs, il gardait rancune au gouvernement des vexations exercées contre ses bons amis les ligueurs. Des ferments de révolte bouillonnaient en son âme. Tout cela fit explosion. Et l'on vit notre poète, qui n'avait plus le temps d'écrire des vers, parcourir les campagnes et les villes, pérorant dans les clubs, flétrissant les abus du régime parlementaire, secouant sur le peuple médusé les pans de sa longue redingote.

... Inutile de vous rappeler ce qu'il advint ; la chute de Boulanger, l'éparpillement de son groupe, la défection des conseillers, des amis qu'il avait aidés de son influence ou de sa bourse. Paul Déroulède agit en homme de cœur. Il demeura publiquement fidèle à celui que tous les autres abandonnaient. Peut-être, en son for intérieur, éprouva-t-il une grosse déception, peut-être en voulut-il au général de sa déplorable insuffisance. Il eut, du moins, la pudeur de ne rien dire ; il ne s'abaissa point à insulter un vaincu. Il continua de lutter, assemblant autour de lui les quelques membres épars de ce qui avait été un parti. Et quand éclatèrent les scandales de Panama, il eut le courage, en une séance mémorable, de braver la colère de M. Clémenceau et de jeter, du sommet de la tribune, les mots que la plupart de ses collègues murmuraient tout bas et qu'aucun d'eux n'osait prononcer. Le choc fut terrible. Les témoins de cette scène en garderont à jamais le souvenir. M. Déroulède se haussa, pour la première fois de sa vie, jusqu'à la grande éloquence. Il était hors de lui-même : un souffle supérieur l'inspirait, le transfigurait et faisait gronder sa voix. L'auditoire subit la commotion de cette fureur tragique. L'orateur fut acclamé ; et lorsqu'il regagna son banc, toutes les mains se tendirent vers lui. L'affaire se dénoua sur le terrain. Là encore, Paul Déroulède, se montra héroïque. Il refusa d'enlever son col et son épingle de cravate qui offrait des points de mire à son adversaire ; il essuya le feu avec un calme parfait. Ses ennemis ne manquèrent pas de le traiter de fanfaron et de poseur. Les « poseurs » qui ne sont que des « poseurs » perdent bientôt leur sang-froid en présence du danger. Non ! Paul Déroulède est doué au suprême degré de cette martiale intrépidité qui pousse les vieux soldats à s'exposer sans pâlir aux boulets de l'ennemi. On sent que le sacrifice de sa vie ne lui coûte guère et qu'il l'accomplirait gaillardement, s'il en voyait la nécessité ou s'il en trouvait l'occasion.

Ce sont là des qualités peu banales, ce sont même des vertus. Elles nous font oublier les défauts de Déroulède. Car il a des défauts, n'en doutez pas, des défauts pour la plupart inconscients et par conséquent irrémédiables. Il est encombrant, agité, bruyant à l'excès. Il blesse, par son exubérance, nos habitudes de modestie ; il manque de mesure et de discrétion. Avec cela, il est extrêmement dédaigneux; il a des insolences gentilhommières. Je l'ai entendu parlant d'un duel qu'il avait eu avec un homme de lettres et non des moindres, s'écrier : « Il s'est fort bien conduit *ce garçon!* » Ce garçon ! Tudieu, monseigneur, mais « ce garçon » vous valait à tous égards, et vous n'aviez point à rougir d'avoir croisé le fer avec lui ! Le prince de Ligne devait avoir de ces phrases quand il s'était commis avec une « espèce ». Dans la bouche de M. Déroulède elles sont un peu ridicules. Ajoutons que cette humeur orgueilleuse lui inspire parfois des actes très dignes et dont on ne saurait trop le féliciter. Ainsi la retraite qu'il s'est imposée, ne voulant plus solliciter le suffrage des électeurs, refusant d'entrer dans un Parlement dont les tendances lui répugnent, cette résolution, prise en toute liberté, trahit une réelle fermeté de caractère...

... Donc M. Paul Déroulède, n'ayant plus de discours à prononcer, d'interpellations à préparer, ni même, pour le moment, de querelles à vider, est revenu à ses premières amours; il est revenu à la poésie. Ce retour était fatal. Après avoir chanté les soldats, il a chanté les paysans. Son petit volume renferme un peu de tout, des pièces descriptives, des chansons, des lamentations, des hymnes à la nature et au soleil. Mais rassurez-vous. En tout cela, la France n'est pas oubliée. Le poète lui envoie de brûlants baisers d'amour :

> Qu'ils sont touffus les bois formés par tes grands chênes,
> Gauloise chevelue au front mystérieux !
> Qu'ils sont riants et purs les flots de tes fontaines !
> — Purs comme le cristal, riants comme les yeux —
> Et quel souffle embaumé de suaves haleines
> Flotte en brouillard léger sur tes prés radieux.

Si je voulais serrer de près les vers de M. Paul Déroulède, j'aurais, sans doute, quelques observations à présenter. D'abord, au point de vue du *fond*... J'ai vainement cherché dans les *Chants du paysan*, une pièce d'inspiration personnelle, c'est-à-dire qui ne fût pas empruntée à cet amas de lieux communs où puisent la plupart des poètes, une pièce qui portât en elle la signature de Déroulède, qui ne pût être écrite que par lui.

Tournons les pages... L'*Ondée*, tableau de genre ; le laboureur prépare son repas du soir, tandis que la pluie tombe, fécondant les terres fraîchement ensemencées ; *Moissons* : les blés d'or luisent au soleil et ondulent sous la brise ; *Machine à battre* : compliments à cette « bonne machine » qui dévore les gerbes et accomplit en un jour le travail d'un mois (peut-être les ouvriers qui se plaignent de manquer d'ouvrage ne partagent-ils pas l'enthousiasme de M. Déroulède à l'égard de la « bonne » machine) ; *Beau blé* : joie du paysan qui contemple ses tas de blé. *Écolier* : « travaille, petit écolier, car la science est nécessaire, mais ne perds pas l'habitude de prier »; le *Vieux* : quand le paysan ne peut plus travailler, il se sent inutile, il se décide à mourir; *En route* : le départ du conscrit (nous commençons à retrouver notre Déroulède); le *Sentier*, saynète : Colin et Colette se rencontrent. Colin a de mauvaises intentions. Colette se défend. Et si éloquents sont ses discours, que Colin, confus, lui donne le baiser d'accordailles et va demander sa main à son père. Colin et Colette échangent des répliques cornéliennes. Colin s'écrie :

> Si dire qu'on fait mal empêchait de mal faire...

Et Colette de répondre :

> Savoir qu'on le dira n'y fait pas consentir.

Nicomède et Pompée ne s'expriment pas avec moins de dignité.

Je n'ai pas le loisir de passer en revue tous les chapitres. J'indiquerai toutefois la *Mort du paysan*, qui se termine par une fort belle strophe :

> Combien enfin, combien à leur heure dernière,
> De qui le pauvre corps tout courbé, tout voûté,
> Avide d'un repos qu'il n'a jamais goûté,
> Ne pourra même pas s'étendre dans la bière !

et les *Remerciements du poète* à sa terre natale qui le console des déboires de la politique, discours familier et plein de tendresse, et qui paraît empreint d'une émotion sincère...

S'arrête-t-on à la *forme*?... Les objections s'accumulent. Je ne sais pas d'écrivain plus inégal que M. Paul Déroulède. Les vers vigoureux et bien frappés coudoient dans ses œuvres des vers ridicules et barbares. Il a, tour à tour, d'heureuses trouvailles et des négligences inconcevables. Ouïtes-vous jamais alexandrins plus rocailleux que ceux-ci? Je défie qui que ce soit de les rendre harmonieux. Ils résisteraient à la voix d'or de Sarah Bernhardt.

> La terre, en qui tout vit, et par qui tous nous sommes...
>
> On n'en a pas plus pris que l'on n'en accordait...
>
> Quiconque est un chrétien est bien près d'être un traître...

Et puis, ce sont des images inexactes, des impropriétés de termes. Il dira par exemple, mettant en scène le laboureur qui plonge ses mains dans les sacs de blé après la moisson :

> .... Que leur joie est pure, qu'elle est sainte
> Devant ce tas de blé qui leur semble un autel !
> En *soupesant* ces grains dorés par le soleil,
> Quel geste de respect se mêle à leur *étreinte*...

Le geste de *soupeser* et celui d'*étreindre* n'ont rien de commun, ils s'opposent même l'un à l'autre. D'ailleurs *étreindre* des grains de blé...

M. Paul Déroulède affectionne aussi les vers-maximes, les vers que l'on peut détacher et qui expriment une vérité générale. Ce goût lui vient de son grand maître Corneille. Mais il ne suffit pas d'aimer les vers-maximes, il s'agit de les frapper comme on frappe des médailles, de leur donner la sonorité et l'éclat du bronze. Or M. Paul Déroulède n'y réussit pas toujours. On peut admettre, à la rigueur, ceux-ci :

> Le temps qu'on perd est du bien qu'on se vole...
>
> ...Femme qui n'entre pas front haut dans sa demeure
> En voit sortir la joie et s'enfuir le repos...
>
> ...La lutte avec la terre a ses martyrs aussi...

Mais j'avoue que les suivants manquent un peu de prestige et de tenue littéraire

> ...Comme les humains les bœufs ont leurs têtes,
> Plus d'un l'a souvent très près du bonnet...

Le bonnet d'un bœuf! Pourquoi l'auteur, puisqu'il est en veine de métaphores, ne convie-t-il pas ces bœufs, qui ont des bonnets, à jeter ces bonnets par-dessus les moulins? Il est vrai que les pauvres bœufs sont à l'abri des tentations de ce genre!...

Et encore :

> ...Qui frappe est bien fou, qui crie est bien sot...
>
> ...Un paysan toujours restera paysan...
>
> ...L'honneur contre l'argent se joue à quitte ou double.

Ces vers ne rachètent pas suffisamment par la splendeur de la forme l'indigence relative de l'idée.

En résumé, M. Paul Déroulède ne saurait passer pour un grand poète, ni même pour un bon poète..... Il est poète par l'âme, bien plus que par le talent. Il a du poète l'élan, l'enthousiasme, la foi. Il n'a pas le don de se dédoubler, de s'analyser, de méditer sur soi-même ; — du moins n'en retrouve-t-on rien en ses vers. Il est poète comme peut l'être un homme d'action qui se projette sans cesse au dehors ; poète à la façon d'un vieux général qui pleure en écoutant chanter l'hymne russe. Ce qu'il ne possède à aucun degré c'est cette puissance mystérieuse, par laquelle les vrais poètes, en accouplant certains mots, éveillent en nous une source d'émotions délicieuses et de suaves fraîcheurs. M. Paul Déroulède n'est point un évocateur. Il n'entre dans ses vers aucune dose, si petite soit-elle, d'infini. Je ne m'aviserai jamais, aux heures de tristesse, de relire ses poésies. Je n'en continuerai pas moins d'aimer de tout mon cœur ce galant homme qui a trempé dans la politique et ne s'y est pas sali, ce chevalier sans peur et sans reproche qui, à l'heure du péril, ralliera autour de son panache tous les braves gens de France...

M. JEAN AICARD

Vous n'ignorez pas que M. Jean Aicard est un poète, et un poète fécond. Il a publié, pour le moins, une dizaine de recueils de vers, qui, presque tous, furent couronnés par l'Académie. Il a produit, en outre, quelques romans et des pièces de théâtre dont le sort et l'essor furent cahotés et tumultueux. La Comédie-Française lui joua une pièce, *Smilis*, qui disparut de l'affiche après quelques représentations, et lui refusa un drame, *le Père Lebonnard*, qui s'en alla échouer sur les planches vengeresses du Théâtre-Libre. M. Jean Aicard conçut un vif ressentiment de cette double mésaventure. Il en voulut à la Comédie-Française d'avoir joué *Smilis*, il lui en voulut d'avoir repoussé *Lebonnard*; il joignit à cet ouvrage un prologue aristophanesque, dans lequel MM. les sociétaires, le comité de lecture et l'administrateur de la Maison de Molière étaient véhémentement déshonorés... En vain, quelques amis sincères conseillèrent-ils à M. Jean Aicard la modération... M. Jean Aicard est un enfant du Midi; un sang impétueux coule dans ses veines; il a l'œil de flamme du taureau qui court sus au picador; son poil noir se hérisse à la plus légère contrariété; sa narine frémit, son poing se crispe; il aspire à la guerre et au carnage. Mais si cet homme a les défauts du poète (*genus irritabile*), il en a les qualités; il aime la nature, il sait la comprendre et la décrire, il chérit l'héroïsme, les grands sentiments, son âme déborde d'enthousiasme et plane bien haut dans les nuages, au-dessus des méprisables réalités de la vie. Ce besoin d'idéal qui le dévore lui a joué d'assez méchants tours, c'est à lui qu'il faut attribuer la chute de ses œuvres dramatiques....

J'ai eu la curiosité de relire *Smilis*, sa première pièce. Elle n'est pas si mauvaise qu'on l'a voulu dire; du moins la lecture n'en est nullement pénible; on y trouve, chemin faisant, des scènes délicates, deux ou trois mots exquis, et une analyse de sentiment qui n'est point vulgaire. Je ne connais pas la genèse de ce drame, mais je me représente assez bien les circonstances qui durent présider à sa conception. Un jour que l'auteur avait vu représenter *l'Ecole des femmes*, la question suivante dut se poser dans son esprit : « Que fût-il arrivé si Agnès au lieu d'épouser Horace fût devenue la femme d'Arnolphe? » Ce problème n'eût pas embarrassé un philosophe de profession. Il l'eût résolu aux dépens du pauvre Arnolphe. M. Aicard en a cherché la solution en poète : il a écrit *Smilis*. Soudain, tout s'est trouvé anobli et purifié, Arnolphe et Agnès se sont élevés d'un coup d'aile aux régions sereines de l'idéal. Arnolphe est devenu l'amiral Kerguen. Au cours d'un voyage sur les côtes de Grèce, il a rencontré sur la plage Agnès, c'est-à-dire Smilis. Il l'a recueillie, l'a bercée en lui lisant l'Iliade, l'a ramenée en France. Il a apprivoisé cette Agnès charmante; il n'a pas comme Arnolphe formé le projet de l'épouser, mais, comme lui, il s'est pris à l'aimer de toute son âme. Il s'est abusé d'abord sur la portée de cette fausse affection paternelle. Mais son ami Chrysalde, c'est-à-dire le vieux commandant Richard, lui a ouvert les yeux. Kerguen ne peut s'y tromper : c'est bien d'amour qu'il aime son enfant d'adoption. Il souffre le martyre lorsqu'on vient lui demander la main de Smilis; toutes les tortures de la jalousie s'allument en lui. Mais quelle joie! elle refuse : — « Je suis trop heureuse pour vous quitter, lui dit-elle; je ne veux que vous pour mari! » Est-ce possible? Vous savez si l'on croit aisément ce qu'on désire! Arnolphe épouse Agnès. L'infortuné! C'est que Smilis est une Agnès accomplie, une Agnès dans toute la force, nous pourrions dire dans toute l'invraisemblance du terme. Elle n'a idée de rien cette pauvre enfant. Elle ne voit dans le mariage qu'une cérémonie religieuse, qu'une fête où tout le monde lui offre des fleurs. Qu'y a-t-il au delà? Elle n'en a pas le moindre soupçon. Elle ne se l'est jamais demandé. A ses yeux sereins, l'amiral est toujours un père, et le nom d'époux n'a pour cette vierge aucun sens. Aussi quand le jour de ses noces, l'amiral demeuré seul avec sa femme, s'approche d'elle et veut l'embrasser, elle le regarde étonnée de son accent passionné. Le malheureux comprend... Va-t-il souiller cette pureté? Il reste accablé. Smilis alors lui tend le front et murmure ingénument : « Bonsoir, mon père! » Parole délicieuse, tant elle témoigne d'innocence et de candeur.

L'amiral s'est résigné. Il se sent plus que jamais le père, le véritable père de Smilis. Mais il se dit avec terreur que bientôt peut-être le cœur de l'enfant parlera et pour un autre que lui. Ses pressentiments ne le trompent pas. L'innocente fille devient triste, rêveuse; elle ne retrouve sa gaieté qu'en présence de Georges, l'aide de camp de l'amiral. Georges comprend le danger; mais ne pouvant s'éloigner sans un ordre de son chef, il lui confesse tout :
— Amiral, j'aime votre femme. Éloignez-moi. Cette franchise est un peu forte. L'amiral regarde Georges fixement : — Restez, lui dit-il d'une voix brève. Vous devinez le dénouement. L'amiral sent que la passion de Georges est partagée, que sa présence entre les deux amoureux fera leur éternel malheur; il s'empoisonne pour que sa chère Smilis soit heureuse.

M. Jean Aicard a voulu faire de l'amiral Kerguen un

type sublime. Le plus curieux, c'est que lorsqu'on examine le personnage, pris en soi, on ne saurait lui refuser ce caractère. Il est clair que le dévouement de Kerguen est sublime, le mot n'est pas trop fort. Et cependant il n'émeut personne. Pourquoi? C'est que le lecteur ou le spectateur ne peut conserver aucune illusion. Pour employer une expression vulgaire, il sent trop que « ce n'est point arrivé ». Ce Kerguen n'est pas un homme souffrant devant nous, mais une création chimérique, une abstraction. L'écrivain qui depuis des mois entiers vit en pensée avec ses héros, dans la méditation de son œuvre, n'est pas sensible aux invraisemblances. Ses deux personnages, Kerguen et Smilis, lui apparaissent toujours tels qu'il les a rêvés, comme deux types idéaux, comme les deux symboles de la chasteté et du sacrifice. Et voilà pourquoi les poètes éprouvent tant de difficultés à sortir du domaine qui leur est propre. Le poète, au théâtre, n'est pas seulement celui qui excelle à traduire ses idées en de beaux vers, à jouer avec les rimes, à mettre dans la bouche de ses personnages une prose harmonieuse, musicale et colorée. Le poète au théâtre, ainsi que dans le roman, se montre poète, bien plus dans ses conceptions que dans son style. Tandis que le psychologue construit ses caractères en s'inspirant d'une analyse très fine de l'âme humaine; tandis que l'observateur établit ses types en étudiant la société qui l'entoure, le poète, le front dans les étoiles, invente et construit. Plus friand d'idéal que de vérité, il laisse son inspiration le conduire; il trouve dans son imagination les traits du héros qu'il veut mettre en scène. Peu lui importe que ce héros soit chimérique ou réel, qu'il s'éloigne ou approche de la vérité; son unique préoccupation est de le rendre tel qu'il l'a conçu.

Or cette méthode est très périlleuse. Elle exige chez celui qui l'emploie, une formidable puissance de création. Donner la vie à un être que l'on tire tout entier de son cerveau est un miracle qu'accomplissent seuls les grands, les très grands artistes. Les poètes moyens, qui volent à mi-côte, les ouvriers habiles, ceux mêmes qui ont l'âme sensible et tendre s'épuisent en efforts pour atteindre ce but suprême... La tâche est trop haute et les écrase.

Si j'ai longuement parlé de *Smilis*, ce n'est point pour réhabiliter une œuvre oubliée... Mais il se trouve que cette œuvre offre de curieux points de contact avec le roman le plus célèbre de M. Jean Aicard, l'*Ibis bleu*. Et du rapprochement des deux ouvrages, nous pourrons tirer une indication sur le tempérament littéraire de l'auteur et sur l'évolution de son talent...

De même que l'amiral Kerguen, l'avocat Denis Marcant a épousé une Agnès. Mais Denis Marcant n'est pas, comme l'amiral, un homme exceptionnel et sublime. C'est un bon fonctionnaire, intelligent, laborieux, zélé, estimé de ses chefs, doué d'un estomac robuste et d'un cœur paisible. Il a entouré sa femme Élise d'une affection conjugale, solide et tranquille. La tendresse qu'il lui montre n'a point l'apparence de l'amour, elle ressemble à une amitié loyale et rude... Élise s'en contente, se consacrant à l'éducation de son fils Georges qu'elle adore, ne sortant jamais, allant peu dans le monde, protégée contre les dangers possibles par la jalousie prudente de son mari. Un jour vient où l'ennemi redouté surgit. Il a nom Pierre Dauphin; il est joli garçon, millionnaire et pessimiste. Il meurt d'amour plusieurs fois par an, et enchâsse ses désespoirs en des rondels précieux. De plus, il possède un yacht de plaisance, l'*Ibis bleu*, qui rôde sur les côtes de la Méditerranée, entre Marseille et Bordighera... Pierre Dauphin rencontre dans une petite auberge de Saint-Raphaël M. et Mme Marcant; ils se découvrent de communes relations; ils lient connaissance... Pierre propose une visite à son yacht; il offre un déjeuner qui lui est rendu le lendemain... Pierre trouve Élise délicieuse; Élise estime que Pierre est fort distingué. L'honnête Marcant reprend le train pour Paris, rappelé par ses affaires... Pierre sollicite d'Élise la faveur d'aller lui présenter ses hommages... L'ennemi est dans la place.

Ce qui se passe, vous le prévoyez. Pierre, qui vaut beaucoup moins que Denis Marcant, est doué de toutes les qualités qui lui manquent. Il est beau parleur, câlin, féminin; il a la voix douce; ses yeux, quand il récite des vers, prennent une suave expression de mélancolie. Il ouvre son cœur à Élise; il pose au Werther trahi et désabusé; il lui demande conseil, et s'enhardissant peu à peu, il presse une main qu'on lui abandonne, il glisse un mot de prière qu'on fait semblant de ne pas entendre et qu'on a trop entendu. Et il prend cette jeune mère par ce qu'il y a de meilleur en elle, par l'amour maternel. Il comble de caresses le petit Georges, qui s'attache à ce nouvel ami, si gentil, si séduisant... Élise, troublée par ces obsessions discrètes, grisée par le soleil provençal, par les parfums capiteux qui s'exhalent de cette terre bénie, perd conscience d'elle-même. Elle laisse son petit garçon à la maison et consent à monter sur l'*Ibis bleu* pour y faire une courte promenade. La promenade s'allonge immodérément. Pierre, abusant de la faiblesse de sa passagère, gagne le large et ne la ramène que le lendemain. En rentrant chez elle, le cœur bourrelé de remords et d'inquiétude, Élise se trouve en présence de Marcant, qui (par une fatalité familière à MM. les romanciers) est arrivé juste à l'heure où la maison était vide. Il a tout deviné, tout appris. Il chasse l'épouse infidèle, il garde son fils. Il est impitoyable comme la justice. Mais Marcant a compté sans le pauvre Georges, dont la sensibilité maladive subit le contre-coup de la catastrophe. Il demande sa mère à tous les échos, et lorsqu'il comprend enfin que sa mère est bien perdue, qu'on ne veut pas la lui rendre, il ne la réclame plus, mais son regard devient triste, ses joues se creusent, la fièvre lente mine son corps frêle... Marcant ne peut supporter la vue de cette souffrance. L'époux est vaincu par le père. Il rappelle Élise, il lui restitue sa place au foyer, mais il lui refuse le pardon et l'oubli définitif; et c'est elle qui meurt, sans avoir reconquis la tendresse de celui qu'elle a trompé...

Je passe sur l'arrangement un peu mélo-dramatique de cette mort, sur l'invraisemblance de certains épisodes, tels que la visite de la mère de Pierre Dauphin à Élise (une mère ne frayant pas volontiers avec la maîtresse de son fils), sur l'emphase intermittente du style où passe, par instant, comme une réminiscence romantique... L'ensemble de l'œuvre est supérieur... Nous sommes loin des personnages fantastiques de *Smilis*. Denis est marqué de traits autrement individuels et précis que ce troubadour de Kerguen... Il nous est expliqué méthodiquement. Son caractère se développe avec clarté. Et ce dont je sais un gré infini à M. Aicard, il n'a fait de cet Othello bourgeois, ni un être odieux, ni un être ridicule, il lui a gardé une physionomie de brave homme, mélancolique et désabusé... Élise ne reçoit pas bêtement, à l'exemple de Smilis, l'étincelle de l'amour coupable; elle souffre, elle pleure, elle paie du regret de toute sa vie un moment de défaillance. C'est une vraie femme et non plus une poupée... Et de même, la psychologie de l'enfant, le petit Georges, est tracée d'une main très fine et très ferme... De toutes les figures qui s'agitent dans le livre, la seule qui semble superficielle, c'est le séducteur, le beau millionnaire Pierre Dauphin. L'auteur a voulu railler, en sa personne, l'insincérité des faux artistes, le cabotinage des jeunes hommes de lettres qui se complaisent dans la minutieuse analyse de leurs peines de cœur, et qui les allègent en les mettant en sonnets... Il n'est pas allé jusqu'au bout de la satire. Au lieu du portrait que nous espérions, sa plume n'a dessiné qu'une pâle silhouette.

Ces réserves formulées, le progrès demeure acquis. Pour la première fois, M. Jean Aicard consent à descendre de Pégase, à regarder sur la terre, à peindre fidèlement ce qu'il a vu. Peut-être manque-t-il à son œuvre ce qu'un Guy de Maupassant y aurait mis, un certain souffle d'émotion et de pitié pour les misères humaines. Par contre, elle est pleine de rayons et de parfums. Jean Aicard, qui aime frénétiquement son pays natal, ainsi que tous ses compatriotes, le mêle sans cesse à l'action du drame, éveillant entre chaque ligne un chant de cigales, et balançant ses phrases au souffle des brises marines. Ces pages éclatantes et bruissantes nous mettent en joie. Elles sont presque trop gaies...

Que voulez-vous! Jean Aicard a les yeux si pleins de soleil, qu'il ne distingue pas nettement les tristesses de la vie.

M. LAURENT TAILHADE

.... Ce soir-là, on représentait aux Bouffes-du-Nord l'*Ennemi du Peuple*, d'Ibsen. La pièce était précédée d'une conférence de M. Laurent Tailhade. Nous vîmes arriver sur la scène des Bouffes-du-Nord un homme entre deux âges, porteur d'un manuscrit volumineux. Il en commença la lecture d'une voix nette... Sous prétexte d'analyser l'*Ennemi du Peuple*, il partit en guerre contre la littérature contemporaine... Les morts et les vivants, Victor Hugo, Maupassant, Daudet, Goncourt, Leconte de Lisle, Coppée, — j'en passe, et des meilleurs, — furent tour à tour exécutés. Dès qu'une phrase était achevée, le conférencier s'arrêtait, avalait un verre d'eau, souriait en regardant l'auditoire. Il avait l'air excessivement heureux. Évidemment M. Laurent Tailhade était très content de lui, il jouissait de l'excellence de ses épigrammes, et savourait le scandale qu'elles déchaînaient... « Suis-je assez crâne! Il n'y en a pas deux comme moi!... » Telle est la pensée intime qu'on pouvait lire en ses yeux.

Le public, goguenard, écoutait ces diatribes. Il ne se fâcha que lorsque M. Laurent Tailhade, après avoir injurié nos meilleurs écrivains, s'avisa de bafouer les officiers russes, nos hôtes [1]. Une immense clameur s'éleva et lui coupa la parole. Les Français n'aiment pas que l'on tourne en dérision — fût-ce aux Bouffes-du-Nord — l'idée de patrie.

Quelques mois plus tard, Vaillant jeta une bombe dans l'hémicycle du Palais-Bourbon. M. Laurent Tailhade dînait, avec quelques poètes de ses amis. Il prononça cette phrase qui fut soigneusement recueillie : « Qu'importe que de vagues humanités périssent, si le geste qui les frappe est un beau geste! » Et il sourit... Et il eut, cette fois encore, la satisfaction d'étonner ses voisins de table...

La semaine suivante, M. Tailhade soupait dans les salons du restaurant Foyot. Une marmite infernale, placée sur le rebord de la fenêtre, fit explosion, et notre homme, geignant et titubant, couvert de sang et criblé de projectiles, dut être conduit, en piteux équipage, à l'hôpital de la Charité. Ce fut, de toutes parts, un immense éclat de rire. On se souvint de la théorie du *beau geste*. Et tous les journaux de Paris et de province troussèrent des entre-

---

[1]. Cette conférence coïncidait avec le séjour à Paris de l'amiral Avellan.

filets, où M. Laurent Tailhade était agréablement raillé. — Mais, en même temps, il recevait des visites; on lui demandait des interviews, on imprimait son nom en énormes caractères, on publiait des bulletins de sa santé, on l'assimilait aux personnages — monarques, criminels fameux, comédiennes illustres — qui surexcitent, par instants, l'opinion.

Et quand sa première émotion a été passée, je ne sais si, dans les replis de sa conscience, M. Laurent Tailhade n'a pas considéré avec bienveillance cette énorme agitation. Sans doute, en contemplant dans la glace ses nobles traits, dont il est si fier, il fut médiocrement satisfait de les voir déformés par les bandelettes et fâcheusement grêlés. Mais, aujourd'hui, le mal est réparé ou à peu près. M. Laurent Tailhade porte une cicatrice : tel un soldat frappé en pleine bataille. Et, grâce à cette heureuse blessure, tous les citoyens de France savent ce nom qu'ils ignoraient hier : LAURENT TAILHADE; et ils savent que c'est le nom d'un poète et que ce poète a dû publier des vers. Et ils sont curieux de lire quelques vers de M. Laurent Tailhade. Et M. Laurent Tailhade qui, jusqu'à présent, labourait les plates-bandes de l'*Ermitage* et du *Mercure de France* pourra parler au monde du haut d'une tribune plus retentissante.

Ce que M. Laurent Tailhade dira au monde, nous le pressentons. Il lui formulera, en termes rares, l'expression de son mépris.... M. Laurent Tailhade méprise profondément ses contemporains. C'est du moins ce qui ressort de certaines confidences qu'il a versées dans le sein d'un reporter :

Je suis, moi, un artiste, un dégustateur, un spectateur indifférent le plus souvent aux extériorités, mais qui, parfois, cependant, s'amuse de la vie. Je cherche avant tout des satisfactions esthétiques. Alors ?... Je prends dans l'anarchie d'une part ce qui me distrait ; de l'autre, ce qui s'accorde avec mes théories, ce qui favorise mon égoïsme d'intellectuel. Toute la partie aristocratique me plaît. Je serais ravi, par exemple, d'échapper à la tyrannie de l'État, cette chose organisée, incommode et même hostile aux individus : qui s'immisce partout : ici des entrées interdites, là des examens ! Qu'on supprime l'État ! je le permets. Maintenant y a-t-il autre chose ?

— Mais les anarchistes prétendent aussi s'intéresser aux malheureux, chercher à guérir la misère...

— Ceci, répond nettement Laurent Tailhade — et j'adoucis — ceci m'est absolument égal. Je vous avouerai que le bonheur de mon bottier, ses petites affaires, ses petits démêlés, ses petits soucis ne me touchent point. Je vous répète que je regarde la vie de haut, comme un monsieur regarde la rue de son balcon. Ce qui se passe en dessous de lui, *sans l'atteindre directement*, lui fait passer le temps sans l'émouvoir. Pour ma part, les idées, les généralités seules m'intéressent.

On ne peut pousser plus loin le dilettantisme. En matière littéraire, M. Laurent Tailhade ne se montre pas moins dédaigneux. La conversation que lui arracha (sans douleur!) M. Jules Huret, pour son volume sur l'*Évolution des lettres*, est un chef-d'œuvre d'impertinence :

— M. Daudet ayant casé son fils et s'étant assuré l'héritage des Goncourt, M. Zola postulant l'Académie, les jeunes disciples de ces maîtres inventèrent le roman slave et le drame norvégien, sans compter le parler belge qui est le fonds même de leur quiddité littéraire. Ils ont mangé de la soupe aux choux fermentés avec les paysans de Tolstoï, découvert, avec M. Hugues Le Roux, les jongleuses foraines, — ces sœurs d'Yvette Guilbert — et surtout créé, avec Méténier, les rapports de police accommodés en langue verte.

Quels vont être leurs successeurs?

— Il me paraît que l'évolution sera partagée nettement entre deux catégories, c'est-à-dire les jeunes hommes qui, n'ayant aucune fortune ni métier avouable dans la main, se destinent à un riche mariage, ce sont les psychologues; puis ceux à qui suffit l'approbation des brasseries esthétiques et d'intermittentes gazettes, ce sont les symbolo-décadents-instrumento-gagaïstes, à qui le français de Paul Alexis ne saurait plaire et qui le remplacent par un petit nègre laborieux.

Suit un éreintement féroce de Paul Bourget, Barrès, Leconte de Lisle, « ce bibliothécaire pasteur d'éléphants », et des parnassiens, et des symbolistes, et des décadents, et de quiconque tient une plume :

— En voulez-vous donc aussi aux archaïsmes ?
— Les archaïsmes des ronsardisants modernes ont été

fort agréablements raillés par Rabelais, pour ne rappeler que des souvenirs nationaux, car s'il faut en croire Suétone, Auguste reprochait à son neveu Tibère ce genre de cruauté. L'Écolier Limousin ne parle pas d'autre sorte que les plus accrédités poètes de notre temps :

« Nous transfretons la Séquane au dilicule et au crépule... »

La Collantine de Furetières et les amis de Gombault faisaient paraître le même style. Il fallut que Malherbe vint et biffât tout son Ronsard pour détourner le goût français de ces chemins rocailleux. Le principal effort des jeunes littérateurs contemporains consiste, comme je le crois, à découvrir la Pléiade et à la traduire en moldovalaque.

Que reste-t-il sur ces ruines fumantes ? Un seul poète, un seul penseur, un seul homme élevant son front auguste au-dessus de l'universelle imbécillité. Remercions la Providence de nous avoir gardé ses lumières !

Il est très délicat d'écrire, quand on se montre si sévère à ceux qui écrivent. On s'expose à de dures représailles. M. Laurent Tailhade, qui se rend compte du danger, y a peu prêté le flanc. En vingt ans de labeur (je suppose qu'il a rimé ses premiers vers à dix-huit ans, ainsi que le commun des mortels), M. Laurent Tailhade a produit deux ou trois minces plaquettes : le *Jardin du rêve*, *Voyage au pays du mufle*, *Vitraux*. Je n'ai pu me procurer le *Jardin du rêve*, dont l'édition se trouve épuisée. Mais j'ai pu savourer les beautés du *Pays du mufle*.

L'ouvrage est ainsi nommé parce qu'il renferme de violents assauts contre les littérateurs et les bourgeois, les uns et les autres peuplant, au dire de l'auteur, le *Pays du mufle*... Flaubert s'attaquait surtout aux « bourgeois », M. Laurent Tailhade s'en prend de préférence aux « littérateurs ». Il ne hait pas les « bourgeois », il les juge ridicules; au contraire, les littérateurs lui inspirent une aversion profonde. Comparons et jugeons. Voici d'abord une pièce où M. Joseph Prud'homme est fort galamment drapé :

RUS

Ce qui fait que l'ancien bandagiste renie
Le comptoir dont le faste alléchait les passants,
C'est son jardin d'Auteuil où, veufs de tout encens,
Les zinnias ont l'air d'être en tôle vernie.

C'est là qu'il vient — le soir — goûter l'air aromal
Et, dans sa *rocking-chair*, en veston de flanelle,
Aspirer les senteurs qu'épanchent sur Grenelle
Les fabriques de suifs et de noir animal.

Bien que libre-penseur et franc-maçon, il juge
Le dieu propice qui lui donna ce refuge
Où se meurt un cyprin emmy la pièce d'eau;

Où, dans la tour mauresque aux lanternes chinoises,
— Tout en lui préparant du sirop de framboises —
Sa « demoiselle » chante un couplet de Nadaud.

Ces vers ne sont pas autrement féroces... Ils ressemblent, par le tour, sinon par le sentiment, à ceux de Coppée. Qu'on se rappelle l'alexandrin célèbre qui termine un des poèmes des *Humbles* :

La lune se levait au moment du café...

Seulement Coppée s'attendrit sur la simplicité des petits bourgeois, tandis que M. Laurent Tailhade leur lance des traits barbelés; l'ironie de Coppée est bienveillante, celle de M. Laurent Tailhade est méprisante.

Prenons un autre sonnet, dirigé contre « un confrère », qui est, je crois, M. Jean Rameau :

CHORÈGE

Claudicator ayant découvert qu'il existe
Des comtesses ailleurs qu'aux romans de Balzac,
A chaussé des gants paille et revêtu le frac :
On le prendrait, tant il est beau, pour un dentiste.

Jadis potard, expert à triturer les bols,
Il rêvait, dédaignant le nom d'apothicaire,
A des in-folios connus d'Upsal au Caire.
— Et ses dormirs furent hantés par les Kobolds.

Maintenant, l'œil féroce et la bouche crispée,
Il récite devant l'indulgence attroupée
Des vieilles dames aux appas gélatineux :

Et, surprenant effet des rimes qu'il accole,
Nonobstant la rigueur des corsets et des nœuds,
Sa voix fait tressaillir tous ces baquets de colle.

Ici, nous n'en sommes plus à l'indifférence ni même au simple dédain. Chacun de ces vers distille le fiel. L'auteur veut être méchant; — et il y arrive, le monstre! Il enfonce de sournoises épingles dans la chair du patient; il va jusqu'à lui reprocher ses difformités physiques (*claudicator*). Et avec quelle volupté rageuse, avec quel âpre plaisir il outrage les auditrices aux *appas gélatineux*! Il s'acharne après elles, il les voue à la risée publique, il les égratigne, il les piétine... Et nous croyons entendre son ricanement, lorsqu'il posa la plume, ayant accouché de ces insolences. Je suppose que M. Jean Rameau n'y a pas attaché une importance excessive, et qu'il ne s'est pas senti déshonoré par l'épithète de « potard » accolée à son nom. Peut-être même a-t-il eu l'esprit de complimenter M. Laurent Tailhade sur la truculence de ses vers... Peut-être s'est-il vengé en relisant de près les vers de M. Laurent Tailhade...

Car, n'en déplaise à ce superbe poète, il n'est pas au-dessus de la critique. Et si l'on voulait passer au crible ses meilleures pièces, on y relèverait aisément quelques tares : incohérence d'images, chevilles, excès de préciosités, mots vides de sens, accouplés uniquement pour la rime. Je note dans sa *Ballade à mes amis de Toulouse* :

> Raca sur l'huître de Marenne
> Sur l'huître pareille au molard
> Sur la bonane et *la migraine*...

Que vient faire ici cette *migraine*, suivant de près cette *bonane* ?

Et dans la ballade du *Petit Centre* :

> Tout renaît! Sur le tympanon,
> Sur l'ophicléide assassine,
> Sur la peau de zèbre ou d'ânon,
> Et sur le hautbois qui dessine

> Maints phantasmes de bécasines,
> Hurlons! — tel *Pompignan Lefranc,*
> Tel un butor *dans sa piscine,*
> — Le commerce des veaux reprend.

Ne trouvez-vous pas que ce Pompignan Lefranc surgit d'une façon très inattendue, et que si l'auteur place son *butor* dans une *piscine*, et non ailleurs, c'est qu'il avait absolument besoin d'une rime en *ssine* et que le nombre des rimes en *ssine* n'est pas illimité.

M. Laurent Tailhade repousse avec véhémence (nous l'avons vu plus haut) le pathos moyenâgeux et les réminiscences de la pléiade. Et il n'hésite pas à composer cette strophe :

> Le verbe sesquipédalier,
> Ce discours mitré, la féconde
> Navarroise du chevalier
> A Poissy comme dans Golconde,
> Essouillent le pleutre immonde.
> Mais, loin de tous bourgeois nigaud,
> Hurle ta palabre féconde :
> Sois grandiloque et bousingot.

A côté de ces fantaisies calamiteuses, M. Laurent Tailhade a composé des vers très simples et d'une couleur délicate. Je ne sais rien de plus pur que la silhouette de cette vierge du vitrail, nimbée d'or par les rayons du soleil couchant :

> Sous le brocart rigide et lourd de pierreries,
> Vos bras pour la prière entr'ouverts lentement,
> Dans le cadre léger des ogives fleuries,
> Se tendent en un geste indécis et charmant.

> Et calme en attendant le Dieu promis, sans trêve,
> Morte par le désir, avant d'avoir aimé,
> Sur les vitraux dorés vous lisez votre rêve,
> Et votre cœur s'endort comme un jardin fermé.

M. Laurent Tailhade partage le sort de tous les poètes de second rang. Il a fait quelques beaux vers, il en a fait d'exécrables. Ses meilleurs sont ceux où il a mis le plus de méchanceté. Mais ce perpétuel ricanement agace les nerfs. Et puis en vérité, M. Laurent Tailhade est trop immodeste. Il ne reconnaît de talent en ce siècle, où le talent abonde, qu'à deux ou trois poètes. Encore ceux-là sont-ils morts depuis longtemps. Il reconnaît aussi du talent à M. Jules Huret qui est venu l'interviewer...

LE COMTE MATHIAS VILLIERS DE L'ISLE-ADAM

C'est une étrange figure que celle du comte Mathias Villiers de l'Isle-Adam, et qui vaut la peine d'être esquissée. Il naquit en Bretagne — terre des rêves. Il descendait effectivement d'une très illustre famille. Un de ses ancêtres prit part aux croisades; un autre, Pierre de l'Isle-Adam, fut sénéchal et porte-oriflamme de France en 1355; un autre, Philippe, grand-maître de l'ordre de Malte, défendit en 1521 l'île de Rhodes contre Soliman. Mais si le nom des Villiers s'était transmis d'âge en âge leur patrimoine s'était effrité... Il n'en restait que des bribes au commencement de ce siècle, et le père de Mathias, le marquis de Villiers de l'Isle-Adam en était réduit à vivre médiocrement sur les ruines de son antique gentilhommerie. Il tâchait de suppléer à l'insuffisance de ses ressources en se lançant dans de folles entreprises, fondant une Société pour récupérer les biens dus aux émigrés et confisqués par la Révolution française; organisant sur divers points de Bretagne des fouilles à l'effet de découvrir de vastes trésors; ayant toujours en tête de chimériques projets et courant après la fortune, tandis que sa femme, fidèle gardienne du foyer, priait dévotement le Seigneur.

Tel est le milieu où Mathias fut élevé. Il subit la double influence de son père et de sa mère. Le premier lui légua son humeur aventureuse, la seconde son mysticisme exalté. Un accident acheva de le troubler. Il fut enlevé par des bohémiens et, pendant deux ans, il mena une existence vagabonde, courant de ville en ville, couchant à la belle étoile. Il s'était pris d'une telle affection pour ses ravisseurs, qu'il fondit en larmes quand le marquis le força de réintégrer le toit paternel. Vous devinez l'influence de ces événements sur une âme romanesque. Villiers en reçut un pli qui ne devait pas s'effacer; il avait rompu, dès son âge le plus tendre, avec la société régulière. Il ne voulut jamais se rapprocher d'elle. En vain l'emprisonna-t-on dans un collège; on ne put le plier à la discipline; il avait l'allure d'un révolté; il tenait à ses camarades des discours troublants; ses yeux lançaient des éclairs. Il effarouchait ses maîtres par l'incandescence de ses doctrines. Et, dans le silence de l'étude, il griffonnait des vers hugothiques, hérissés d'antithèses et ruisselants de lyrisme. Le marquis et la marquise, pleins de tendresse et d'illusions, jugèrent qu'un grand poète leur était né. Ils résolurent de l'accompagner à Paris — seul terrain où la gloire puisse éclore. Ils vendirent à vil prix leurs champs, leurs bois, le castel des aïeux, et s'installèrent en un modeste logement de la rue Saint-Honoré ; — n'espérant plus qu'en ce fils qui leur avait coûté tant de sacrifices, et comptant fermement sur son génie.

Alors commença l'existence fabuleuse de Villiers... Pendant trente années, il erra, moderne Juif-Errant, à travers les cafés, les tavernes, les bureaux de rédaction, dînant au hasard de la fourchette, vêtu comme un loqueteux, éconduit par les libraires, méconnu du public, admiré de ses amis qu'éblouissait son âpre éloquence. Il se faufila dans un cénacle de jeunes littérateurs, qui devaient presque tous arriver à la fortune. Catulle Mendès, François Coppée, Stéphane Mallarmé, Léon Dierx, assistés de quelques camarades déjà célèbres, Banville, Léon Gozlan, Charles Monselet, venaient de fonder une revue, la *Revue Fantaisiste*, qui se signala, dès le premier numéro, par son ardeur agressive. Villiers y publia son premier « conte cruel », *Claire Lenoir*, et devint un des piliers de la rédaction. Ce que combattait ce petit groupe... vous le devinez, c'était l'opérette d'Offenbach, le drame bourgeois, le roman feuilleton. Il proclamait les théories de l'art pour l'art et brandissait l'oriflamme de la « rime millionnaire ». Chaque soir on s'assemblait chez Catulle Mendès, le Mécène de la bande, et, durant des heures, on théorisait à perdre haleine. Villiers de l'Ile-Adam ne ressemblait à personne. Quand une fois on l'avait vu, on ne pouvait l'oublier. Il déployait une verve extraordinaire, passant du pathétique au sarcasme, de l'enthousiasme à l'ironie, entremêlant ses considérations esthétiques de grotesques calembours, mais exerçant sur ceux qui l'écoutaient une fascination particulière. François Coppée a fixé sa physionomie dans un vieil et délicieux article de journal.

Soudain, dans l'assemblée des poètes, un cri joyeux est poussé par tous : « Villiers!... C'est Villiers!... » Et tout à coup un jeune homme aux yeux bleu pâle, aux jambes vacillantes, mâchonnant une cigarette, rejetant d'un geste de tête sa chevelure en désordre et tortillant sa petite moustache blonde, entre d'un air égaré, distribue des poignées de main distraites, voit le piano ouvert, s'y assied, et, crispant ses doigts sur le clavier, chante d'une voix qui tremble, mais dont aucun de nous n'oubliera jamais l'accent magique et profond, une mélodie qu'il vient d'improviser dans la rue, une vague et mystérieuse mélopée qui accompagnent, en doublant l'impression troublante, le beau sonnet de Charles Baudelaire :

> Nous aurons des lits pleins d'odeurs légères,
> Des divans profonds comme des tombeaux...

Puis, quand tout le monde est sous le charme, le chanteur, bredouillant les dernières notes de sa mélodie, ou s'interrompant brusquement, se lève, s'éloigne du piano, va comme pour se cacher dans un coin de la chambre, et roulant une autre cigarette, jette sur l'auditoire stupéfait un regard méfiant et circulaire, un regard d'Hamlet aux pieds d'Ophélia, pendant la représentation du *Meurtre de Gonzague*.

Tel nous apparut, dans les amicales réunions de la rue de Douai, chez Catulle Mendès, le comte Villiers de l'Isle-Adam...

Cependant les années s'écoulaient sans amener la richesse dans le pauvre logis de la rue Saint-Honoré. Le marquis, la marquise, s'éteignirent, vaincus par le chagrin et la maladie. Mathias demeura seul sur la terre. Il roula jusqu'aux derniers bas-fonds de la misère. Il n'avait plus de domicile légal et logeait, à la nuit, dans les vagues hôtels garnis du quartier latin et de la butte Montmartre. Son cousin, M. du Pontavice de Heussey, a tracé un charmant et touchant tableau de cette période de sa vie. Rien n'égalait la détresse de Villiers de l'Isle-Adam, sinon son inconscience. Il marchait la tête dans les étoiles, poursuivant son rêve, semblable à un enfant, qui ne soupçonne pas les difficultés de l'existence. Il parlait toujours de l'*avenir*, mais ne se préoccupait pas du *lendemain*. Il ne s'inquiétait jamais de savoir s'il possédait ou non une chemise, et, sans la sollicitude de quelques âmes dévouées, il en serait arrivé à sortir presque nu, à moins qu'il ne fût resté dans son lit des mois entiers. Léon Dierx, qui veillait sur lui avec une tendre affection, déposait sournoisement dans sa chambre du linge, des habits neufs... Villiers enfilait les habits, se servait du linge, ne se demandant pas d'où lui venait cette aubaine, n'y attachant aucune importance.

J'avais pris l'habitude (dit M. du Pontavice de Heussey) d'aller chez lui entre trois et quatre heures de l'après-midi. Je le trouvais généralement assis dans son lit, accoté par plusieurs oreillers, travaillant et ne s'interrompant que pour allumer une cigarette qu'il n'allumait pas le plus souvent.

Dès qu'il m'apercevait (il y avait parfois dix minutes que je me tenais debout devant lui sans qu'il se doutât de ma présence, tant son travail l'absorbait), il faisait un bond en s'écriant :

« Ah! toi, cousin! Quelle heure donc?... La fenêtre... la fenêtre! » et, avant que j'eusse le temps de m'opposer à quoi que ce soit, il sautait hors du lit, se précipitait à la croisée qu'il ouvrait toute grande, sans se préoccuper du temps ou de la température; puis il se recouchait, passait sa main dans sa grande mèche frontale, me regardait d'un air ahuri et finissait par éclater de rire. Habituellement ces évolutions avaient pour résultat d'envoyer à travers la chambre tabac, cigarettes et feuilles volantes qui, pour peu qu'il fît de l'air, se mettaient à tourbillonner autour de la table. Je m'élançais au secours de la précieuse prose du poète dont s'amusait une bise peu littéraire, et lorsque j'avais recueilli et remis en ordre tant bien que mal les manuscrits épars, je m'asseyais dans l'unique fauteuil et commençaient nos bavardages. Enfin, vers six heures, à force de persécutions, je parvenais à le tirer des draps et nous descendions dans la rue.

La rue! c'était le vrai domicile de Villiers de l'Isle-Adam; il s'y plaisait, il y était comme chez lui; il y battait la semelle du soir jusqu'au matin; il connaissait les pires coins de Paris, et il connaissait aussi des secrets qui le rendaient redoutable. Lorsqu'il débouchait, au moment de l'absinthe, sur le boulevard Montmartre, plus d'un de ses confrères l'évitaient, sachant combien il avait la dent cruelle et fuyant son coup de boutoir. Et Villiers passait tranquillement, exposant à tous les yeux, comme Don César de Bazan,

Sa cape en dents de scie et ses bas en spirale.

Il n'avait qu'un point sensible : l'orgueil de son blason. Il n'admettait pas que l'on touchât à l'honneur d'un Villiers de l'Isle-Adam, ce Villiers fût-il contemporain de Philippe-Auguste. Peut-être se rappelle-t-on le bizarre procès qu'il intenta à Paul Clèves qui dirigeait, en 1876, le théâtre de la Porte-Saint-Martin. Notre poète passe un soir devant le théâtre; il regarde machinalement l'affiche et voit annoncé *Périnet Leclerc,* drame en 5 actes, de MM. Lockroy et Anicet Bourgeois, et, parmi les personnages du drame, il aperçoit, se détachant en vedette, le nom de son illustre ancêtre, le maréchal Jean de Villiers de l'Isle-Adam. Très ému, il pénètre dans la salle et constate, avec horreur, que les auteurs font jouer au maréchal Jean un abominable rôle, un rôle de traître, contraire, d'ailleurs, à la vérité. Dès le lendemain, il envoie aux journaux une lettre indignée; il somme M. Paul Clèves d'interrompre les représentations de la pièce; il traîne devant les juges MM. Anicet et Lockroy qui, naturellement, obtiennent gain de cause. Et Villiers, furieux, quitte Paris et se réfugie chez un ami à Bordeaux, où il arrive en pleine canicule, ayant sur le dos un paletot *garni de fourrures*, son unique vêtement !

L'écrivain mena encore pendant treize ans cette existence incohérente. Vers la fin de sa vie il parut se régler. Sa situation matérielle s'améliora, sa réputation grossit; le public commençait à goûter ses livres. On lui demandait à Bruxelles et à Londres des conférences. Peut-être Villiers fût-il mort dans la peau d'un bourgeois propriétaire (on a vu de ces miracles !) si la mort n'était venue le prendre en 1889.

Il est utile de connaître l'histoire de Villiers de l'Isle-Adam pour apprécier la saveur de ses ouvrages. On l'y retrouve tout entier avec ses inégalités, ses obscurités, ses absurdités, et ses élans d'éloquence et ses éclairs de génie. Pour ne parler que d'*Axel*, où il a mis le meilleur de sa pensée, je ne crois pas qu'il soit possible de pousser plus loin la magnificence et l'étrangeté du rêve. Ce drame fantastique se déroule en quatre tableaux, qui sont comme autant de fresques largement brossées. Le sujet n'est pas d'une surprenante nouveauté. Axel d'Auersperg vit isolé dans un bourg moyenâgeux, et possède, enfouies sous les murs de son château, de colossales richesses. Il refuse de livrer ces trésors à l'empereur d'Allemagne et tue l'ambassadeur qui vient les lui demander. Après quoi, pour calmer ses remords, il se consacre aux sciences hermétiques. C'est alors qu'apparaît l'éternelle tentatrice sous les traits d'une vierge, Sara, qui lui inspire un ardent amour. Elle cherche à l'entraîner vers le monde, elle lui montre les mille délices qui leur sont promises. Axel est sur le point de céder. Mais sa sagesse le retient sur les bords du gouffre. Il repousse les matérialités de la passion; il veut mourir dans la pure joie de l'extase et entraîner dans la tombe celle qui lui est chère :

Tu vois, lui dit-il, le monde extérieur à travers ton âme : il t'éblouit! mais il ne peut nous donner une seule heure comparable, en intensité d'existence, à une seconde de celles que nous venons de vivre. L'accomplissement réel, absolu, parfait, c'est le moment intérieur que nous avons éprouvé l'un et l'autre, dans la splendeur funèbre de ce caveau. Ce moment idéal, nous l'avons subi : le voici donc irrévocable, de quelque nom que tu le nommes! Essayer de le revivre, en modelant chaque jour à son image, une poussière, toujours décevante, d'apparences extérieures, ne serait que risquer de le dénaturer, d'en amoindrir l'impression divine, de l'anéantir au plus pur de nous-mêmes. Prenons garde de ne pas savoir mourir pendant qu'il en est temps encore.

Les deux amants s'empoisonnent; ils expirent après avoir échangé un chaste baiser. Et la scène s'achève dans un admirable élan de poésie. L'écrivain y traduit, sous une forme éclatante, des idées éparses dans Schiller, dans Gœthe, dans Schopenhauer, dans Hegel. Il les fait siennes, il les anime de son enthousiasme. Le lecteur est désarmé, tant il sent que l'écrivain est sincère.

Je parlais tout à l'heure des contradictions de Villiers de l'Isle-Adam. Il est difficile, en effet, de concilier le dénouement d'*Axel* avec les convictions catholiques de l'auteur. Son catholicisme, à vrai dire, était d'une essence particulière. Il y mêlait de criminelles audaces. Il était catholique à la façon de Chateaubriand, de Baudelaire, de Barbey d'Aurevilly, en qui M. Anatole France a raison de voir des « dilettantes du mysticisme » : sa piété, comme la leur, pouvait passer pour impie. Il goûtait le charme douloureux du péché et considérait que le sacrilège n'est pas dépourvu de majesté.

Et puis, tout cela lui était prétexte à rhétorique... C'est le point faible de Villiers et la raison pour laquelle ses livres s'écrouleront; ils sont écrits avec un souci trop constamment précieux de la forme. L'écrivain se rattache étroitement à l'école romantique. Il a le culte du mot et de l'épithète; il recherche l'éclat de la phrase et se laisse bercer à sa musique; il croit au prestige des sonorités; il allonge démesurément les descriptions et ne sait pas être sobre, sauf en de rares passages, où la pensée domine et contient l'expression. Ce sont de fâcheux excès. Mais on les pardonne au pauvre Villiers en faveur de sa belle âme. Il aimait l'art, il n'aimait que l'art. Il portait en lui des splendeurs d'illusions. Quand il s'asseyait à la table d'un café, dans la foule stupide des consommateurs, joueurs de dominos et fumeurs de pipes, son imagination le séparait des laideurs environnantes, l'entraînait en un monde féerique. Et, grâce à cette faculté surprenante d'isolement, on peut dire de lui ce qu'on ne saurait dire de beaucoup d'hommes : Il vécut misérable et il fut heureux.....

FRÉDÉRIC MISTRAL, ROI DU MIDI

Nous sommes l'aller voir, en son royaume; il ne sort guère, ordinairement, de sa bonne ville de Maillane. Mais, pensant qu'il devait une politesse à Sophocle, il avait daigné se déranger pour venir écouter au théâtre romain d'Orange *Œdipe roi*. Quand il fit son entrée sur les gradins de l'hémicycle, tous les félibres parisiens et autres crièrent : *Vive Mistral!* et quelques exaltés lancèrent leurs chapeaux en l'air, ce qui est le dernier terme de l'enthousiasme. Le grand poète reçut avec sérénité ces hommages. Il redressa sa haute taille, il se découvrit, il inclina doucement son front olympien et il esquissa de la main un geste protecteur et sacerdotal qui voulait dire : « Mes enfants, je vous bénis! »

Vous pensez s'il doit être blasé sur les louanges. Depuis un demi-siècle, elles lui sont prodiguées. Mais c'est un vin dont on ne saurait plus se passer quand, une fois, on y a trempé les lèvres. Mistral se trouve un peu dans la situation où se trouvait Victor Hugo, pendant les dix années qui précédèrent sa mort. Il a passé l'heure des combats, il se repose sur ses anciennes victoires; il est devenu le Maître, l'Aïeul, celui qu'on vénère et qu'on ne discute plus. Comme à l'auteur des *Burgraves*, on lui envoie des vers et on lui demande des autographes. Et j'imagine que les autographes sont généralement bienveillants et que les jeunes poètes qui les reçoivent, en réponse à leurs missives, s'en trouvent fort honorés...

Roumanille et Aubanel ne jouirent pas d'une gloire aussi bruyante. Leur renommée eut un caractère moins cosmopolite. Roumanille vivait isolé dans sa petite imprimerie avignonnaise; et ses contes si finement ironiques, si « attiquement » gaulois, n'étaient lus et compris que de ses compatriotes. Aubanel, dont l'âme fut grande et l'inspiration parfois sublime, fuyait les vaines popularités. « Mieux vaut d'être aimé que d'être célèbre », écrivait-il. Et il demeura fidèle à sa devise, travaillant à l'ombre de son jardinet, entouré de deux ou trois amitiés passionnées et abrité par elles contre les curiosités banales. Son œuvre est superbe, mais d'une beauté grave et même un peu triste. L'œuvre de Mistral est plus accessible, son talent plus souple et plus varié. Mistral est bien, selon l'heureuse expression de Paul Mariéton, le miroir de la Provence. On la retrouve en ses vers sous ses aspects multiples. Mistral a écrit des poèmes virgiliens, mais il a écrit aussi d'indulgentes satires, des *galéjades*, où le caractère méridional est joliment observé et raillé avec douceur. Joignez à cela le prestige de Mireille, type immortel popularisé par la peinture et par la musique. Vous comprendrez l'auréole dont le nom de Mistral est entouré.

Il faut dire que le félibrige est pour beaucoup dans ce résultat. Ces félibres ne se sont jamais tant remués que depuis quelques années. Ils sont vingt ou trente à Paris qui font du bruit comme dix mille. Ils combinent des fêtes, ils inaugurent des statues, boivent des vins d'honneur, à jet continu, et surtout ils prononcent des discours. Ce sont des hommes infatigables et qui savent l'art d'agiter l'opinion publique. Chaque année ils célèbrent à Sceaux la mémoire de Florian et choisissent, pour présider la cérémonie, un personnage illustre qui est presque toujours un homme du Nord. C'est ce qu'ils appellent une « fête de famille ». Et vers le mois d'août, ils organisent une vaste promenade en Provence. Y vient qui veut... Les étrangers y sont reçus à cœur ouvert. Il est encore moins difficile de devenir félibre que de devenir franc-maçon, aucune épreuve ne vous étant infligée, aucun serment ne vous étant demandé... Donc les félibres accrochent une cigale de bronze à leurs boutonnières et les voilà partis. Et nous assistons à un merveilleux phénomène d'auto-suggestion. Tous ces braves gens qui, en temps ordinaire, sont parfaitement pondérés et calmes, ces Parisiens gouailleurs, ces Normands pince-sans-rire, ces silencieux Bretons (car les félibres se recrutent à toutes les latitudes), deviennent soudain bavards, impétueux, plus méridionaux que le Midi, et plus chauds que le soleil. Dès qu'ils ont mis le pied en Provence, ils se transforment, ils « croient que c'est arrivé » et ils crient, et ils se démènent... J'ai encore dans l'oreille et dans les yeux leurs exubérances...

L'un d'eux, particulièrement, m'a frappé. C'est un homme de lettres qu'il me sera permis de ne point nommer. Il a dû naître, si j'en juge par son parler onctueux et gras et par la sage lourdeur de sa démarche, vers le centre de la France, il a l'allure tranquille et le regard placide d'un paysan berrichon, et il écrit comme il parle, sagement et lentement... Je ne l'aurais pas reconnu... La métamorphose était complète. Il s'agitait, il se levait de table à chaque minute pour porter un toast; et c'étaient des confidences intimes, de touchantes familiarités. Il s'épanchait littéralement dans mon sein. Il avait pris mon bras dans les rues d'Avignon et son âme débordait : « Quel pays! me disait-il, quel ciel! que d'étoiles!... Que cette brise est rafraîchissante! que cette terre est douce! qu'il y ferait bon mourir!... »

Voilà à quel degré d'exaltation peut conduire le

félibrige. Et tandis que mon cher confrère me confessait ainsi son enthousiasme, je regardais les vrais Avignonnais et les vraies Avignonaises assis sur le pas de leurs portes. Ils paraissaient fort paisibles. Pas un murmure ne sortait des maisons closes. Tandis que les gens du Nord faisaient leur sabbat, les gens du Midi dormaient... O sainte puissance de l'illusion !

Mistral lui-même, le roi de cette tribu félibréenne, est (du moins en apparence) le plus placide des hommes. Il demeure impassible au milieu des clameurs, et reçoit, immobile comme un dieu d'Orient, l'encens qu'une foule idolâtre fait fumer sur ses autels. Il parle peu. C'est à peine si j'ai entendu le son de sa voix. S'il était moins glorieux, on dirait qu'il est timide.

Ce soir-là, après la représentation d'*OEdipe roi*, il vint souper chez un habitant de la ville qui avait convié quelques poètes de passage et les artistes de la Comédie-Française. En arrivant, il s'approcha de Mounet-Sully et, sans mot dire, l'embrassa sur les deux joues. Ce baiser valait assurément un discours. Il exprimait une admiration muette et d'autant plus pénétrante. Mounet-Sully gardera ce baiser comme Mlle George garda celui de Napoléon, il n'en perdra pas le souvenir. Après souper notre hôte demanda à Mistral de chanter la *Coupo Santo* et le grand poète accéda à son désir. Il entonna l'hymne sacré, puis nous levâmes nos verres à sa santé, et il se retira suivi de son premier vizir, qui est le chancelier du félibrige, M. Paul Mariéton. Et il accomplit ces choses avec une majesté tranquille, qui est en effet celle d'un roi, et d'un roi qui a l'habitude de régner et dont la toute-puissance n'est pas contestée... Vous voyez que les organisateurs du félibrige sont de fins psychologues. Ils savent, ainsi que les princes de l'ancienne Église, exalter l'imagination des fidèles, et si jamais la foi s'affaiblissait, s'il était besoin d'un miracle pour la réchauffer, soyez sûrs qu'ils ne seraient pas en peine de l'accomplir et que, dès le lendemain, tous les journaux de France et d'Europe en répandraient la nouvelle.

Je crains seulement que leur ambition ne s'accroisse avec le succès et qu'elle ne devienne démesurée. On leur prête déjà des projets énormes. Ils rêvent, paraît-il, de restaurer, sous le pavillon du roi René, l'alliance latine, rêve généreux mais dont la réalisation n'est point aisée. Ils voudraient que l'Italie, la France et l'Espagne marchassent unies, la main dans la main, et communiassent dans l'amour des lettres et de l'humanité. Je crains que certains princes du Nord, qui ne font pas partie du félibrige, ne contrarient ces beaux plans.

Ils voudraient aussi restaurer les cours d'amour et les trouvères. Ce projet est plus modeste et il est inoffensif. Une première tentative fut faite dans ce sens, il y a quelques années. Mme de Brancovan

avait réuni dans sa villa d'Amphion sur les bords du
lac de Genève une compagnie d'aimables femmes et
d'hommes de lettres. Mistral était parmi les convives.
Dans la soirée ils montèrent sur des barques ornées
de fleurs et remplies de musiciens. A la poupe de
chaque barque trônait une dame assise sur des tapis
de brocarts entourée d'une cour de poètes qui lui
récitaient leurs derniers vers. La « galère capitane »
superbement décorée portait Mme de Brancovan
et Mistral... Tout à coup Mistral chanta... Et l'on
entendit, sur les eaux pures, glisser l'écho des *Iles
d'or*; il chanta Magali, il chanta la chanson des épis
et la chanson des vignes, et les vers de la cueillette
et les amours de Vincent... Et les assistants furent
saisis d'une émotion religieuse.

Ce sont là des raffinements de dilettantes. Cette
restauration des cours d'amours marche de pair avec
le goût des vieux meubles et des vieilles porcelaines.
Les femmes du monde qui s'ennuient seraient ravies
de poser à la Clémence Isaure et de distribuer des
branches d'églantine aux gentils rimeurs. On peut
assurément restaurer ce divertissement. Ce qu'on ne
pourra restaurer, c'est l'état d'âme des troubadours
et de leurs belles, l'héroïque dévouement des chevaliers qui mouraient en prononçant le nom de l'Aimée,
n'ayant parfois reçu d'elle qu'un chaste serment,
et la constance des Dames qui attendaient dans
l'ombre du cloître le retour de leurs Seigneurs. Les
cours d'amour reconstituées deviendront un jeu de

société, une concurrence au lawn-tennis... Et le plus souvent, au lieu d'y dire des vers, on y causera de Mlle X..., de la Comédie-Française, et du dernier amant de la marquise ou de la comtesse..... Et les vrais poètes qui, par hasard, se faufileront en ces cénacles, chercheront à enjôler les jeunes veuves en leur dédiant des sonnets pâmés ou à épouser les petites héritières, qui leur apporteront avec leur trousseau, la chère indépendance, si nécessaire au bonheur...

On ne ressuscite pas les choses mortes. Les félibres ne feront pas revivre l'héroïsme des siècles passés. Ils peuvent du moins en aviver le souvenir et en raviver le culte. Dans cette limite, nous devons applaudir à leurs efforts. Qu'ils attirent chaque année, à travers la Provence, une légion de touristes, ce voyage ne sera pas perdu. Le pays est admirable ; il a conservé ses ruines, qui sont des pages d'histoire. Enfin le ciel y est bleu, l'air y est pur, les nuits merveilleuses... Et les habitants — quoique moins exubérants que les Parisiens — y donnent à tous venants une hospitalité pleine de grâce...

LE POÈTE DU SILENCE : M. GEORGES RODENBACH

M. Georges Rodenbach a de trente à quarante ans ; il est né, je crois, en Hollande, ou en Belgique, ou dans les Flandres françaises. Sa physionomie n'a rien, au premier aspect, qui vous saisisse. Il est très blond, très calme (du moins il le paraît), son œil est bleu et limpide. A le voir ainsi, sans lui parler, on pourrait le prendre indifféremment pour un filateur de Lille, pour un armateur d'Anvers ou pour un honnête marchand de tulipes.

Eh bien ! ce jeune homme grave est un poète exquis, un penseur très original, un observateur minutieux, un analyste pénétrant, enfin un artiste, dans la plus rare acception du mot...

Vous est-il arrivé de revenir, après de longues années, dans la maison où s'écoula votre enfance ? Vous aviez quitté cette maison, vous l'aviez oubliée, et vous la retrouvez telle qu'elle était autrefois, plus silencieuse seulement et plus triste... Soudain, les souvenirs s'éveillent en vous, une étrange émotion vous saisit, chacun des objets, qui frappent vos yeux, vous semble un lointain ami... Vous vous sentez glisser sur la pente des réminiscences et des tendres rêveries. Vous vous laissez tomber dans un vieux fauteuil en velours d'Utrecht, — le fauteuil de l'aïeule, — vos yeux se ferment à demi, et dans la solitude engourdie des grandes pièces, vous revivez doucement et lentement les heures passées. Il vous semble que tout s'anime autour de vous, que les murs ont une voix et vous parlent, que les portraits de famille vous contemplent, que le vieux clavecin, où vos doigts se sont posés jadis, vous sourit, et que les rideaux de la fenêtre s'écartent en signe de joie pour laisser passer un rayon de lumière...

Toutes ces sensations confuses, M. Rodenbach a trouvé le moyen de les fixer, en des vers dont le tour est peut-être un peu subtil, mais d'une infinie et minutieuse délicatesse. Pour se rendre compte de ses procédés, il suffit de prendre, presque au hasard, un de ses morceaux :

> Dans les chambres, comme ils parlent, les vieux portraits
> Dont la bouche a gardé des roses d'azalées...

(Des *roses d'azalées*... Peut-on mieux exprimer le rose un peu pâli des vieilles peintures, ce rose qui rappelle en effet les fleurs d'azalées?)

> Comme ils parlent tout bas, malgré leurs yeux distraits
> Qui regardent au loin des choses en allées.

(Quelle douceur en ce dernier vers!)...

> Ils parlent dans le soir, d'un air avertisseur,
> Et disent d'être doux et d'être bénévoles ;
> Ils ont des mots ouatés et blancs de confesseurs,
> Des mots tels qu'on en lit au long des banderoles
> Peintes, dans les missels, aux lèvres des élus.

(Cette image est un peu cherchée, mais si jolie d'attitude et de coloris.)

> Ils parlent lentement, avec des voix si nulles !
> Voix comme en rêve ; voix en conciliabules
> S'appareillant avec leurs yeux irrésolus.
> Voix dans l'absence, voix tristes *qui semblent veuves*.
> Voix dans l'éloignement et qu'on dirait venir
> D'au delà des jardins et d'au delà des fleuves.

On ne saurait traduire avec plus de justesse le charme alangui des anciens tableaux. Il y a dans ces mots un je ne sais quoi d'adouci, d'atténué, de décoloré qui évoque à la fois la mélancolie des époques mortes et le tiède silence des musées. .

> Ah ces voix des portraits, quand le jour va finir.
> Portraits d'aïeux, portraits d'aïeules ingénues
> Que nous aimons un peu sans les avoir connues.
> Portraits anciens, portraits d'il y a si longtemps
> Avec qui nous causions souvent dans le silence,
> Quand l'ombre s'épandait en noirs tulles flottants.

Et l'auteur, précisant ses souvenirs, nous décrit en termes plus précis un de ces portraits :

> Telle aïeule, surtout en blanc déshabillé
> De linge suranné dont le fichu se croise,
> Qui souriait, la bouche un peu narquoise
> Mais de qui le sourire avait l'air effeuillé !...

Cela donne l'illusion d'un pastel aux tons discrets et fondus.

Et maintenant si l'on veut avoir une impression d'ensemble, qu'on lise le morceau d'une voix douce et lente, et tout unie, sans exagérer la déclamation,... l'impression est exquise.

M. Georges Rodenbach ne se borne pas à peindre des intérieurs, il brosse des paysages — des paysages du Nord, aux lignes vagues, enveloppées de brouillard. Il peint les réverbères agités par le vent, pendant les nuits sans lune, les vieilles maisons d'Anvers, agenouillées dans l'eau froide, comme « des matrones en oraisons » ; il montre les fumées planant en légers nuages et décrivant des méandres dans le ciel des grandes villes :

> Sur l'horizon confus des villes, les fumées
> Au-dessus des murs gris et des clochers épars
> Ondulent, propageant en de muets départs
> Les tristesses du soir en elles résumées.
> On dirait des aveux aux lèvres des maisons...
> ... Vague mélancolie, au loin se propageant,
> Car, parmi la langueur d'une cloche qui tinte,
> On dirait des ruisseaux d'eau pâle voyageant,
> Des ruisseaux de silence, aux rives non précises,
> Dont le peu d'eau glisse au hasard, d'un cours mal sûr,
> En méandres ridés, à courbes indécises,
> Et, comme dans la mer, va se perdre en l'azur.

Ces vers trahissent un énorme effort de concentration et d'analyse... M. Rodenbach a horreur des images banales et mirlitonesques, il dédaigne les métaphores usées, retapées et éculées par trois générations de poètes, il en cherche de nouvelles. Et souvent il en découvre. Il y a, çà et là, dans le *Règne du silence*, des trouvailles d'expressions, de ces rencontres de mots qui, lorsqu'on les aperçoit en un coin de page, vous donnent une petite secousse voluptueuse.

Voulant exprimer la paix sereine et tranquille des chambres qu'éclaire la lampe familiale, il dira :

> Les lampes doucement s'ouvrent comme des yeux.

Voulant donner la sensation des calmes demeures, où la solitude est seulement troublée par le tic tac de l'horloge, il dira :

> Solitude du soir dans la vaste maison
> Où bat le pouls de la pendule qui s'ennuie.

Voulant rendre le charme mystérieux du crépuscule, alors que l'obscurité envahit la chambre, il écrit :

> Douceur du soir! douceur qui fait qu'on s'habitue
> A ta sourdine, aux sons de viole assoupie.
> L'amant entend songer l'amante qui s'est tue.
> Et leurs yeux sont ensemble aux dessins du tapis...
>
> Et langoureusement la clarté se retire.
> Douceur! ne plus se voir distincts! N'être plus qu'un!
> Silence! deux senteurs en un même parfum :
> Penser la même chose et ne pas se le dire!

Voulant enfin traduire cette vérité, que les objets extérieurs exercent une perpétuelle influence sur nos sentiments, et qu'ils avivent, selon les cas, ou diminuent nos jouissances, il imagine cet épisode..... Le poète, voyageant avec une amie, est descendu dans une antique auberge de province; la chambre qu'on leur a ouverte était triste et morose; il y flottait comme un parfum d'autrefois; les meubles en étaient sévères, elle possédait pour tout ornement, un clavecin maussade qui sommeillait dans un coin :

Chambre étrange ; on eût dit qu'elle avait un secret
D'une chose très triste et dont elle était lasse.....
... Car notre amour faisait du mal à son regret. —
Et même lorsqu'avec des mains presque dévotes,
Tu vins frôler le vieux clavecin endormi,
Ce fut un chant si pâle et si dolent, parmi
La solitude offerte au réveil des gavottes,
Que tu tremblas comme au contact d'un clavier mort.
Et muets, nous sentions, dans cette chambre étrange
Avec qui notre joie était en désaccord,
L'hostilité d'un grand silence qu'on dérange!...

M. Rodenbach a intitulé son premier livre *le Règne du Silence*. J'eusse voulu qu'il le nommât : *les Voix du Silence*. Et en effet ce sont des voix qui s'envolent des feuillets, voix de choses qui sont mortes, mais auprès desquelles on a vécu, et qui ont conservé comme l'écho lointain et pensif de ces vies disparues. Il reste un peu d'âme aux touches d'un clavecin sur lequel des mains — autrefois — se sont posées. Les vieux fauteuils gardent dans leurs plis de vagues parfums; le tic tac des anciennes horloges boite comme le pas d'un vieillard. Ces objets évoquent des idées, des souvenirs et, pour tout dire, des sensations qui varient selon le degré d'imagination et de culture de l'observateur. M. Rodenbach vibre d'une façon surprenante. Et il se reconnaît au milieu des impressions qu'il éprouve; il les classe, il les analyse, il les décompose avec une merveilleuse lucidité. Et il trouve les mots qui traduisent exactement les nuances qu'il veut exprimer. Et ces nuances sont le plus souvent des *nuances de nuances*, des reflets fuyants, des rapprochements entr'aperçus, des silhouettes presque insaisissables. Et enfin (c'est par là qu'il est poète) ce travail n'est point aride. Le vers de M. Rodenbach n'est pas un vers de logicien, c'est un vers de voyant. C'est un miroir infiniment mobile, où apparaissent les divers aspects des choses; et c'est en même temps une symphonie. Le poète nous montre des images et il nous dit, aussi, quelle émotion éveillent en lui ces images, et il nous fait partager son émotion.

Tout cela est d'une combinaison assez compliquée. Et M. Rodenbach se complaît à ces jeux de dilettante; il jouit des difficultés vaincues; il les exagère. S'il n'y prend garde, ses qualités, en s'exaspérant, se changeront en défauts. Il tombera de la précision dans la minutie, de la subtilité dans l'afféterie, et il redoutera tellement d'être banal qu'il deviendra inintelligible. (Un autre de ses recueils, *les Yeux*, justifie ces craintes et renferme de fâcheuses obscurités)... Ajoutons que M. Rodenbach est d'un voisinage dangereux pour ses confrères. Il en est de ses poèmes, comme des aliments assaisonnés d'étranges épices, auprès desquels les mets simples et sains paraissent fades.

M. JEAN RICHEPIN

Le poète Jean Richepin possède une collection de curieuses photographies qui le montrent à différents âges. La plus ancienne, qui date de 1876, le représente entouré de quelques amis : Maurice Bouchor, Raoul Ponchon, Paul Bourget... Sur cette image lointaine, Raoul Ponchon apparaît joyeux. Paul Bourget semble avoir du vague à l'âme. Maurice Bouchor porte dans ses yeux limpides une expression de sérénité... Quant à Jean Richepin, il est coiffé d'un chapeau tromblon à larges bords ; il a la prunelle ardente, la taille cambrée, le poil luxuriant et embroussaillé ; sa chevelure s'échappe en boucles rebelles ; sa barbe est tumultueuse et ses vêtements d'une coupe primitive. On dirait d'un jeune faune, lâché sur les boulevards et habillé par un tailleur-concierge de la rue Monsieur-le-Prince.

En ce temps-là, Jean Richepin jouissait, parmi les bourgeois, d'une fâcheuse réputation. On faisait courir sur lui de surprenantes légendes. On affirmait qu'il avait été chassé de l'École normale pour cause de mauvaises mœurs; qu'on l'avait surpris une fois dans la chapelle de l'École, devant l'autel éclairé *a giorno*, ayant près de lui trois femmes (le gourmand!) qu'il était en train de confesser. Jeté dehors, repoussé par sa famille, on racontait encore que Jean Richepin s'était engagé dans une troupe de saltimbanques, qu'il avait dompté des bêtes féroces, lutté à main plate avec Marseille, couru les océans en qualité de mousse sur un vaisseau négrier et que rentré au gîte, après tant d'aventures, crevant de faim et mis au ban de la société, il composait des vers obscènes en caressant des Gothons de carrefour.

Tout n'était pas irréel dans ces contes bleus. Jean Richepin n'avait jamais souillé par un sacrilège la maison de la rue d'Ulm. Il en sortit pour aller se battre contre les Prussiens. Il ne fut pas repoussé par sa famille, mais sa famille était pauvre. Et il dut s'ingénier pour se procurer le pain quotidien. Son imagination était d'ailleurs vagabonde; il adorait les verroteries, les costumes bariolés. Et enfin il avait lu, comme tous ceux de sa génération, les livres d'Henry Mürger; il prenait au sérieux la vie de bohème et croyait sincèrement qu'un poète lyrique ne peut, sans déchoir, s'astreindre à une existence régulière et qu'il est tenu, par respect humain, de frayer avec la Cour des Miracles.

Richepin s'évertua à jouer les Schaunard ; ce fut un Schaunard asiatique, truculent et somptueux. Il oubliait de payer son terme, il déjeunait dans les crémeries; mais il portait en épingle certain rubis qui avait appartenu, disait-il, au Grand Mogol et qui se cassa en tombant sur le marbre d'une cheminée. Il était beau et aimé des femmes. Il était heureux !...

Examinons maintenant la plus récente photographie. Le poète est assis à une table surchargée de paperasses, dans une pièce remplie de livres et d'objets d'art. Un feu clair flambe dans l'âtre et colore de ses reflets des landiers en fer forgé et des chandeliers de cuivre; de vieux vitraux laissent passer une lumière adoucie, qui vient s'éteindre sur des tapis d'Orient. Ce milieu respire le confort, la paix domestique, un luxe de bon aloi. Le maître de céans est bien le même personnage que nous avons vu tout à l'heure; il porte un manteau écarlate que ferme une agrafe d'or; et son mollet se dessine ferme et musclé, sous la trame élastique du bas de soie... Cependant le front est dégarni, quelques fils blancs apparaissent dans la chevelure. Le temps a touché de son aile le chansonnier des gueux, et en l'effleurant, il l'a calmé, assagi. Jean Richepin peut dire, comme le charbonnier de la légende : *Je suis ici chez moi.*

Et, en effet, ce « home » lui appartient; et non seulement le cabinet de travail, mais la maison, et non seulement la maison, mais le jardin, et d'autres jardins, et une autre maisonnette. Le bohémien de jadis est devenu propriétaire foncier, ni plus ni moins qu'un parfait notaire. Il soigne ses rosiers, il s'amuse avec ses enfants, il se délasse des joies du travail par les joies de la famille. On inscrira sur sa tombe, s'il meurt demain : bon père, bon époux, citoyen intègre ; et l'on ajoutera à son épitaphe la devise des hommes de lettres économes et vaillants : *liber libro*... Mais Jean Richepin n'a pas envie de mourir et, sa plume aidant, le jardin de la rue Galvani finira par ressembler au parc de Versailles...

Je sais d'anciens camarades qui lui gardent rancune de cette prospérité. Pour ceux-là, ratés du Parnasse et vieux bohèmes croulants, tout poète qui ne finit pas à l'hôpital n'est pas un poète. Richepin a cessé d'avoir du talent dès l'instant où il a touché des droits d'auteur. Si jamais l'Académie lui ouvrait ses portes, il serait déshonoré. Et on l'accuse d'hypocrisie ! Et l'on met en doute sa sincérité...

J'estime au contraire que la vie de Jean Richepin est un chef-d'œuvre d'harmonie et de sagessse. Elle trahit un tempérament admirablement équilibré. Tout d'abord studieuse, puis agitée, mouvementée (à l'âge des fièvres amoureuses et des folles passions), puis tranquille, puis apaisée, cette existence est l'image d'un beau jour qui traverse successivement la fraîcheur de l'aube, l'ardeur du soleil et la paix du crépuscule. Et l'œuvre de Richepin s'est modelée sur sa vie. Il a commencé par écrire des discours latins ; puis il a composé des chansons et enfin des tragédies en cinq actes pour la Comédie-Française.

Je ne veux pas regarder ce qui vaut le mieux de ses tragédies ou de ses chansons. Si j'avais un conseil à donner aux jeunes poètes, dans l'intérêt de leur bonheur, sinon de leur talent, je leur dirais : « Imitez cet homme, soyez comme il l'a été, tour à tour agité et raisonnable et toujours laborieux. Et les dieux vous béniront ! » Mais les artistes n'ont pas besoin de conseils, chacun suivant le penchant de sa nature. Peut-être vaut-il mieux qu'il en soit ainsi.....

Or je crois remarquer que les générations nouvelles sont animées d'un singulier esprit d'ordre et de prudence. La pauvre bohème est morte avec Banville qui égrenait de temps à autre, sur la tombe de Mürger, une grappe de lilas. Les peintres, les poètes, voire les médecins, envisagent dès l'adolescence le problème de la lutte pour la vie. Ils travaillent pour amasser un capital et en tirer bon parti. Le peintre entrevoit dans ses rêves un petit hôtel, le poète un ruban rouge et l'Académie, le médecin une clientèle mondaine. Et ils cherchent autour d'eux le véhicule qui doit les conduire au but désiré : le mariage riche, l'héritière. On me citait le mot typique d'un de nos brillants confrères, qu'une dame de ses amies voulait unir à une jeune fille de condition médiocre :

— Inutile d'insister, dit-il d'un ton sec. Je n'épouse pas, à moins d'un million !

Et ce jeune écrivain n'a encore publié que trois volumes ! Et il n'a pas le profil d'Antinoüs ! Jugez un peu s'il ressemblait seulement à M. Le Bargy, de la Comédie-Française ! Jérôme Paturot doit s'estimer satisfait. Ce revirement est son triomphe. Lui, qu'on a tant raillé, on le traite aujourd'hui avec égards, et l'on sollicite l'honneur de son alliance. Et je dois dire qu'il répond à demi aux avances qui lui sont faites; il commence à considérer que les artistes peuvent être des gens sérieux, il ne leur refuse plus son estime et trouve assez agréable, ayant déjà la fortune, de prendre pour gendre un garçon de mérite qui lui apportera un parfum de gloire. Ainsi s'accomplit la fusion du talent et de la richesse. Nous avons toujours des poètes, mais ce sont des poètes bien nippés. Les cigales chantent encore, mais elles ne chantent plus à la belle étoile...

LA POLITIQUE DE M. FRANÇOIS COPPÉE

Décidément, le bon poète François Coppée verse dans la politique !... Il a beau s'en défendre, décliner les candidatures législatives qui lui sont offertes, afficher le profond dédain que lui inspirent les débats parlementaires : la passion même avec laquelle il exprime ce dédain, trahit un état d'esprit qui ne ressemble pas à l'indifférence. On ne hait si fort que ce qui vous tient au cœur. François Coppée, qu'il veuille ou non l'avouer, suit avec curiosité les choses publiques. Ses derniers livres nous apportent sur ce point un témoignage irrécusable. La politique, la hideuse politique y suinte à chaque page. Et le lecteur se demande s'il doit en féliciter l'auteur — ou s'il doit le plaindre.

Comment cette curiosité s'éveilla-t-elle en son âme ?... Je ne sais... François Coppée, ainsi que tous les poètes, chanta d'abord les yeux bleus et les yeux noirs, la joie d'aimer et de vivre ; puis il se tourna vers le théâtre, il effleura le roman, il écrivit des nouvelles et des contes. Ces œuvres si diverses de forme et d'inspiration avaient entre elles un lien commun : la sensibilité de l'écrivain, une pitié tendre, qui s'épanchait sur les humbles, sur les êtres souffrants et pauvres, sur les filles du peuple, sur les orphelins, sur les vaincus de la vie. Coppée, dès ses premières années, coudoya la misère des petites gens qui ont la pudeur de leur détresse, et cachent sous un pâle sourire les blessures d'amour-propre, les embarras d'argent, l'angoisse du terme à payer et des créanciers à satisfaire. Vous savez combien sont vivaces les impressions d'enfance. Coppée devint célèbre; il entra à l'Académie, il eut toutes les dignités, tous les honneurs officiels, il fréquenta chez les grandes dames, il se chauffa les mollets aux cheminées des duchesses. Et son cœur, au lieu de s'endurcir, demeura compatissant. Je crois même qu'il s'attendrit davantage. Le luxe des uns, le dénuement des autres, le spectacle de certains bonheurs et de certaines infortunes également immérités et absurdes; ces mille iniquités sociales que les privilégiés contemplent d'un œil distrait, retentirent profondément en cette conscience de poète. Coppée se dit que le monde est mal fait; que ceux qui le dirigent sont des intrigants ou des incapables; que le peuple se laisse prendre à des mots vides de sens, et élève sur le pavois des ambitieux qui ne songent qu'à le gruger. Certains scandales parlementaires donnèrent un nouvel élément à cette généreuse misanthropie. Et c'est ainsi (du moins je le suppose) que Coppée en arriva, tout doucement, à publier des articles de journaux qui par le ton, l'allure, l'âpreté d'invective ressemblent à des pamphlets.

Lorsqu'on relit en volumes ces articles, il s'en dégage une impression curieuse. François Coppée y revêt des aspects multiples, que je voudrais essayer de fixer. Il s'y montre, tour à tour, chauvin et bourgeois, aristocrate et gavroche, idyllique et violent, réactionnaire et socialiste. Il a des nerfs de femme et des fureurs de tribun.

Le chauvin. — Coppée, quand il était gamin, devait suivre dans les rues les musiques militaires et marquer le pas au son du tambour. Il a conservé une faiblesse pour l'uniforme, le panache. Il aime Napoléon, à cause de ses victoires. Il vibre au récit de ses exploits. Né trente ans plus tôt, il eût applaudi l'acteur Gobert au cirque Olympique, il eût chanté au dessert les chansons de Béranger. Son ardeur patriotique éclate en accents émus. Il s'extasie sur un garçon jardinier qui est allé passer treize jours au régiment; il admire la fière allure des soldats préposés à la défense de notre frontière; et il s'écrie, emporté par un élan de pieux enthousiasme :

Soldats de vingt ans, fleur de mon pays, je ne suis qu'un homme vieilli et malade, qui, le jour du départ, ne pourrait vous suivre jusqu'à la première étape. Mais je sais bien qu'en vous est le suprême espoir, le salut de la France, et de toute la chaleur de mon âme, je vous aime et je vous bénis !

Ces sentiments sont hautement respectables. Peut-être y entre-t-il un soupçon de redondance. On croit voir un bon vieillard à cheveux bouclés qui lève vers le ciel des yeux pleins de larmes et des mains tremblantes. — Adorant son pays, Coppée doit haïr nos ennemis séculaires. Il a horreur de l'Allemand, non seulement de l'empereur Guillaume et du prince de Bismarck, mais des Tudesques plus ou moins inoffensifs qui servent comme garçons de restaurant dans les hôtels cosmopolites et qu'il accuse de préparer « l'invasion et le pillage de l'avenir et de choisir déjà leurs pendules [1]. » Paul Déroulède applaudirait des deux mains à ce langage...

Le bourgeois. — Si Coppée aime les batailles, il ne déteste pas les douceurs du coin du feu. Et en cela il est bien de la race de Désaugiers et de Jérôme Paturot. Il ne comprend pas que l'on sorte de cette bonne France pour aller courir au loin les aventures. Au lit d'auberge il préfère le lit familial garni de draps qui fleurent la lavande ou la bergamote. Aux maisons à quinze étages de Chicago il préfère l'humble toit où naquirent et moururent ses

1. *Mon franc parler*, p. 101.

aïeux[1]. Et toujours, comme les vrais bourgeois de Paris, il repousse avec violence tout ce qui nous vient de l'étranger, les mots anglais, les mets exotiques, les modes et les mœurs américaines. Vive le haricot de mouton de nos grand'mères ! Vive la musique de Boïeldieu ! Il déclare (non sans raison) que la moitié des spectateurs qui vont écouter la *Walkyrie* ont l'air de s'y pâmer par snobisme, mais n'y entendent goutte et s'y ennuient[2]. Et il proteste contre cette admiration de commande. Et il épanche sa mauvaise humeur sur Wagner, sur Ibsen, sur Mæterlinck, sur les Norvégiens, les Suédois, les Flamands qui tournent la cervelle aux jeunes littérateurs.

Le poète. — Il ne saurait disparaître, fût-ce au cours des brûlantes polémiques. Il surgit çà et là, entre deux lamentations sur les maux du siècle, et module un air de flûte infiniment agréable. Tantôt il chante la mélancolie des cloches bretonnes, conviant à la prière les veuves et les filles des pêcheurs :

Sonnez, sonnez, cloches de Bretagne ! C'est vous qui avez raison. Sonnez pour appeler les pauvres, malgré leurs faiblesses et leurs vices, et pour leur parler de repentir et d'espérance ! Dites-leur qu'il est une miséricorde supérieure à la justice et toujours prête à leur pardonner leurs fautes. Sonnez dans vos clochers à jour,

1. *Mon franc parler*, p. 107.
2. *Ibid.*, p. 197.

vieux asiles des hirondelles ; sonnez, cloches chrétiennes, et continuez de répandre sur ceux qui souffrent un peu d'illusion et de rêve !

Tantôt il célèbre le retour du printemps, la renaissance des fleurs, l'éclosion des belles tulipes qui embaument de leur haleine les parcs et les jardins de Paris :

Voici, dans les jardins publics, mes belles amies, les tulipes. Certes, elles sont admirables en massif, surtout celles qui sont lamées de jaune et de rouge, comme des lansquenets ; mais je les aime encore mieux le long d'une plate-bande, isolées sur leur tige, espacées les unes des autres, raides dans leurs robes d'apparat, comme les infantes de Castille un jour de baise-main. Je goûte mieux ainsi l'aristocratique beauté de chacune d'elles. Je ne dis pas de mal de vous, ô jacinthes ! bien que je trouve un peu lourdes de formes vos grappes parfumées, et je ne vous oublie pas non plus, primevères et jonquilles, qui n'êtes pas des Parisiennes, mais qui nous apportez, sur les éventaires et les petites charrettes à bras, de si douces nouvelles des bois et des champs. Cependant, je l'avoue, la splendide, la triomphante tulipe m'éblouit entre toutes. Vous êtes, fleurs campagnardes, la grâce du renouveau ; les tulipes en sont la gloire.

En lisant cette description, on se dit que l'auteur en eût tiré un joli sonnet. Et si on lui pardonne d'avoir célébré en prose les grâces de la tulipe, c'est que cette prose est harmonieuse, délicate et colorée...

Le gavroche. — Ne criez pas à l'irrévérence. Il y a, chez Coppée, un vieux gamin de faubourg qui ne sommeille jamais qu'à demi. Ce gamin a le verbe canaille, il ne recule pas devant l'argot, il possède le vocabulaire de la langue verte, et cultive à l'occasion le calembour. Raillant la fausse austérité d'un homme politique de ses amis, il ne craindra pas de dire [1] : « Ce Caton d'Utique est un Caton du *toc* »; il flétrira l'impudence des démagogues qui promettent au peuple des fontaines de *reginglet* et de *mêlé-cassis*; il s'esbaudira devant les affiches électorales peinturlurées de mille nuances : vert pomme, ventre de biche, caca dauphin (*sic*), cuisse de nymphe émue et bleu de perruquier; enfin il évoquera le souvenir des guinguettes, où il allait, le dimanche, se promener en compagnie de Mimi Pinson.

Je troquerais de bon cœur la rosette rouge, l'habit à palmes vertes, et tout le tremblement, contre un de mes « Quinze Août » du second Empire, avec dînette à Vélizy, quand j'avais encore d'assez bonnes dents pour casser des noisettes, quand on ne me donnait pas du « cher Maître » et qu'on m'appelait tout populairement « mon trésor »... Dieu de Dieu! que c'est bête de vieillir!

Blâmant ailleurs les doctrines que professe en Sorbonne M. Aulard, il lui décoche des flèches barbelées, il le compare à M. de la Palisse, il l'accuse

---

1. *Mon franc parler*, p. 112.

de battre le *ra-pla-pla* devant ses élèves, et de débiter des phrases creuses.

Cela est excessif, paradoxal, injuste. Mais cela est pittoresque, cela vous pique la langue comme un verre de vin bleu. C'est du meilleur cru de Suresne...

Le socialiste. — Mon Dieu! François Coppée n'approuve pas les crimes de Vaillant et de Ravachol... La dynamite lui répugne... Et cependant!... Il écrit certaines pages que pourrait signer Louise Michel. Le poète n'excuse pas, mais il explique — ce qui équivaut à une demi-absolution . Serrons de près sa pensée :

On aurait pu, avec un peu de chaleur d'âme et un peu de courage, réconcilier et unir les partis, grouper les bonnes volontés, dans une ligue pour la paix sociale, dans une croisade contre la misère! Que c'eût été beau pourtant de lever, *sur l'opulente moisson du capital,* la gerbe de ceux qui ont faim, d'émonder, de l'arbre de l'héritage, le fagot de ceux qui ont froid! Que c'eût été beau de rappeler énergiquement aux hommes *qui jouissent et qui rient qu'ils doivent une large dîme* à leurs frères qui souffrent et qui sanglotent!

Eh! oui, les riches auraient dû se dépouiller pour les pauvres. Mais ils n'y ont pas songé... Dès lors, les pauvres ne sont-ils pas en droit de lever l'étendard de la révolte?... Et plus loin : « Les prolétaires ont beau être électeurs — c'est-à-dire rois — *ils sont quand même esclaves.* Depuis longtemps, on les

mène avec de grandes phrases, comme on les menait
jadis à coups de bâton. Or, ils n'y croient plus aux
harangues. Que sont les anarchistes? Les futurs
combattants d'une guerre servile qui n'attend que
son Spartacus. » N'en déplaise à l'auteur de *Severo
Torelli*, je crois que son cœur parle ici plus haut que
sa raison. Et encore, est-ce bien son cœur qui parle?
Il y a dans cet excès de mansuétude une nervosité
un peu maladive. Il semble que François Coppée
se soit laissé gagner par l'exaltation fiévreuse de
Mme Séverine. Je conçois que l'on s'intéresse au
sort des déshérités, non au point de méconnaître les
améliorations essayées et les progrès accomplis...
Je veux bien que les ouvriers ne roulent pas sur
l'or. Cependant le prix de leurs salaires a doublé
depuis cent ans. Et s'ils ne jouissent pas sur terre
d'une parfaite félicité, ils ressemblent en cela à un
certain nombre de capitalistes. Il y a d'autres
misères que celles qui naissent de l'argent...

L'aristocrate. — L'anarchiste qui palpite en François Coppée se double d'un aristocrate assez hautain. Almaviva bafouant Bartholo, le marquis de la
Seiglière accablant de son mépris l'avocat Destournelle, M. de Sottenville rabrouant Georges Dandin
ne sont pas plus dédaigneux que ne l'est le doux
écrivain envers nos députés, nos sénateurs, nos
ministres, envers tous ceux qui, de près et de loin,
touchent au gouvernement de la République. C'est
un déluge d'invectives. Et quelles invectives! La

9.

Chambre est une *caverne de vendus et d'acquittés* (allusion aux scandales de Panama). M. Grévy est un *fesse-mathieu* et un *vieux ladre*. De *grands mots couverts de boue* : telle est l'image de l'éloquence politique. Les hommes qui sont au pouvoir n'ont su donner au peuple *ni pain ni gloire* ; ce sont des *politicards de malheur*, des *farceurs*, d'*infâmes chéquards*, donnant au pays le spectacle d'une *répugnante agonie*.

Ces mots sont textuels et je n'en cite que quelques-uns. Sans glisser sur le terrain de la politique, je ne puis me dispenser de constater qu'ils manquent de mesure et d'atticisme. M. Coppée estime que la France pleure sa gloire perdue. La faute en est plutôt imputable aux hommes d'hier qu'à ceux d'aujourd'hui. En tout cas, elle a depuis vingt ans pansé ses blessures et reconquis un prestige auquel l'Europe, moins rigoureuse que M. Coppée, se fait un devoir de rendre hommage... Et puis, Coppée est-il bien sûr que nos hommes d'Etat soient beaucoup plus malhonnêtes que ne le furent leurs prédécesseurs, ou que ne le seront leurs successeurs éventuels ? Qu'il se rappelle cette devise placée par Alphonse Karr au fronton d'un de ses livres : *Plus ça change, plus c'est la même chose*. Ainsi s'exprime le philosophe, devenu sceptique, et qui juge inutile de se fâcher.

Rassemblez ces traits épars, réunissez sur la même tête ces qualités et ces défauts, ces partis pris, ces élans chevaleresques, ces emballements, ces colères, ces jovialités, ces délicatesses, ces indignations et ces explosions chauvines, et vous aurez Coppée, c'est-à-dire le meilleur, le plus loyal des poètes, et, par-dessus tout, un admirable Français... Car c'est par là qu'il nous plaît et qu'il nous touche. Il est Français jusqu'aux moelles, et Français de l'Ile-de-France, Français de Lutèce. Il a dans les veines le pur sang des Gaules; il pousse jusqu'au fétichisme le culte de son pays. Et, ma foi, je n'ai pas le courage de lui reprocher d'aimer trop la France. Il y a maintenant tant de Français — surtout de jeunes Français — qui ne savent plus l'aimer!...

M. PAUL VERLAINE

Au mois de novembre 1894, M. Paul Verlaine fut proclamé solennellement le « poète de la jeunesse française ». L'élection se fit au café Procope. Deux cents hommes de lettres, âgés de dix-huit à vingt-cinq ans, prirent part au scrutin. M. Paul Verlaine arriva en tête de liste avec soixante-dix-sept voix. M. Sully-Prudhomme n'en obtint que trente-six, M. François Coppée douze seulement et M. Maurice Bouchor, l'auteur de *Tobie*, le grave et délicat penseur, dut se contenter de deux voix... Aussitôt après le vote, M. Paul Verlaine se retira à l'hôpital Broussais pour y prendre ses quartiers d'hiver. Quelques jours plus tard, paraissait un nouveau recueil de M. Paul Verlaine intitulé : *Epigrammes*. Ainsi s'affirmait en sa vieillesse celui qu'on a surnommé le Villon moderne. Malheureux, en effet, comme Villon errant, dépenaillé et cependant plus fortuné, puisqu'il jouit de sa gloire et qu'il a la satisfaction de se voir loué dans les gazettes. François Villon ne reçut jamais, que je sache, la visite d'un interviewer, il ne fut point nommé, de son vivant, prince de la jeunesse française. C'est tout au plus s'il ne fut pas pendu avec ses compagnons les truands et les tirelaine des bas quartiers de Paris... La misère de M. Paul Verlaine est, en somme, une benoîte misère, une misère civilisée; elle est adoucie par cela même que tout le monde la connaît et y compatit. Le poète est célèbre. Lorsqu'il entre dans une brasserie du boulevard Saint-Michel, les consommateurs se poussent du coude et contemplent avec une curiosité nuancée d'admiration ce crâne chauve, ce front bosselé comme un antique chaudron, cette face camuse, ce nez socratique. Un murmure s'élève : C'est Lui. Et les femmes, le regardant à travers sa renommée, sont presque tentées de le trouver beau. M. Paul Verlaine dédaigne sans doute ces petits triomphes d'amour-propre. Et pourtant il est homme, et je sais des poètes, parmi les plus huppés, qui sont chatouillés agréablement quand on leur parle avec dévotion et qu'on les appelle « cher maître. »

Cet irrégulier débuta de la façon la plus régulière. Il naquit de souche bourgeoise. Il passa son baccalauréat comme tous les adolescents qui se respectent. Sa mère, une veuve pauvre et prévoyante, le fit entrer à vingt ans dans les bureaux de l'Hôtel de Ville. Il y rencontra François Coppée, Albert Mérat,

Léon Valade, Anatole France, José-Maria de Heredia, et s'embrigada dans la phalange du Parnasse. Vous pensez bien que ces jeunes ronds-de-cuir se souciaient fort peu des affaires publiques et qu'ils consacraient la majeure partie de leur temps, non pas à rédiger d'absurdes rapports et à copier des circulaires, mais à composer des tragédies et à rimer des sonnets. Ils avaient la prétention d'être *impassibles*; ils se comparaient ingénument aux orfèvres qui cisèlent l'or et le bronze ; ils cherchaient la perfection de la forme. Et chacun, à l'ombre des cartons administratifs, préparait un recueil qui devait émerveiller les contemporains. M. Paul Verlaine fit paraître ses *Poèmes saturniens,* le jour même où M. François Coppée publiait son *Reliquaire.* On n'y devinait guère le futur auteur de *Sagesse.* C'étaient de petits vers tournés avec agrément, les vers d'un bon élève de Banville. Pourtant, çà et là, une mélancolie perçait à travers les rimes et décelait l'émotion d'une âme inquiète et tendre. On n'y prit pas garde. Les *Fêtes galantes* vinrent quelques mois plus tard. Cette fois, la personnalité de l'écrivain s'affirmait. Il avait choisi pour cadre les bergeries de Watteau, mais il avait peuplé ce décor de figurines frêles et gauches, d'une grâce troublante. Ces croquis étaient bizarres, pour la plupart maladroits. Pièces inachevées, sentiments obscurs, fautes de goût, harmonies grinçantes. Les personnages vêtus de satin, qui se promenaient sous les bosquets de Cythère, ne ressemblaient qu'extérieurement aux Isabelle et aux Léandre du théâtre Italien; ils ne chantaient pas des mélodies cadencées à la façon de Mozart; ils avaient la voix rauque et inégale. Mais quelquefois un cri douloureux leur échappait, et la nature, autour d'eux, se faisait triste, pour compatir à leur tourment. Rappelez-vous le *Clair de lune*, si souvent cité :

> Votre âme est un paysage choisi
> Que vont charmant masques et bergamasques
> Jouant du luth et dansant et quasi
> Tristes sous leurs déguisements fantasques.
>
> Tout en chantant sur le mode mineur,
> L'amour vainqueur et la vie opportune,
> Ils n'ont pas l'air de croire à leur bonheur,
> Et leur chanson se mêle au clair de lune;
>
> Au calme clair de lune triste et beau,
> Qui fait rêver les oiseaux dans les arbres
> Et sangloter d'extase les jets d'eau,
> Les grands jets d'eau sveltes parmi les marbres.

La guerre de 1870 éclata. M. Paul Verlaine ne songeait pas alors à la politique. Il était amoureux et élégiaque, il avait une fiancée, il écrivait pour elle des chansons. Qu'advint-il de ces amours? Ces projets d'hyménée sombrèrent-ils dans la tourmente? Le poète disparut. Quinze ans se passèrent sans qu'on entendît parler de lui. Ce fut une époque cruelle de sa vie, sur laquelle nous n'avons pas à jeter les yeux. Une légende (peut-être mensongère) s'est formée; on a dit qu'il connut alors d'étranges désordres suivis d'une dure expiation ; et que, frappé par la justice des hommes, enfermé dans une geôle, il y demeura de longs mois, replié sur lui-même, et que songeant, méditant, il conçut un grand repentir de ses péchés, qu'il en demanda pardon à Dieu, et revint à la foi de son enfance. Et, en effet, quand il reparut, après cet exil, il rapportait un cœur purifié et un volume qui restera son chef-d'œuvre. C'était le volume de *Sagesse*, où l'on trouve les plus beaux vers chrétiens et peut-être les seuls vers chrétiens qui aient été composés depuis deux siècles dans notre langue. Ce sont, en tout cas, les plus naïfs et les plus vraiment sincères. Le poète s'abîme en Dieu, lui offre, avec de vraies larmes, ses douleurs. Il a des effusions brûlantes, des extases sublimes à force de bonne foi. Il supplie, il sanglote, il s'entretient avec le Seigneur, il se met à ses pieds humblement, il l'adore et il le conjure d'effacer ses hontes.

... Vous voyez comme je suis en bas,
Vous dont l'amour toujours monte comme la flamme,

Vous la source de paix que toute soif réclame,
Hélas ! voyez un peu tous mes tristes combats.
Oserai-je adorer la trace de vos pas,
Sur ces genoux saignants d'un rampement infâme ?

Et pourtant je vous cherche en longs tâtonnements,
Je voudrais que votre ombre au moins vêtît ma honte.

Il compose ces tercets qui semblent des actes de contrition, qui jaillissent de son âme comme des prières, et dont la forme est d'une ravissante suavité. Il fait réellement l'abandon de sa personne dans un élan d'amour passionné :

> O mon Dieu, vous m'avez blessé d'amour,
> Et la blessure est encore vibrante,
> O mon Dieu, vous m'avez blessé d'amour.
>
> Voici mon front qui n'a pu que rougir,
> Pour l'escabeau de vos pieds adorables,
> Voici mon front qui n'a pu que rougir.
>
> Voici mes mains qui n'ont pas travaillé,
> Pour les charbons ardents et l'encens rare,
> Voici mes mains qui n'ont pas travaillé.
>
> Voici mon cœur qui n'a battu qu'en vain,
> Pour palpiter aux ronces du calvaire,
> Voici mon cœur qui n'a battu qu'en vain.
>
> Voici mes pieds, frivoles voyageurs,
> Pour accourir au cri de votre grâce,
> Voici mes pieds, frivoles voyageurs.
>
> Voici mes yeux, luminaires d'erreur,
> Pour être éteints aux pleurs de la prière,
> Voici mes yeux, luminaires d'erreur.

Puis il se tourne vers la Vierge infiniment douce. Il trouve pour lui parler des accents tout simples, qui vont parfois jusqu'au balbutiement enfantin. Il se réfugie auprès d'elle comme auprès d'une mère, mère indulgente dont il attend les caresses, dont il connaît l'inépuisable bonté :

> Je ne veux plus aimer que ma mère Marie,
> ....
> Car, comme j'étais faible et bien méchant encore,
> Aux mains lâches, les yeux éblouis des chemins,

Elle baissa mes yeux et me joignit les mains
Et m'enseigna les mots par lesquels on adore...

....

Et tous ces bons efforts vers les croix et les plaies,
Comme je l'invoquais, elle en ceignit mes reins.

La foi qui éclate dans ces vers est vraiment soumise, elle n'a rien à démêler avec le christianisme littéraire de Chateaubriand ni avec la grandiose rhétorique de Victor Hugo. On sent que Verlaine, lorsqu'il les écrivit, ne songeait qu'à les écrire, et non à les publier; c'était une effusion spontanée, un soulagement de cœur, comme un cri de conscience. Il croyait et il aimait. Il y a dans *Sagesse* cinquante pages qui dureront éternellement...

Hélas! cette belle conversion ne persista guère. Le poète revint à ses errements. Il fut repris par la chair; et alors commença cette étrange existence, ce vagabondage bohémien sur le pavé de Paris, cette vie gâchée, secouée aux quatre vents du ciel, sans repos, sans foyer, ballottée de la brasserie à l'hôpital, de l'hôpital à la brasserie. M. Paul Verlaine erra comme un fantôme dans les ruelles du quartier Latin. Il vieillit, se courba, perdit ses cheveux, se réveilla un matin perclus de rhumatismes et ne trouva un peu de repos que lorsque la charité publique lui eut offert un asile... Il en est là... Et du fond de son infirmité, il goûte, tout de même, quelques douceurs. Il est très humainement traité. Les internes sont ses amis. Les gardes le soignent avec sollicitude. Et, chaque jour, de jeunes poètes viennent lui serrer la main et prendre des nouvelles de sa santé et lui demander des autographes. Enfin, de temps à autre, la critique s'occupe de son œuvre. M. Jules Lemaître, M. Anatole France lui ont consacré de belles études. Voilà de quoi charmer ses ennuis.

M. Jules Lemaître et M. Anatole France s'accordent à proclamer que M. Paul Verlaine est un instinctif et un primitif. M. Anatole France le compare très ingénieusement à un faune, à un satyre, à un être demi-brute, demi-dieu, inconscient de lui-même et soulevé par un souffle intérieur. M. Jules Lemaître va plus loin. C'est à peine s'il lui concède une certaine dose d'intelligence. « Je me le figure presque illettré. Peut-être a-t-il fait de vagues humanités; il ne s'en est pas souvenu. Il connaît peu les Grecs, les Latins et les classiques français; il ne s'attache pas à une tradition. Il ignore le sens des mots et les significations précises qu'ils ont eues dans le cours des âges. » Et plus loin, M. Jules Lemaître, analysant certains poèmes de M. Verlaine, cherche vainement à y découvrir un sens, il n'y perçoit qu'une musique de rêve, plainte indécise dont le charme réside uniquement dans l'harmonie des syllabes accouplées. Telle cette prière inexplicable, qui échappe à l'analyse, et qui, cependant, berce l'oreille comme le ferait un chant lointain, entendu dans l'engourdissement d'un demi-sommeil :

> Le souvenir avec le crépuscule
> Rougeoie et tremble à l'ardent horizon
> De l'espérance en flamme qui recule
> Et s'agrandit ainsi qu'une cloison
> Mystérieuse, où mainte floraison
> — Dahlia, lis, tulipe et renoncule —
> S'élance autour d'un treillis et circule
> Parmi la maladive exhalaison
> De parfums lourds et chauds, dont le poison
> — Dahlia, lis, tulipe et renoncule —
> Noyant mes sens, mon âme et ma raison,
> Mêle dans une immense pâmoison
> Le souvenir avec le crépuscule.

Le critique croit d'abord à une mystification. Le malicieux Paul Verlaine ne se serait-il pas donné le plaisir de duper ses lecteurs, en leur présentant, avec le plus grand sérieux, des fantaisies chatnoiresques et tintamarresques? Mais il repousse cette hypothèse. M. Paul Verlaine est incapable d'une fumisterie de mauvais goût; il ne pense pas à beaucoup de choses, mais il écrit ce qu'il pense : « Les hommes ne sont point pour lui des individus avec qui il entretient des relations de devoir et d'intérêt mais des formes qui se meuvent et qui passent. Il est le rêveur. Il a gardé une âme aussi neuve que celle d'Adam ouvrant les yeux à la lumière. La réalité a toujours pour lui le décousu et l'inexpliqué d'un songe. » En d'autres termes, M. Paul Verlaine est un voyant, un mage, le dormeur éveillé des contes arabes dont les yeux sont ouverts et l'âme absente. Un démon le possède : c'est un homme de génie...

Or, un doute m'est venu en lisant le dernier

recueil de M. Paul Verlaine (*les Épigrammes*). Je me suis demandé si ce poète vivait tellement en dehors de l'humanité, si son rêve était tellement profond qu'il l'enlevât au sentiment des choses réelles. Il m'a semblé que ce petit volume était humain, très humain ; j'y ai trouvé des idées très raisonnables, traduites en une langue très claire, sinon très forte. Il m'a même semblé y découvrir un soupçon d'ironie, ce qui n'est point le fait d'un sauvage, l'ironie ne poussant que sur les terres extrêmement vieilles et civilisées. — L'opuscule débute par un sermon, un vrai sermon, vous dis-je. Le poète est remis de ses émotions et résolu à jouir désormais du beau et du bien, sans s'inquiéter du reste, ayant souci seulement de sa perfection morale :

> Certainement le sage doit
> Aimer en outre, même hostile,
> Même affreuse, même inutile,
> La destinée où Dieu le voit.
>
> Se perfectionner sans cesse
> Par l'effort désintéressé
> D'un cœur un peu débarrassé
> De toute l'ancienne bassesse.

Mais il se sent transformé... Il fut jadis bien coupable, puis la grâce le toucha. Aujourd'hui il a renoncé aux anciennes fautes, mais la grâce l'a quitté. Il est indécis, troublé, et il regrette la certitude qu'il a perdue, cette chère certitude qui lui tenait chaud au cœur. Il se demande si l'erreur n'était pas préférable au doute desséchant qui l'oppresse :

> J'étais naguère catholique
> Et je le suis bien encor,
> Mais ce doute mélancolique !

> ... J'essayai de tout, et c'est drôle
> Comme cela lasse, à la fin,
> De changer son fusil d'épaule,
> Sans cible humaine ou but divin.

> Bah ! résume ta vie
> Dans l'art calme et dans l'heur,
> Du bien qui te ravit
> Et du beau qui te leurre.

Mais cette philosophie n'est pas nouvelle ! M. Paul Verlaine traverse une crise que beaucoup d'artistes ont subie. Perdre ses illusions, les regretter, se consoler avec l'art immortel qui ne trompe pas; qu'y a-t-il de plus commun? C'est le lot ordinaire de l'humanité. D'ailleurs, M. Paul Verlaine a la sagesse souriante; il parle aux jeunes gens, il leur prêche la modération, la tolérance : Vous êtes exaltés, violents. Je le fus aussi. Vous avez des admirations exclusives. Nous avons passé par là :

> Qu'ils gardent Ibsen ! Nous, c'était Hugo...

Et il évoque, en souriant, ces passions dont se nourrit sa jeunesse :

> J'ai fait jadis le coup de poing
> Pour Wagner, alors point au point,
> Et pour les Goncourt plus d'un soir.

> Aux *funérailles de l'Honneur*,
> Je me battais avec bonheur,
> Comme à celles de Victor Noir.
>
> La guerre me vit frémissant
> Et la Commune bondissant.
> Je fus de tous emballements.

Il aime à revivre en ces souvenirs. Tous les vieillards sont de même. En vérité, M. Désiré Nisard, de l'Académie française, n'eût pas tenu un autre langage! Ce bohémien de Paul Verlaine est le plus rassis du monde. Savez-vous quel est son plaisir, quand son rhumatisme lui laisse un moment de liberté?... C'est d'aller au musée du Louvre... Je sais d'honorables rentiers, enrichis dans le commerce, et qui cultivent ce passe-temps. Peut-être ne jouissent-ils pas de la peinture comme en jouit M. Paul Verlaine, car ce « faune » s'y connaît; ce « satyre » porte sur la peinture des jugements éclairés. Il aime Michel-Ange, Germain Pilon, Puget, Pigalle. Il goûte la *Ronde de nuit* de Rembrandt, et rapporte d'Amsterdam une pièce de vers qui vaut une page de critique... Décidément ce « satyre » n'est pas dénué d'intelligence. Et il n'est pas dénué d'esprit. Il raille agréablement M. Paul Moréas sur certains vers de dix-sept pieds (p. 24) et il saisit, à l'occasion, le trait caricatural; il définit en ces termes Théodore de Banville :

> Clown étonnant, en vérité,
> Mais plus admirablement poète,
> Qui, malgré Pascal, est resté
> L'ange, tout en faisant la bête...

N'est-ce pas charmant? Ailleurs, il peint Lamartine, ou plutôt il commente un portrait de Lamartine, une aquarelle de Cazals, représentant le poète droit et digne, dans sa posture habituelle, dressant le buste et levant la tête :

> Lamartine, selon Cazals et selon moi,
> D'après une gravure un peu contemporaine,
> Erige un buste noir et souple que refrène
> La redingote stricte et noble de l'emploi.
>
> Mais le dessinateur a paré pour l'allure
> D'une si juste apothéose d'un tel dieu,
> Le fond qui convenait seul à cette figure,
> Avec son bras derrière et l'œil fier, d'un tel bleu
>
> Céleste comme un lac, humain comme un martyre
> Qu'en vérité, blessé d'un trait mortel au flanc,
> On dirait un vieil aigle en sa gloire et son ire
> *Dressant sur l'infini son bec dur au chef blanc.*

Je ne vous cite pas ces vers comme modèle, le tour en est pénible, embarrassé. Ils sont chevillés. Je prise modérément l'*allure de l'apothéose*, et *le bras derrière* et *cet œil bleu, humain comme un martyre*. Mais les trois derniers vers sont d'une rare beauté, le dernier surtout souligne, en un trait de feu, le profil de Lamartine vieilli, mais toujours droit et ferme :

> Dressant sur l'infini son bec dur au chef blanc.

Quand je vous disais que ce « satyre » avait un œil de critique d'art !

Ainsi donc, l'« homme des bois » s'est calmé; il est devenu philosophe; il attend la mort en souriant et il regarde, quoi qu'on dise, d'un œil attentif et curieux ce qui se passe sur la terre. L'ibsénisme ne lui a pas échappé, non plus que le wagnérisme. Il n'est nullement insensible à ce qui réjouit les hommes de son âge. Il aimerait, tout comme un autre, la lampe familiale, les pantoufles au coin du feu, le lit bien chaud, la robe de chambre douillette. — Je suis heureux, dit-il, d'entendre une voix fraîche me lire le journal tandis que je rêvasse à mes vers. La soirée s'écoule lentement :

> C'est ainsi que sous la lampe
> Passent les heures du soir...
> La nuit s'est faite : je rampe
> Me coucher, las de m'asseoir.

M. Jules Lemaître a cru voir en M. Paul Verlaine un isolé, un indépendant qui fuit ses semblables ou les ignore... M'est avis qu'il a exagéré l'innocence du poète. M. Paul Verlaine n'est pas si inculte, ni si privé d'entendement, ni si primitif, ni si instinctif. Il fut dénué, je l'accorde, du sens pratique qui permet aux littérateurs de tirer des revenus de leurs œuvres. Il fut poète, autant qu'on peut l'être, en ce sens que dominé par des mouvements d'âme d'une violence inouïe, il ne sut pas y résister et qu'il les fit passer dans ses vers. Mais il a subi la loi fatale qui veut que les ardeurs se calment avec la vieillesse. M. Paul Verlaine ne considère plus la vie sous le même angle où il l'apercevait autrefois. Cet insoumis s'est civilisé... Si la fortune clémente lui envoyait seulement quelques mille livres de rentes, il achèterait une redingote neuve et se présenterait à l'Académie. Peut-être (horreur!) aurait-il un salon, où de jolies femmes décolletées boiraient des tasses de thé en écoutant des artistes chevelus. Ce sauvage est, croyez-le bien, sauvage par nécessité. Il serait heureux de ne pas mourir à l'hôpital. Il y mourra cependant, et pour sa plus grande gloire, afin que la postérité puisse dire que notre société ingrate et capitaliste n'a pas su affranchir de la misère le « poète de la jeunesse française. »

DEUX POÈTES DES CHAMPS

I. — JEAN RAMEAU

Le connaissez-vous? Avez-vous vu, dans les brasseries littéraires, ce visage étrange, ces yeux un peu vagues, où luit par instants comme un rayon de folie; avez-vous entendu cette voix musicale aux notes traînantes, aux inflexions berceuses, aux molles caresses? Avez-vous écouté ces vers tortillés et précieux, mais dont quelques-uns sonnent magnifiquement, et dont quelques autres sont d'une douceur, d'une suavité troublantes?

On peut détester Jean Rameau, priser médiocrement son talent, condamner ce qu'il a d'énervant et de factice, mais on ne peut lui contester la qualité de poète... Poète, Jean Rameau l'est au sens le plus candide du terme. Ce n'est pas un philosophe, ce n'est pas un psychologue (grands dieux!), c'est à peine un penseur. Il semble ignorer la vie et ne connaître les passions que pour en avoir recueilli l'écho lointain. Du moins, rien dans ses vers ne trahit de secousses personnelles...

Jean Rameau n'aime, ne goûte, ne comprend que la nature, mais il en jouit avec ivresse, il la regarde avec des yeux éternellement épris, il l'embrasse d'une folle étreinte, il s'extasie sur ses beautés innombrables, il aspire ses parfums, il se grise de soleil... A ses yeux, la terre est un vaste corps dont toutes les parties sont animées; il se considère, lui chétif, comme un des organes, comme un des rouages de cette immense machine, il fraternise avec le chêne qui domine la forêt, avec le brin d'herbe qui pousse dans la prairie. Il lui semble qu'une même âme palpite en eux et en lui, et qu'un même sang court dans ses veines et dans leur tige.

> Nature! à cet instant solennel et béni
> Je vibre à l'unisson de tes champs, de tes plantes,
> Et je sens, comme au fond de ton ciel infini,
> De sourds levers d'étoile en mes chairs pantelantes!
>
> Mon corps se ressouvient d'avoir été limon,
> D'avoir été poussière, et mer, et sable et marbre!
> Et mon cœur s'en va battre au sein de chaque mont,
> Mon sang va ruisseler aux veines de chaque arbre!

Jean Rameau est avant tout inégal et capricieux. Quand il est dominé par une forte impression, il trouve des accents vigoureux et mâles, puis il s'abandonne, aussitôt après, à des mollesses fleuries qui déconcertent. Ajoutez que ce primitif a beaucoup lu les poètes de la Pléiade, qu'il s'est nourri de leurs vers, et s'en souvient volontiers; et vous aurez Jean Rameau, c'est-à-dire un curieux mélange de force et de grâce, d'ampleur et de joliesse, d'éloquence et d'agaçante préciosité...

Dans toutes ses pièces apparaît cette fusion d'éléments contraires; mais dans aucune elle n'est plus sensible, et je dirai plus choquante que dans le morceau intitulé *les Champs*. Ce morceau contient des vers admirables, d'une sonorité, d'une plénitude et d'une sérénité magistrales. Lisez ce début :

> Sur les coteaux rieurs, sur les plaines immenses,
> Couronnés de fruits mûrs ou grouillant de semence,
> Baisés par le soleil ou fouettés par les vents,
> Ils s'étendent, les champs féconds et magnifiques,
> Les bons champs paternels dont les flancs pacifiques
> Nourrissent les troupeaux affamés des vivants.
>
> Le printemps voit fumer leurs entrailles ouvertes.
> L'été les pare tous de larges robes vertes,
> Et l'automne leur tisse une chasuble d'or,
> L'hiver les couvre enfin d'une hermine sévère
> Et tout flocon de neige, en tombant, semble y faire
> Un *petit berceau blanc* au grain de blé qui dort.

Déjà, dans ces deux vers, nous voyons poindre une tendance à la mignardise. Mais ici l'image est ingénieuse et complète le tableau.

> Ils nous aiment; ils ont des fleurs pour nous sourire,
> Ils parfument le soc brutal qui les déchire,
> Ils sont doux à tous ceux que le malheur aigrit
> Et donnent, que le ciel les noie ou les dessèche,
> Toujours du pain bien blanc à l'homme qui les bêche,
> Et de l'herbe bien tendre au bœuf qui les meurtrit.

La fin de la pièce est plus belle encore :

> Et toi, qu'ombrage seul le sycomore austère,
> Champ des morts par lequel tout finit sur la terre,
> Fais-toi doux, oh ! bien doux, quand tu nous recevras !
> Que ton sol plein d'amis nous prenne avec tendresse
> Et que nos corps glacés y tressaillent d'ivresse
> Comme si nos aïeux nous serraient dans leurs bras !

Je ne sache pas qu'on ait jamais exprimé dans une forme plus saisissante et plus pure un sentiment plus profond... Eh bien ! parmi ces strophes superbes, l'auteur a la cruauté d'en jeter d'autres qui semblent ridicules tant elles sont tarabiscotées, ciselées et fignolées. — En général Jean Rameau voit petit. C'est là son vice essentiel. Il aperçoit les détails, plutôt qu'il ne distingue l'ensemble. Quand il décrit les manifestations lilliputiennes de la vie des choses il est presque toujours charmant : il excelle à suivre dans ses méandres le fil d'un ruisseau ; il sait observer les mœurs du grillon, il s'intéresse et nous intéresse aux imperceptibles frissons des violettes sous la mousse, et trouve des mots très tendres pour peindre l'émoi des plantes que le vent incline et qui se donnent un baiser furtif... Mais dès qu'il s'efforce de rendre les grands spectacles de la nature, son expression faiblit. Il féminise et affaiblit toutes choses. Veut-il parler des astres qui gravitent sur nos têtes, il les compare à des *globes de vermeil dans un ciel d'émeraude*... S'occupe-t-il de la mer ? Il chante ses caresses : le souffle lui manque pour exprimer ses fureurs...

Le poète le mieux doué pèche par quelque endroit. La seule ambition dont il puisse se flatter est de posséder quelques qualités qui soient bien à lui, et par où il se distingue des autres... Heureux ceux qui boivent dans leur verre, fût-il encore plus petit. Jean Rameau (qui a vidé jadis beaucoup de bocks au *Chat noir*) ne se désaltère, en poésie, que dans des feuilles de rose et ne se nourrit, comme la cigale, que de brins d'herbe... Et dans ses vers nous retrouvons, en effet, le parfum des roses et le chant de la cigale...

II. — M. FRANÇOIS FABIÉ

M. Fabié aime la terre, il lui a voué, non pas une affection littéraire et conventionnelle, mais une tendresse sincère et naïve; il aime son pays natal, comme on aime sa mère, avec une familiarité caressante et un respect attendri. Il entre une part d'instinct dans cet amour du terroir; il y entre aussi une part de nostalgie et d'invincible regret.

M. Fabié est issu d'une humble famille du Rouergue; son père était bûcheron; il eût été bûcheron lui-même si ses maîtres n'eussent distingué son intelligence et ne l'eussent lancé dans la carrière des lettres. M. Fabié a donc quitté le toit de chaume de ses aïeux pour se livrer à des travaux supérieurs. Il est entré dans l'enseignement ; il a parcouru la France comme professeur ; aujourd'hui il est fixé à Paris, où il a conquis une belle place parmi les poètes contemporains.

Mais rien n'est plus décevant que le métier d'écrire. Ceux qui s'y consacrent traversent des phases de découragement et de désespoir. Pendant ces heures sombres, ils jettent un regard vers le passé et se demandent avec angoisse s'ils n'eussent pas mieux fait de manier la charrue ou la cognée que de « courtiser la Muse ». Et ils se rappellent leur enfance, et les grands bois du pays, et leurs vieux parents, ensevelis dans le cimetière du village !... Et leurs yeux se mouillent, et leur cœur se gonfle ; et (comme au milieu de leur douleur ils restent quand même poètes et gens de lettres) ils se précipitent sur leur plume et composent une pièce où ces sentiments sont exprimés...

Telle est à peu près l'aventure de M. François Fabié. Lorsqu'il a l'âme sereine, il écrit des morceaux fort honorables, fort corrects, mais indifférents et laborieux. Tels sont les longs poèmes qu'il intitule la *Chanson du Vent*, la *Chanson de l'eau*, *Ce que l'on dit aux bœufs*, la *Chanson de l'alouette*, pièces qui sont trop composées, et dont l'arrangement un peu factice sent l'exercice de rhétorique et la classe de lycée. Je prends, par exemple, la *Chanson du Vent*. L'auteur s'efforce d'énumérer ce que dit le vent : selon qu'il souffle avec violence ou avec douceur, sur la montagne, sur la mer ou dans la plaine. Or, le vent dit bien des choses qu'il est superflu de répéter. M. Fabié, qui développe ses sujets avec conscience, nous offre une série de tableaux assurément instructifs, mais qui s'opposent avec trop de symétrie : tableau du vent pendant l'hiver, alors qu'il *hennit comme un cent d'étalons* et *fait crouler les avalanches, ainsi qu'un tondeur les toisons*; tableau du vent pendant l'été, alors qu'il *ramène les hirondelles* et qu'il dit *au peuplier pris de vertige : balance ton front dans les cieux*; tableaux du vent pendant le printemps, pendant l'automne, pendant la paix, pendant la guerre (*je soulève* — c'est le vent qui parle — *les crins du coursier qui frissonne et je tords dans l'azur les étendards vainqueurs!*); tableau du vent marin qui déchaîne les tempêtes et du vent de Noël qui fait trembler les bambins au coin de l'âtre... J'en passe et des meilleurs !

Ces grands morceaux sont d'une originalité plus que douteuse, et — avouons-le — leur banalité n'est pas suffisamment rachetée par l'éclat et la splendeur de la forme. M. Fabié n'a pas à son service le riche vocabulaire d'un Gautier, la prodigieuse souplesse d'un Mendès; il sait son métier, il l'exerce honnêtement, mais sans beaucoup de magnificence ni d'ampleur.

Eh bien! ce même homme qui écrit si froidement quand il écrit de sang-froid, devient, dès qu'il est ému, un poète de race, un grand poète. Son œuvre contient une vingtaine de pièces qui ont été composées en des moments de souffrance, c'est-à-dire d'inspiration, et dans lesquelles l'âme de M. Fabié s'épanche divinement. C'est d'abord un admirable chant de la *Cloche*, puis quelques strophes de la *Souche de Noël*, empreintes d'une robuste saveur, et surtout le morceau intitulé *A Petit Jacques* et qui est une merveille de douceur et de pénétrante mélancolie. M. François Fabié songe tristement que depuis son adolescence il n'a pas pu voir une seule fois le printemps rajeunir ses chers coteaux du Rouergue, et que retenu aux quatre coins de la France par ses rigoureux devoirs pédagogiques, il n'a pas eu le loisir d'aller respirer dans son cher village le parfum des aubépines en fleurs. Admirez avec quelle grâce le poète traduit ce sentiment simple et naturel :

>Je n'ai pas pu, depuis vingt ans,
>Dans mon pays voir un printemps;
>J'en ai passé dix en Provence,
>A peu près autant à Paris,
>Les uns vermeils, les autres gris,
>Pas un dans mon pays d'enfance.
>
>Je n'ai jamais depuis vingt ans,
>Faute d'un peu d'or ou de temps,
>Pu voir nos fines pâquerettes,
>Dans l'herbe des petits sentiers
>Bordés d'épine ou d'églantiers,
>Ouvrir leurs fraîches collerettes.
>
>Depuis vingt ans pas une fois,
>Hélas! je n'entendis les voix

> Qu'avril met dans les solitudes,
> Voix de bergers et voix d'oiseaux,
> Chants des feuillages et des eaux,
> Des vallons et des altitudes...

Alors il s'adresse au petit Jacques, le fils d'un vieux berger qu'il a connu autrefois, et il lui demande des nouvelles du pays. Les ruisseaux qui charmèrent son enfance arrosent-ils les mêmes prairies? Les rosiers continuent-ils de s'épanouir et les blés de jaunir au soleil de mai? Les amoureux vont-ils toujours, comme au temps jadis, rêver dans le petit bois de hêtres?

> Lorsque dans les genêts fleuris,
> Les fins genêts aux verts abris
> Auxquels mon cœur reste fidèle,
> Douillettement tu te blottis,
> Ce qu'elle me disait jadis,
> L'alouette te le dit-elle?
>
> As-tu, pastoureau de quinze ans,
> Quelque voisine aux yeux luisants
> Et purs comme l'eau des fontaines,
> Avec qui vous vous rencontrez
> A certains jours, dans certains prés,
> Vers le fond des combes lointaines?
>
> Si tout cela se fait encor,
> Si les genêts ont des fleurs d'or,
> Si la source a des eaux sans rides,
> Les bois des nids, les prés du miel,
> L'alouette des chants au ciel,
> Les enfants des amours candides,
>
> Rien n'a changé depuis vingt ans,
> Et je reconnais nos printemps
> Tels que je les voyais vers Pâques
> Quand j'étais un petit berger.
> — Toi non plus, ne va pas changer :
> Reste berger, mon petit Jacques!

Connaissez-vous rien de plus pénétrant, de plus exquis que ces strophes? **M.** Fabié en a produit un certain nombre d'aussi sincères, qui méritent de vivre et qui dureront. Une main intelligente opérera plus tard un triage de ses œuvres; elle mettra de côté les morceaux d'inspiration. Et **M.** Fabié affrontera ainsi la postérité, avec un volume tout petit, mais qui sera bien à lui et rien qu'à lui. Savez-vous beaucoup d'écrivains de qui l'on en puisse dire autant?

M. ROBERT DE MONTESQUIOU

Voilà quelques années, nous apprîmes, par la voie de la presse, qu'un nouveau poète nous était né. C'était un grand seigneur, un très grand seigneur. Il se nommait Robert, comte de Montesquiou-Fézensac; il avait publié un volume intitulé : les *Chauves-Souris*, tiré à petit nombre, orné de dessins extraordinaires, et destiné à réjouir les âmes subtiles de quelques amateurs triés sur le volet... Alors retentit un suave concert de louanges. Les feuilles mondaines s'extasièrent. C'est à qui célébrerait la fantaisie, la grâce, l'originalité, la profondeur, le génie, — oui! le génie du jeune écrivain.

On a beau être modeste, on ne respire pas impunément les vapeurs troublantes de l'encens. M. de Montesquiou, qui n'avait tiré qu'à trois cents exemplaires la première édition de son livre, — jugeant sans doute que Paris contenait tout au plus trois cents personnes capables de l'apprécier, — M. de Montesquiou prit une grave résolution. Il fit réimprimer ses *Chauves-Souris*, il daigna mettre ses *Chauves-Souris* à la portée du vulgaire. Le premier venu put se procurer les *Chauves-Souris* moyennant la faible somme de trois francs cinquante... Et c'est ainsi que j'ai pu lire les *Chauves-Souris*.

Vous est-il arrivé, dans une heure de découragement, de douter de vous-même, de prendre en pitié votre travail; avez-vous eu le sentiment de votre impuissance à dire quelque chose qui n'ait déjà été ressassé, à trouver quelque chose d'inédit, à créer quelque chose de vraiment original? La plupart des écrivains traversent cette crise douloureuse; et bien souvent la plume leur tombe des doigts et leurs lèvres laissent échapper ce cri de lassitude et de colère : *A quoi bon?*...

J'imagine que M. le comte de Montesquiou a passé par cette phase. Il a lu certainement tout ce qu'ont produit les poètes anciens et modernes, hindous, chinois, arabes, grecs, latins, anglais et français. Il s'est pénétré de leurs beautés, il s'est assimilé leurs idées; il est parvenu à cet état de scepticisme et d'épuisement qu'engendre généralement l'excès de culture intellectuelle. Et désespérant d'égaler ces maîtres, craignant peut-être de les imiter, il a cherché un sentier de traverse à côté du grand chemin; il a voulu se tailler un fief bien à lui, dans le domaine de l'inexploré. Il s'est dit : Rien n'est banal comme un poète qui se borne à faire des vers; je vais composer un livre qui, sous prétexte de poésie, soit à la fois une partition musicale orchestrée selon les règles modernes, une galerie de tableaux impressionnistes et un édifice architectural. Il s'est mis à la besogne, il a produit les *Chauves-Souris*...

Je n'affirme pas que ces *Chauve-Souris* se laissent facilement aborder. Elles gardent jalousement leurs secrets. Et pour les pénétrer, il faut être doué d'une patience à toute épreuve. Et par malheur, l'auteur a cru devoir joindre à son livre une préface qui devrait faciliter la tâche du lecteur et achève de troubler son entendement :

> Le présent recueil (dit M. de Montesquiou) représente une *concentration du mystère nocturne* (ainsi l'insinue son assimilation du ZAIMPH dont puisse-t-il revêtir obscurément l'appellation poétique et la formule descriptive!) — en même temps qu'une enquête de son satellite dont la pièce intitulée *Essence* chambre la nature hybride et met en demeure le mélancolique secret.
> Le crépuscule s'abaisse avec les DEMI-TEINTES, le *chien et loup* et toute la sarabande des irréelles bestioles que les allégories et les proverbes paissent figurativement sous la vaine houlette du berger de l'*heure du berger*. La nuit monte avec les PÉNOMBRÉS et leurs peurs vagues, chante avec les TÉNÈBRES des états de nature et d'âme dans les paysages. Le clair de lune bleuit et se célèbre ; la CLAIRIÈRE s'ouvre, les CORYPHÉES y vibrent, les illuminations piquent et déroulent leurs étoiles civilisées.
> Une deuxième partie entonne, entame et consomme, à l'entour des nostalgiques VIEILLES LUNES, la ronde médiane des *nyctalopes humains* en leur filiation et leur

filière, entre leurs noirceurs et leurs transes, et, pour quelques-uns, leurs sublimes rachats proclamés.

Le Final amène et énumère le défilé des plus ou moins candides CANDIDATES à la vacance de Séléné, couronné par l'apothéose définitive et l'exaltation suprême de la Triomphatrice.

Il ne reste plus qu'à tourner les pages. Peut-être le divin mystère va-t-il se révéler. Abordons la description du *Zaïmph*, voile sacré, qui enveloppe le livre de ses ruissellements symboliques. Première strophe :

> Les toilettes des étoiles,
> Les étoles de la nuit,
> Les étoffes et les toiles
> De l'aile à qui le jour nuit.

Ces rimes sont au moins millionnaires. Mais ce souci de la rime auquel Banville attachait tant d'importance, n'en a aucune pour M. de Montesquiou, qui en certaines pièces remplace la rime par de vagues assonances.

Poursuivons la description du *Zaïmph* :

> Les crêpes de crépuscules
> Brochés au nom de Tanit;
> Des luisants points et virgules
> Dont se ponctue un Zénith.

Lorsque le bon Perrault dépeint les célèbres robes de Peau d'Ane, il se contente d'écrire : « Elle avait une robe couleur de *lune* et une robe couleur d'*étoiles* ». M. de Montesquiou exprime à peu près la même idée, mais avec beaucoup moins de simplicité. Je n'analyserai pas jusqu'au bout cette pièce qui sert de prélude à la partition, ou de premier plan au tableau, ou de portique au temple. Sachez seulement que le *Zaïmph* de M. de Montesquiou renferme, en sa trame prestigieuse, des *dentelles anciennes*, des *cieux fanés et croquets*, des *illusions de tulle*, des *tulles-illusion*, la *mousseuse mousseline*, des *tarlatanes sans pair*, le *barège des nymphées*, où flottent les *nymphéas*, d'*impondérables fourrures* et de *fusibles satins*; des *aciers bleuis*, des *jades*, des *topazes*, des *ophirs* et des *turquoises malades* (?) et des *expirants saphirs*; *mille perles enfilées*, et ces feux plus recherchés que tels *bijoutiers moroses* tirent *des yeux morts séchés*.....

Prodigieux *Zaïmph*! A côté de ce *Zaïmph*, le *Zaïmph* de *Salammbô*, le *Zaïmph* de Flaubert semble un torchon de laveuse de vaisselle!

Mais où sont les *chauves-souris*? Nous demandons les *chauves-souris*! les voilà qui défilent en bel ordre. Vous pensez bien que les *chauves-souris* de M. de Montesquiou ne sont pas de vraies *chauves-souris*, ce sont des symboles. La *chauve-souris*, être bizarre, indéfini, moitié oiseau, moitié quadrupède, est la vivante image de notre état d'âme à nous, hommes modernes, inquiets, complexes, sans cesse partagés entre l'action et le rêve, entre le regret et le désir; tour à tour avides d'obscurité et de lumière, et par une fâcheuse contradiction de notre nature, n'aimant jamais tant l'obscurité que lorsque la lumière nous environne et chérissant la lumière dès qu'elle nous est ravie. Mais écoutez le poète :

> Qu'est-ce chauve-souris ? — mystère de mystère !
> Allégorie exacte et mystère de Ceux
> Que ne réjouit point le ragoût de la Terre :
> Dépités, dégoûtés, mécontents, malchanceux.
>
> Affamés de clartés — et voués aux cavernes ;
> Assoiffés de pénombre — et voltigeant aux rais ;
> Féroces, effrayés, exubérants et ternes ;
> Remiges exercés en mille ennuis secrets.
>
> Hybrides soupirants pour ce qui les dévore,
> Exsudant de noirceur, exaspérés d'effrois ;
> Versés du cœur des soirs comme d'une aigre amphore,
> Amants inquiétants, inconcevables rois.

Je vois la mine effarouchée du benoît lecteur qui vient de parcourir ces trois strophes. Et j'entends ses objections. A quoi bon ces mots étranges, ces expressions anormales, ces adjectifs cahotés qui résonnent à l'oreille comme le bruit d'une porte mal graissée? M. de Montesquiou n'aurait-il pu rendre la même idée, en se servant tout bonnement de la langue de Vigny, de Lamartine ou d'Hugo?... A cela M. de Montesquiou répondra qu'il possède une langue qui ne ressemble à la langue de personne et qu'il s'en fait gloire. — Et puis peut-être M. de Montesquiou a-t-il voulu que son vers donnât l'illusion du vol gauche et du lourd battement d'ailes des chauves-souris. Si tel était son but, il l'a à peu près atteint...

Cette affectation de préciosité, cette tendance à chercher toujours le substantif rare, cet amalgame de mignardise, de puérilité, d'étrangeté voulue, nous les retrouvons à chaque page. L'auteur se tortille désespérément, il vire sa plume en tire-bouchon, il accomplit des tours d'acrobate pour donner une allure originale à des pensées qui ne le sont pas toujours. Telle est sa constante préoccupation : saisir l'insaisissable, fixer l'ombre impalpable, la nuance fugitive, le rien qui émeut nos sens et qui s'efface, le reflet qui flotte une seconde et s'évanouit... Il le proclame lui-même :

> J'immobiliserai ce qui vibre un instant :
> L'arc-en-ciel qui s'efface à peine qu'il se bande ;
> Et cette poudroyante et blonde sarabande
> De l'atome léger dans le rayon sautant.
>
> Je suis le sténographe acéré des nuances,
> Je représente au vol la vite impression ;
> Mon vers a fait son nid, ainsi qu'un alcyon
> Sur les flots de la mer des douces influences.

Parfois M. de Montesquiou arrive presque à réaliser sa chimère ; à traduire ce qui est en quelque sorte intraduisible. Il indique, par exemple, dans des vers ouvragés comme un bronze japonais,

> ..... les bougeants réseaux
> Qu'un reflet de ramée atteste sur les sentes
> Et qui font deviner les feuilles bruissantes.

Et encore :

> J'aurais fait, négligeant volontiers le foyer,
> Sur le nocturne azur des plaines, louvoyer
> Le sillon argenté d'une invisible lune,
> J'aurais, sur le remous sablonneux de la dune,
> Fait flotter un nuage au loin que l'on pressent
> Au-dessus du dessin silencieux passant.

C'est là du détail, de l'atome, de l'infiniment petit, dont l'intérêt est fort médiocre. Il nous importe assez peu, si l'auteur nous montre un paysage lunaire, qu'il nous fasse voir la lune ou seulement l'illumination de son reflet... Et cependant il y a, dans cette notation lilliputienne, un certain parfum d'art qui n'est pas ordinaire. Cela est inférieur aux vers philosophiques de Sully-Prudhomme, aux pages épiques de Victor Hugo, aux « intimités » de Coppée, aux chansons de Musset, cela vaut mieux que la fade langueur des imitateurs de Lamartine et des faiseurs de romances... Ce que je reproche à M. de Montesquiou, plus encore que l'excessive chinoiserie de ses contorsions, c'est sa sécheresse, son manque absolu d'émotion et de sensibilité. Ses poèmes sont froids comme des bâtons de laque, ou, pour employer une métaphore qui lui est chère, comme des rayons de lune...

On ne rencontre en ces trois cents pages que cinq ou six pièces où l'on sente vibrer un peu d'âme. Et le lecteur les boit avec l'avidité d'un voyageur qui vient de traverser le Sahara. Je n'en citerai qu'une, qui est remarquable par l'expression et par la pensée. C'est l'*Hymne à la nuit* (p. 76). L'auteur établit l'affinité mystérieuse qui existe entre les mélancolies du cœur humain et la tranquillité des silences nocturnes et leur douceur apaisante.

> Le mystère des nuits exalte les cœurs chastes !
> Ils y sentent s'ouvrir comme un embrassement
> Qui, dans l'éternité de ses caresses vastes,
> Comble tous les désirs, dompte chaque tourment.
>
> Le parfum de la nuit enivre le cœur tendre !
> La fleur qu'on ne voit pas a des baumes plus forts...
> Tout sens est confondu : l'odorat croit entendre !
> Aux inutiles yeux tous les contours sont morts.
>
> L'opacité des nuits attire le cœur morne !
> Il y sent l'appeler l'affinité du deuil ;
> Et le regard se roule aux épaisseurs sans borne
> Des ombres, mieux qu'aux cieux où toujours veille un œil !
>
> Le silence des nuits panse l'âme blessée !
> Des philtres sont penchés des calices émus ;
> Et vers les abandons de l'amour delaissée,
> D'invisibles baisers lentement se sont mus.

Au milieu de ces strophes tortillées éclatent çà et là des vers de poète. *La fleur qu'on ne voit pas a des baumes plus forts* : on ne saurait mieux rendre le pénétrant mystère des nuits lourdes d'orages, de nuages et de parfums capiteux ! *Des philtres sont penchés des calices émus...* L'image est jolie, et plus délicieux encore les deux vers qui suivent et qui sont tout remplis de baisers et de murmures...

Je tourne le feuillet pour savourer la fin de ce ravissant morceau.

O déception !

> Pleurez dans ce repli dans la nuit invitante,
> Vous que la pudeur fière a voués au *cil sec*,
> Vous que nul bras ami ne soutient et ne tente
> Pour l'aveu des secrets... — pleurez! pleurez avec
>
> Avec l'étoile d'or que sa douceur argente.
> Mais qui veut bien, là-bas, laisser ce coin obscur,
> Afin que l'œil tari d'y sangloter s'enchante
> Dans un pan du manteau qui le cache à l'azur!

Vous que la pudeur fière a voués au CIL SEC! Au CIL SEC! Horreur! Pourquoi pas au *cinq sec* comme à l'écarté!... Se peut-il que les besoins de la rime ou plutôt (car M. de Montesquiou est trop habile ouvrier pour se laisser vaincre par des difficultés aussi innocentes), se peut-il que la recherche du mot imprévu le précipite à de tels écarts de plume?... Si ce n'est pas maladresse, c'est faute d'harmonie et faute de goût...

Que manque-t-il à M. de Montesquiou pour être un véritable écrivain, au sens généreux et large du terme? Il lui manque le naturel, la naïveté, la bonne grâce et la bonne foi. Son tort est de demander à la poésie plus qu'elle ne peut donner, et de transformer le vers en un appareil d'horlogerie garni de rouages innombrables et ridiculement compliqués. Il lui manque enfin l'abondance, la belle abondance des grands poètes, d'où les vers ruissellent comme d'une urne trop pleine, et arrosent de leur onde fraîche les fleurs du chemin. Les alexandrins sortent de M. de Montesquiou comme ils sortiraient d'un compte-gouttes, avec une affligeante lenteur. Et si vous saviez quelle importance il y attache, avec quelle maternelle sollicitude il les classe, il les étiquète, il les ponctue, il leur assigne un rang dans l'ouvrage, il les échelonne dans un ordre impeccable, qui, pour rien au monde, ne devrait être changé!...

Sa table des matières est un monument dans un monument. Elle mérite à elle seule une description détaillée. D'abord elle ne s'appelle pas *table* tout court ou *table des matières* comme les tables vulgaires, elle se proclame *table titulaire*, ce qui est plus raffiné. Elle comprend un prélude et trois parties. Chaque partie englobe un grand nombre de subdivisions. La première partie comprend les *ténèbres*, les *pénombres*, l'*office de la lune*, la *clairière*, les *jets de feu et eaux d'artifice* (Banville eût écrit tout simplement *feux d'artifice et jets d'eau*, sans y chercher plus de malice)... Chacune des subdivisions se subdivise à son tour en une infinité de chapitres. Certains de ces chapitres sont imprimés en caractères romains et d'autres en italique. Pourquoi? Je ne sais!... Mais soyez sûr qu'il y a une raison à cela, et une raison très grave, et que M. de Montesquiou a mûrement réfléchi avant d'adopter l'italique ou le romain!...

Que de temps dépensé, que de peines, que de méditations solitaires, que d'activité cérébrale, que de rêves, que d'efforts! Et que restera-t-il de ce monument, dans un demi-siècle, quand notre génération se sera éteinte?... Quelques pierres tout au plus, quelques moellons épars; un petit bout de sculpture ou de corniche!...

LITTÉRATURE HELVÉTIQUE

I. — M. CHARLES FUSTER

M. Charles Fuster a écrit beaucoup de vers. Il me semble que de tous les livres qu'il a publiés, le roman lyrique intitulé *Louise* est celui qui reflète le mieux son tempérament et nous donne l'idée la plus nette de sa manière. Ce roman lyrique est une idylle. Les héros qu'il met en œuvre sont des êtres candides que le mal effleure sans les souiller. Pour tout dire, l'action se déroule sur la frontière de Suisse, en un coin de ce pays qui est la patrie classique de la vertu. On se sent meilleur, après avoir lu l'ouvrage de M. Fuster; on y respire les brises de la montagne; on y boit de la rosée; on y entend tinter les cloches lointaines; on y effeuille des pâquerettes; on y célèbre l'amour conjugal.... Ne croyez pas que je raille... Il est excellent de fuir de temps à autre les subtilités malsaines du roman psychologique et d'aller se retremper dans le sein de la nature. Après avoir avalé vingt études et autant de comédies sur l'adultère, la corruption, le jeu, la coquetterie et autres vices mondains, prenez le volume de M. Charles Fuster : vous en serez rafraîchi. Cela vaut un voyage à la campagne.

Quelle est cette Louise qui a eu l'honneur d'inspirer la muse de M. Charles Fuster? C'est une délicieuse jeune fille... Elle habite avec sa mère un petit village; elle se dispose à épouser Pierre, un brave garçon, son ami d'enfance. Elle sera sans doute une ménagère accomplie, la meilleure des épouses. Toutefois, elle a l'esprit plus orné que ses compagnes. Elle est instruite, elle aime la lecture des poètes. Elle a, nous dit M. Charles Fuster,

> ... Sur son étagère intime
> Tous les poètes d'aujourd'hui.

Tous les poètes... M. Fuster exagère, je suppose... Mettons *quelques* poètes, les poètes d'élite, ceux qui nous consolent dans les heures de tristesse. Donc Louise partage son temps entre ses chers poètes et son fiancé, lorsqu'éclate la guerre de 1870. Les désastres se succèdent. Les Français sont écrasés. Une troupe de soldats, mourant de faim et de froid, s'engage dans les défilés du Jura pour ne pas tomber aux mains de l'ennemi. Parmi ces soldats se trouve un jeune artiste, que M. Charles Fuster désigne sous le nom romantique de René... Ce René, qui a publié jadis un recueil de vers et qui est affligé d'une très grande sensibilité nerveuse, ne peut supporter nos défaites nationales, il est pris du dégoût de vivre, il se tire un coup de pistolet et tombe inanimé sur la neige. Louise et Pierre volent à son secours, le recueillent, le transportent au village, et lui prodiguent des soins dévoués...

... J'arrête ici l'analyse du drame, pour présenter à M. Fuster une timide observation. Je crains qu'il ne se soit abusé sur l'état d'âme des combattants de 1870. Il semble croire que ces malheureux étaient accablés par l'humiliation de nos revers et n'osaient plus, tant ils se sentaient honteux, lever les yeux vers le ciel. Il les montre « mourant et se voyant mourir l'un l'autre, sans regrets », frémissant à l'idée « d'aller chez l'étranger mendier du secours... » Peut-être ce désespoir tourmentait-il les chefs, ceux dont la responsabilité était engagée et à qui l'on pouvait demander des comptes. Mais les pauvres pousse-cailloux qui, après s'être battus vaillamment, arrivaient exténués à la frontière, ne devaient pas connaître (ce me semble) les mêmes agitations de conscience. Et quand, par miracle, ils réussissaient à sauver leurs drapeaux des griffes prussiennes, je suppose qu'ils ne pensaient pas avoir démérité de la France, et que leur cœur palpitait d'un noble orgueil, et qu'ils se disaient au fond d'eux-mêmes : Ah! si tout le monde avait agi comme nous !... » Et je suppose aussi que, lorsqu'après une laborieuse étape, ils trouvaient dans une maison hospitalière un plantureux repas copieusement arrosé, ils l'absorbaient sans remords, ne croyant pas que leur appétit, aiguisé par la fatigue, fût de nature à porter atteinte à l'honneur de la patrie...

De ceci l'on doit conclure que le René de M. Charles Fuster est pétri d'une argile exceptionnelle. Nous l'avons laissé dans la maison de Louise, recevant des mains de la jeune fille de précieux secours. Et, en effet, elle se dévoue, elle jure de sauver le blessé que la Providence lui envoie. René revient à la vie ; il se répand en effusions de reconnaissance ; sa reconnaissance se transforme en adoration quand il surprend entre les mains de sa garde-malade... quoi ?... Je vous le donne en mille... Un exemplaire de son œuvre proprement relié ! Nul poète n'a résisté à ce délicat hommage, René tombe éperdument amoureux de Louise. Louise ne rêve plus que de René. Les jeunes gens s'idolâtrent, ils se le disent. Que va-t-il advenir de tout cela ?...

Je sais bien ce qui se produirait si ce livre avait pour auteur M. Kistemacker fils ou M. Oscar Métenier. L'ingénuité de Louise flamberait comme la paille, et le petit village du Jura serait affligé par le plus affreux scandale. M. Ch. Fuster, heureusement, est plus pur. Il ne lui semble pas vraisemblable qu'une jeune fille puisse oublier ses devoirs, ni se laisser séduire, en dehors du mariage... Il lui paraît nécessaire que Louise et René convolent devant le pasteur... Mais Pierre est là, Pierre qui souffre, Pierre qui se voit négligé, oublié pour un godelureau de Parisien. En vérité, il pourrait se consoler avec Marie, une petite bergère, à qui il inspire une vive inclination. Il pourrait aussi se venger en provoquant ou en assassinant son rival. De tels crimes sont incompatibles avec les mœurs du Jura. Pierre se contente d'errer dans les forêts et de pousser de profonds soupirs. Il compte sur sa bonne étoile. Il a raison d'y compter... Avant d'accepter René pour gendre, la mère de Louise lui demande un entretien sérieux. Elle fait appel à ses scrupules, elle lui ouvre les yeux sur certaines responsabilités délicates ; elle exige un serment de fidélité. Et elle exprime ses sentiments en des vers qui sont pleins d'honnêteté :

> Ailleurs, plus aisément, une pudeur se livre :
> Ici, dans nos vallons intimes du Jura,
> Pour y connaître bien l'homme qui vous prendra,
> On veut le voir penser et le regarder vivre.
> Cela dure des mois, des ans... L'acceptez-vous ?
> Cette fidélité de la chair et de l'âme,
> La tiendrez-vous ? Enfant si faible envers la femme,
> Même le pourras-tu quand tu seras l'époux ?
> Pourras-tu lui donner, lui redonner sans trêves,
> A cet être choisi, pris volontairement,
> Tout ton cœur, toutes tes extases, tous tes rêves,
> Sans cacher un plaisir ni céler un tourment ?
> Ton amie est à toi si tu m'en fais serment.

René hésite... (Faut-il qu'il aime faiblement !... Le véritable amour ne connaît pas ces obstacles. Aucun serment ne lui coûte pour assurer sa conquête. Et il est toujours sincère... même quand il prépare une perfidie)... La mère de Louise insiste... René, se jugeant indigne de sa fiancée, quitte le village sans la revoir, sans lui dire adieu. Louise affolée court après lui, le surprend à Paris en flagrant délit de flirt avec une demoiselle du quartier Latin, retourne le soir même, désabusée et désespérée, dans son pays, y retrouve l'honnête Pierre toujours confiant, toujours épris. Et cette fois, elle l'épouse pour tout de bon, comprenant que le bonheur est auprès de lui, et que c'est lui, Pierre, le vrai poète, et non pas ce vaniteux homme de lettres qui ne sait mettre d'émotion que dans ses vers.

Sur cette trame simplette et un peu naïve, M. Charles Fuster a écrit de fort jolies pages. Peut-être vais-je le chagriner. Mais ce n'est point par ses côtés héroïques que son poème m'a le plus séduit. J'avoue que toutes les lamentations sur la guerre, qui emplissent la première moitié du volume, m'ont laissé froid. J'ai cru remarquer qu'elles manquaient de souffle et de réelle grandeur. L'auteur a beau évoquer l'Ange des victoires aux ailes déployées, ces ailes ne planent pas très haut au-dessus de l'horizon. On sent que M. Fuster s'est imposé un grand effort; cet effort est trop visible; il nous gêne, il glace notre admiration; il ne jaillit pas d'une âme enthousiaste, il sort d'une plume habile et fortement exercée.

En revanche, lorsque M. Charles Fuster consent à s'enfermer dans l'expression des passions moyennes il est tout à fait supérieur. Nul n'a su peindre avec plus de charme la douceur du foyer, les joies de la famille, les félicités paisibles de la vie provinciale. Mais je veux citer quelques exemples. D'abord la scène qui termine le roman, l'entretien de Louise et de Pierre, réunis après tant d'épreuves et se confiant leurs projets et leurs espérances... Tous deux montent sur la colline, et s'arrêtent près du petit cimetière où palpite le souvenir des aïeux :

> Ils marchent, enlacés, vers la colline haute
> Parmi le crépuscule et son rayonnement.
> Assis sur un rocher noir de mousse, à mi-côte,
> Ils regardent le soir s'attendrir lentement.
>
> L'ami n'a plus de larme au bord de la paupière;
> Il revoit sa douleur comme un pays quitté.
> Le souvenir des maux double l'extase : Pierre
> Bénit sa solitude et sa fidélité.
>
> Il lui dit lentement, comme l'on parle en rêve :
> « Mon amour, je ne suis pas un poète, moi!
> Je les jalouserais en vain, ceux que soulève
> Le culte de la femme ou l'élan de la foi.
>
> « Mais, quand je vois ces monts, ces hameaux, ma patrie,
> Quand je t'ai près de moi, devant deux infinis,
> Toute mon âme éclate et tout mon être prie ;
> Mon pays, mon amie et Dieu, je les bénis.
>
> « Ma pensée est obscure, et les mots que j'appelle,
> A l'heure où j'écrirais, fuient toujours sous mes doigts;
> Mais mon pays est grand, mais mon amie est belle,
> Et je trouve Dieu bon, puisque je les lui dois! »

Et dans une autre gamme, un peu plus rare, j'indiquerai le passage où M. Fuster analyse (p. 92) l'influence réciproque de la poésie sur l'amour et de l'amour sur la poésie, et une autre pièce encore, où il rend avec justesse, l'enchantement du silence et le troublant mystère du crépuscule :

> Quand d'un amour confus l'âme est trop oppressée,
> Nous fuyons devant la pensée
> Et repoussons les mots qui voudraient l'exprimer.
> L'un a peur de parler et l'autre a peur d'entendre ;
> L'amie, heureuse, tremble et brûle de se rendre ;
> Mais tous deux sont unis, et se laissent charmer
> Quand, les troublant encor, le crépuscule tendre
> Leur dit mieux le délice et le tourment d'aimer.

Il y a dans ce couplet une fluidité, une harmonie, un mol abandon qui éveillent comme une réminiscence confuse de La Fontaine.

En somme, M. Fuster s'est efforcé après Lamartine, après Brizeux, d'écrire un poème qui renfermât une action romanesque. Voulant éviter la monotonie, il a fait alterner l'alexandrin classique avec les vers de huit pieds et de dix pieds. La tentative était curieuse. L'auteur n'y a pas échoué... Et cependant... je doute que ce genre puisse donner de très heureux résultats. Un roman lyrique est condamné à n'être ni tout à fait un roman, ni tout à fait un poème. S'il est conçu par un vrai poète, le côté roman (c'est-à-dire l'observation des mœurs, l'étude des caractères, la description des milieux) se trouvera sacrifié. Si l'œuvre est entreprise par un romancier, elle manquera d'*envolée* ; elle péchera par excès de précision, de prosaïsme et de sécheresse.

II. — URBAIN OLIVIER

Urbain Olivier, fort peu connu en France, est populaire au delà des Alpes. C'était (car il est mort) un simple laboureur, qui après avoir manié la herse durant trente années, s'avisa d'écrire des livres. Il en écrivit trente-six, à la file, avec une admirable régularité. Quand la mort vint le prendre à l'âge de soixante-dix-sept ans, il avait encore la plume aux doigts. Ai-je besoin d'ajouter que sur les trente-six volumes d'Urbain Olivier il n'en est pas un qui ne mérite de décrocher le prix Montyon. La morale la plus pure s'y allie à la plus vive piété. Les personnages qui s'y meuvent sont à peu près tous irréprochables. Et ceux qui par hasard sont atteints de quelques défauts ne manquent pas de s'amender et de confesser leurs torts.

L'avouerai-je? J'avais des inquiétudes en coupant les pages de *l'Orphelin*, le roman le plus célèbre d'Urbain Olivier, celui qui passe pour son chef-d'œuvre. Je m'attendais à déguster un breuvage insipide, un verre de fade eau sucrée... Et c'est du lait que j'ai bu, du lait exquis, crémeux, exhalant la douce senteur des fleurs montagnardes et qui m'a laissé aux lèvres une agréable fraîcheur.

Bien candide la fable imaginée par Urbain Olivier. La scène se passe dans un petit village du canton de Vaud, les Murettes. Un pauvre orphelin, David

Charnay, est recueilli par la commune qui lui donne pour tuteur le vieux paysan Gaspard (un vieux de la vieille, bourru comme le diable mais bon comme le bon pain), et qui le place comme domestique chez le riche cultivateur Esaïe Cleret. David est un sujet courageux, il se fait aimer de son maître; il inspire un tendre attachement à la fille d'Esaïe; mais il a le tact de n'en rien laisser paraître. Il travaille avec ardeur, il acquiert de l'instruction, il s'élève peu à peu au-dessus de son humble condition et finit par épouser la jeune fille. Et c'est tout... Et de cette historiette enfantine le romancier tire trois cents pages infiniment captivantes, il accomplit ce miracle de nous intéresser, sans coup de théâtre, sans événements extraordinaires, par le seul développement de son récit. Il ne cherche pas à étonner le lecteur, à l'éblouir par de belles phrases et par de savantes analyses. Son style coule ainsi qu'un ruisseau aux ondes tranquilles, il chemine lentement sur un lit de petits cailloux, entre deux rives peuplées de roseaux; et son murmure nous berce.....

Quand nous serrons de près les personnages du livre nous sommes obligés de reconnaître qu'ils sont, pour la plupart, d'une simplicité exagérée. Le héros, David Charnay est prodigieux de tenue, de politesse et de correction. Il semble planer au-dessus des passions humaines. Il subit avec une patience angélique les caprices de la fortune. Si son patron le rudoie, il baisse la tête et offre à Dieu cette épreuve ; si son tuteur l'invite à boire, il refuse de se rafraîchir par discrétion ; si l'instituteur du pays — un âne bâté — commet une bévue, il s'abstient de le faire remarquer pour ne pas humilier le brave homme. Ce David est une perle, une créature pétrie de toutes les perfections ; il est sobre, économe, point avare, reconnaissant, généreux, intelligent, il craint le Seigneur, révère la magistrature, écoute avec respect la parole des anciens. On ne saurait le prendre en faute, il échappe à toute critique... Les autres figures du roman sont également suaves. L'excellent Gaspard suffirait, à lui seul, à réhabiliter l'espèce humaine. Il cache, sous sa rude écorce, des trésors de tendresse, il adore cet orphelin que le ciel lui a envoyé, il l'aide de ses conseils et de sa bourse. Ne croyez pas cependant qu'il lui lègue ses biens. Gaspard a des neveux éloignés qui sont des héritiers naturels. Il n'a pas le *droit* de les frustrer ; et Gaspard est l'esclave du *devoir*. Son testament est un modèle de modération et d'équité. Julie — la fiancée de David — pourrait servir d'exemple aux jeunes filles des temps présents et futurs. Elle résiste à la volonté de son père qui voudrait lui faire épouser un riche héritier qu'elle déteste, mais elle résiste avec humilité, avec décence, ainsi qu'il convient à une enfant chrétiennement élevée. Elle proteste par sa tristesse, par son silence. Aucune parole aigre ne lui échappe. Et elle ne se permet pas de lever les yeux sur celui qu'elle a choisi; sa tendresse se trahit par des rougeurs furtives et par des pleurs hâtivement essuyés.

Je pourrais poursuivre cet examen, vous présenter tour à tour le maître d'école Ambrezon, peu ferré sur la grammaire, mais si dévoué à la commune; le gentilhomme campagnard M. de Tresme qui réunit chaque jour ses ouvriers pour leur lire un chapitre de la Bible et qui édifie le canton par la perfection de la sagesse... A ce capitaliste estimable s'oppose le mauvais capitaliste, un certain M. Sarpan, la seule figure antipathique de l'ouvrage. Mais aussi quel châtiment lui est infligé! Si vous saviez comme ce vilain Sarpan meurt tristement, honni, haï de tout le monde, assisté du seul David, qui consent, par esprit évangélique, à oublier ses forfaits et à lui tendre la main!...

Cet optimisme béat qui, chez un autre, nous semblerait ridicule, ne nous déplaît pas ici, tant nous le sentons sincère. Urbain Olivier était pénétré de bienveillance... Il contemplait ses semblables à travers un voile rose qui atténuait leur laideur. D'autre part, il croyait remplir une mission divine en semant autour de lui, sous la forme du roman, la sainte parole. Ses livres sont évidemment destinés à développer, chez ceux qui les lisent, le goût du travail, l'horreur du vice, le respect de la morale. A chaque fin de chapitre éclatent des apostrophes, des prières et des digressions qui veulent être éloquentes — et qui le sont en effet. Car Urbain Olivier n'est pas un rhéteur, mais un croyant, mais un apôtre qui révère profondément les vérités qu'il enseigne. Il possède encore un autre mérite. Et c'est par là qu'il est digne de fixer l'attention. Il sait peindre, il est artiste. Il évoque avec une intensité surprenante la physionomie, le caractère du pays où il a vécu. L'âme d'un poète palpite dans les pages de son livre. Elle s'y épanouit sans effort, ainsi qu'une rose au soleil... L'écrivain décrit ce qu'il a vu, sans y chercher malice; et de sa placidité, de sa sérénité, de son zèle apostolique s'exhale une pénétrante saveur de terroir. Ce roman fleure l'honnêteté, comme les draps de campagne fleurent la lavande...

... Je comprends, à présent, que notre littérature ait la réputation d'être libertine et qu'elle excite la défiance des puritains étrangers. A côté de *l'Orphelin* d'Urbain Olivier, le plus pur des romans français semble un monument de dévergondage. Paul Bourget doit passer aux yeux des Vaudois pour un suppôt de Satan, Guy de Maupassant pour un petit-fils du marquis de Sade et André Theuriet pour un écrivain libidineux...

L'ART DU DÉVELOPPEMENT CHEZ VICTOR HUGO

Il semble qu'un réveil de respect et de sympathie se fasse en ce moment autour de la mémoire de Victor Hugo. Le grand homme qui, vers la fin de sa vie, avait été encensé immodérément et dont les funérailles eurent des splendeurs d'apothéose, était descendu de son olympe. La génération nouvelle se montrait indifférente. Les apôtres nébuleux du symbolisme naissant traitaient avec dédain ce colosse, l'accusaient de manquer de délicatesse, d'être pauvre d'idées, creux et vide, sonore et redondant. Ils ne dissimulaient pas leur mépris.

Je m'assis un jour, en une vague brasserie du quartier Latin, à côté d'un disciple de Stéphane Mallarmé. Cet éphèbe pâle et triste, vêtu d'un pantalon à damier, et d'une redingote étriquée à la mode de 1845, noyait sa désespérance dans des flots de bière blonde et daignait me confier ses plus secrètes pensées sur les destinées de la poésie française. Le nom de Victor Hugo tomba de mes lèvres. Mon voisin esquissa un lamentable sourire et murmura ce mot qui me parut grandiose :

— Victor Hugo ne manquait pas d'imagination; *mais il n'a jamais su faire le vers!...*

On revient aujourd'hui de ces sottises; l'équilibre s'établit. Victor Hugo reprend la place, qu'il gardera, au tout premier rang des écrivains de ce siècle.

Les recueils de vers publiés depuis sa mort (*Dieu, Toute la lyre*, etc.) se composent d'un certain nombre de pièces écrites de 1840 à 1869 — miettes tombées de la table du poète et négligemment laissées de côté. Ces pièces ne sont point indifférentes. Je sais beaucoup d'artistes, et non des moindres, qui s'en fussent orgueilleusement parés... Seul, l'auteur des *Châtiments* était assez riche pour les négliger sans en être le moins du monde appauvri... Pourquoi a-t-il exclu ces morceaux épars, alors qu'il lui était si facile de les joindre à la *Légende des siècles*, ou aux *Contemplations*, ou aux *Chansons des rues et des bois*?... En était-il mécontent? Après qu'on a lu ces trente ou quarante mille vers, on ne trouve rien qui justifie ce dédain. Sauf quelques pièces visiblement incomplètes et inachevées, les autres valent leurs aînées, celles que nous connaissons, et qui font l'ornement des anthologies. Les mêmes beautés y brillent, on y relève les mêmes défauts. Elles ne nous apprennent rien que nous ne sachions déjà sur le génie d'Hugo, sur son tempérament, sur l'essence de son esprit, sur sa façon de sentir, de composer et d'écrire.

... Au surplus, feuilletons ces divers volumes. Nous tâcherons d'y glaner quelques rapprochements instructifs.

I

Il y a huit parties dans *Toute la lyre* : les sept cordes de la lyre et la huitième corde, la corde d'airain. Cette division est un peu factice, elle devait l'être. Tel morceau, comme par exemple *la Bossue*, qui se trouve vibrer sur la « première corde », pourrait aussi bien vibrer sur la seconde ou sur la troisième. MM. Meurice et Vacquerie, les très dévoués éditeurs du maître, ont accompli avec conscience leur classement, et nul ne se fût mieux acquitté de cette tâche. Ce n'est donc point un reproche que je leur adresse. Il n'était pas facile de grouper dans un ordre logique des poèmes conçus et écrits à des époques diverses, et répondant parfois à des ordres d'idées et de sentiments contradictoires. MM. Meurice et Vacquerie ont très ingénieusement mêlé les pièces courtes aux pièces de longue haleine ; grâce à cet arrangement harmonieux, ce livre présente l'aspect d'un beau pays de montagnes, où les vallées succèdent aux cimes et les cimes aux vallées... Vous escaladez un mont abrupt, vous vous perdez dans les nuages, vous volez vers le soleil, vous sentez sous vos pieds le vertige de l'abîme, et, soudain, le feuillet tourné, vous écoutez les chansons des sources, vous suivez les nymphes des bois, vous buvez l'hydromel dans la coupe de Bacchus!... Et quelles que soient vos préférences et vos aspirations personnelles, vous êtes ébloui par la puissance de cet artiste, qui d'un coup de plume évoque à vos yeux les tableaux, tour à tour gracieux et sublimes, de la nature, de la religion et de l'histoire...

Il est, dans cet ouvrage, une pièce qui permet de noter très exactement les procédés de composition et de développement d'Hugo et de saisir, pour ainsi dire, sur le fait les secrets de son *métier*. C'est le morceau consacré à la glorification de l'infortuné Lesurques. Voici dans quelles conditions il fut composé.

Vers la fin de l'Empire, en 1868, les héritiers de Lesurques poursuivirent sa réhabilitation solennelle et la revision de son procès. Leur demande fut repoussée par la cour de cassation. Victor Hugo rugit de colère. C'était une occasion superbe d'ajouter un chapitre aux *Châtiments*, de couvrir d'opprobre cette magistrature impériale qu'il haïssait de toute son âme... Mais attendez, ce n'est pas tout... Les journaux français, commentant la décision de la cour, font remarquer que si Lesurques eût été réhabilité l'Etat aurait été contraint de verser aux mains de ses enfants et petits-enfants le montant de ses biens jadis confisqués, soit, avec les intérêts, environ deux millions... Victor Hugo n'a garde de négliger ce détail. Et vous allez voir le parti qu'il en va tirer.

Supposez qu'un poète de second ordre, de souffle modéré, et d'inspiration moyenne se fût avisé de ce sujet. Comment l'eût-il développé? Il eût, en des vers très nobles, évoqué la mémoire de Lesurques, versé des pleurs sur son malheur immérité, réconforté ses petits-enfants, flétri l'aveuglement des juges et la cupidité du gouvernement. Et il nous eût donné un discours bien écrit, élégant, généreux et froid comme glace. Ainsi ne procède pas Victor Hugo. Il est doué (comme seuls le sont les très grands poètes) de ce que Ch. Renouvier appelle l'*imagination mythologique*. Toutes les idées lui apparaissent sous forme d'images; elles s'animent, elles vivent, elles s'enchaînent et se déroulent dans un ordre logique, c'est-à-dire gouverné par la raison. Et cette succession d'images fait passer dans l'âme du lecteur l'émotion et le frisson qui agitèrent l'âme du poète. Et de ces images accumulées, jaillit l'idée ou la série d'idées générales qu'il a voulu exprimer...

Lisons attentivement ce morceau-type; cherchons-en le sens réel, voyons sous quelles formes diverses ce sens s'affirme, et ainsi nous reconstituerons la méthode de travail de Victor Hugo, et nous suivrons les innombrables évolutions de son activité cérébrale.

Première idée. — Lesurques frémit dans sa tombe

de l'iniquité des magistrats qui, à cent ans d'intervalle, viennent, pour la seconde fois, de le condamner. Cette idée est très simple, elle vient tout naturellement à l'esprit. Je suis convaincu que M. Prud'homme — lorsqu'il apprit, en 1868, l'arrêt de la cour de cassation, dut dire à Mme Prud'homme, sa moitié : « Si Lesurques voit ce qui se passe, il ne doit pas être content! » Or, considérez ce que devient ce lieu commun sous la plume du poète. Tout le début de la pièce est d'une magnifique horreur. Shakespeare n'eût rien trouvé de plus tragique. Victor Hugo commence par invectiver les juges, « tas d'hommes à jupe rouge, plus vils dans leur Sénat qu'un forçat dans son bouge », qui, par indifférence et lâcheté, ont insulté l'innocence jusque dans la tombe et *fait rouvrir les yeux à la tête coupée*. Et c'est ici que l'image se dresse rayonnante, toute-puissante, magnifique. Cette tête coupée qui rouvre les yeux, nous la contemplons, elle nous est montrée, elle nous apparaît avec une merveilleuse intensité de coloris. C'est comme un cauchemar qui, le livre fermé, nous poursuit obstinément :

> Elle était dans le fond de la tombe, elle avait
> Les pierres de la fosse infâme pour chevet;
> Autour d'elle gisaient, muets sur l'herbe haute,
> Tous les sinistres morts qui dorment côte à côte
> Dans le fatal Clamart dont les cercueils sont courts;
> Sans haleine, sans voix, morte attendant toujours,
> Elle était là pensive à cause des ténèbres.
> Ses yeux fermés — le sang collant leurs cils funèbres —

> Semblaient faire un refus farouche au firmament
> Et vouloir regarder l'ombre éternellement.
> L'âme espère au tombeau n'être pas poursuivie.

Donc, la tête est tranquille, endormie dans son éternelle immobilité. Mais le forfait s'accomplit, et soudain l'œil s'ouvre, et cet œil est aussi terrible que celui qui terrifie le Caïn de la *Légende des siècles*.

> Un bruit est venu du côté de la vie,
> Et la tête coupée a remué... Son œil
> Plein d'un feu sombre a fait le jour dans le cercueil,
> Et morne a regardé les hommes, chose affreuse !
>
> Et la nature, mère énorme et douloureuse,
> Hélas ! s'est efforcée alors de l'apaiser ;
> Les moineaux ont couru près d'elle se poser,
> Et la mouche apportant la pitié de l'atome ;
> La rosée a lavé sa pâleur ; divin baume,
> La fleur l'a parfumée, et l'herbe qui verdit
> L'a doucement baisée, et les corbeaux ont dit :
> — N'écoute pas le noir croassement des juges !
>
> Et, dans ce moment-là, cyprès, tombeaux, refuges,
> Ossements, ossements, vous l'avez entendu,
> Et toi, ciel étoilé, gouffre où rien n'est perdu,
> Cette tête, du fond de la fosse maudite,
> A crié, dans l'horreur sacrée où Dieu médite :
> — Ils ont trouvé moyen de reboire mon sang,
> Dieu juste ! et de tuer deux fois un innocent !

Tout ce fragment est superbe... Le vers est vigoureux, ramassé, plein de force, le mot est toujours fort et toujours juste.

Deuxième idée. — Si la réhabilitation est refusée à Lesurques, c'est qu'il déplaît au ministre des finances de rembourser les deux millions. Telle est du moins l'hypothèse de Victor Hugo, hypothèse dont je ne garantis pas la justesse, mais qui flattait les rancunes du poète vis-à-vis le gouvernement impérial. Et il va retourner mille fois cet argument, le présenter sous mille aspects successifs, y faire luire mille facettes. Il commence :

> Si c'était
> Pour qu'en son salon rose où chante Colletet,
> L'impératrice puisse inviter à Compiègne
> Grandguillot, Grandperret, tous les grands de ce règne;
> Si c'était pour aider Rome à faire la nuit;
> Si c'était pour aller au Mexique à grand bruit,
> Tambour battant, avec une nuée altière
> D'étendards déployés, fonder un cimetière;
> Si c'était....

Si c'était pour forger des armes de guerre, pour fabriquer des chassepots tueurs d'hommes, si c'était... (et l'amplification se poursuit durant deux pages); si c'était pour

> Exterminer des pauvres, des famines,
> Des détresses, vieillards, enfants, forçats des mines,
> Pâles, mourant de faim, réclamant des liards,
> Deux millions, c'est peu, prenez deux milliards!

Mais de quoi s'agit-il? D'accomplir un acte de justice, de tirer de l'enfer un damné? etc., etc. Alors, le prix demandé est beaucoup trop cher :

> On ne peut gaspiller à ce point les finances!

Et puis l'empereur, en somme, n'est pas obligé de réparer des bévues qu'il n'a pas commises. On a faussement condamné Lesurques. Tant pis pour ceux qui se sont trompés; tant pis pour les bourreaux et tant pis pour la victime :

> L'empereur
> Doit-il, parce qu'on dit beaucoup d'impertinences
> Sur cet accident-là, pâtir dans ses finances,
> Renoncer à Biarritz, vu que Lesurque est cher,
> Et n'avoir plus de quoi payer monsieur Rouher?

Remarquez que ce développement n'est, avec une légère variante, que la répétition de ceux qui précèdent, l'antithèse entre le gaspillage de la cour et sa pingrerie, lorsqu'il s'agit de payer une dette sacrée... Et nous touchons du doigt un des péchés mignons de Victor Hugo, l'abus des développements, l'avalanche des mots qui se précipitent, s'accumulent, roulent avec un bruit de tonnerre et ressassent deux fois, trois fois, dix fois de suite la même pensée. Exemple : Victor Hugo nous montre M. Magne, le ministre des finances, renâclant à l'idée de verser la forte somme :

> Bah! nous rencontrerions, si nous l'osions prescrire,
> Le doux nenni de Magne avec son doux sourire,
> Le jour où, devant l'huis du trésor, surgirait,
> Enclose dans les flancs sacrés de notre arrêt,
> La justice, devoir, dette, loi des croyances.

Et tout de suite après, il s'écrie, porté par un gigantesque mouvement d'ironie :

> Le caissier, ricanant de Lesurque plaintif,
> Allumerait son poêle avec ce plumitif.

Or, qu'ajoutent ces deux vers à ceux qui précèdent? A quoi servent-ils? Ils renferment exactement le même argument, et ils le présentent sous une forme plus faible. Et, durant six pages, la fureur olympienne du poète s'épanche en larges nappes, raillant, invectivant l'avarice de César, apostrophant le martyr dans sa tombe, et invoquant l'éternelle conscience et l'éternelle justice...

Et nous trouvons que ces sublimes discours sont tout de même un peu longs, et que la verve de Victor Hugo était vraiment immodérée en ses colossaux épanchements.

Troisième idée. — Le poète accablé de dégoûts erre dans la campagne. Le spectacle de la nature lui fait prendre en pitié l'infirmité des jugements humains; il comprend que tôt ou tard la vérité reconquiert ses droits et prend une éclatante revanche, et il prédit au pauvre Lesurques une glorieuse réparation. (Je crois bien que les héritiers de Lesurques eussent préféré les deux millions. Mais, enfin, on prend ce qu'on trouve). Cette péroraison est empreinte d'une sévère beauté. D'abord, description de la falaise désolée où le poète promène sa mélancolie :

> C'est décembre. L'eau gronde, immense, et le rivage
> La repousse et la brise en son refus sauvage;
> L'écume se déchire en larges haillons blancs;
> Tous les arbres du bord de la mer sont tremblants;
> La nature subit l'hiver, ce noir malaise.
> L'herbe est mouillée et morte; au pied de la falaise
> Un tumulte d'oiseaux, mauves, courlis, plongeons,
> Fourmille et se querelle au milieu des ajoncs;

> Le nuage et le flot font de grands plis farouches;
> Et l'on entend, dans l'air plein d'invisibles bouches,
> Le sourd chuchotement du ciel mystérieux;
> L'écueil se tait, témoin tragique et sérieux,
> Qui le jour est montagne et la nuit est fantôme,
> Et qui, tandis qu'au loin fuit la barque, humble atome,
> Regarde vaguement de ses yeux de granit
> Les constellations qui rôdent au zénith.

Qu'est la petitesse des hommes, en face de ce tableau?... Vous croyez, pauvres juges, « magots toussant dans vos flanelles », que votre arrêt durera, qu'il pèsera le poids d'un fétu, dans la balance de l'avenir! Quelle illusion! Vous mourrez tout entiers, votre nom s'éteindra, misérable, cloué au pilori de l'histoire. Et plus tard, un jour,

> ... Un jour, le ciel oublié, le ciel calme,
> Blanchira du côté maudit de l'horizon;
> Ceux qui regarderont auront un grand frisson
> Et l'attente sacrée entrera dans leur âme;
> Et l'on verra, là-bas, dans l'atmosphère infâme,
> Tout à coup, au-dessus du sépulcre effrayant
> Que la loi, l'euménide inepte, en bégayant,
> Monstre aveugle, a flétri dans sa toute-puissance,
> Se lever lentement cet astre, l'Innocence!

La vision est épique. L'Innocence, que le poète transforme en soleil, émerge lentement à l'horizon radieux et nous soulève avec elle. Et à ce spectacle, notre âme est comme inondée de chaleur et de clarté...

Ainsi, dans cette vaste pièce, qui ne comprend pas moins de quatre cents vers, l'auteur n'a guère exprimé que trois idées principales, et sa fécondité est si remarquable, que, sans changer de place, il vous donne la sensation du mouvement, et que, traduisant sous mille formes un argument incessamment répété, il vous donne, par le luxe des images et par la magie du verbe, l'illusion d'une infinie variété...

De tout ceci, que conclure ? Que Victor Hugo était jusqu'au fond, jusqu'au tréfond de l'âme, poète, au sens primitif et profond du mot. Bien différent des versificateurs pondérés qui commencent par tracer en prose le plan de leurs œuvres, et les rythment ensuite, comme un honnête orfèvre cisèle un couteau d'argent; bien différent de ces ouvriers appliqués et raisonnables, Victor Hugo *pensait en vers*. Il improvisait fiévreusement, jetant sur le papier des flots de lave, des pierres précieuses et des scories; guidé par le sens général du morceau, guidé dans le détail par la rime, dont le caprice incessamment mobile lui suggérait des essaims d'images, sans cesse tourbillonnantes...

Et voilà pourquoi, malgré ses fautes de goût, ses partis pris violents, la pesanteur de ses ironies, l'étroitesse de ses rancunes, il durera, ainsi que durent les sphinx et les pyramides de Chéops. Son œuvre est le fleuve immense où viendront s'abreuver les races futures.

II

Victor Hugo se disait déiste. L'idée de Dieu domine son œuvre, la pénètre, l'imprègne tout entière. Dans ses premiers ouvrages, cette idée est vaguement formulée ; à mesure qu'il avance dans la vie, sa croyance se fortifie ; les malheurs domestiques qui le frappent achèvent de l'affermir dans sa foi. Mais cette foi se dégage résolument des formes du culte. Hugo a soin de le proclamer : il vénère *la religion*, il repousse *les religions*. Et jusqu'à sa mort, il persévère dans cette attitude... Maintenant quelle était l'essence de son esprit religieux ? Quelle doctrine professait-il ? Avait-il une doctrine ?... Il est assez malaisé de le savoir, et ce n'est pas encore la lecture d'un autre ouvrage posthume, *Dieu*, qui élucidera ce point obscur.

Dans ce poème encore nous retrouvons la plupart des défauts et toutes les qualités de Victor Hugo. C'est un assemblage monstrueux et grandiose d'images, de descriptions, de symboles, de dissertations morales, et de visions fantastiques. Le livre se divise en trois parties : *Ascension dans les ténèbres, Dieu, le Jour*.

Ascension dans les ténèbres. — Le poète est tourmenté du divin mystère ; il voudrait percer l'énigme de l'univers, connaître les secrets de la création, découvrir et comprendre la cause première. Il songe... Et soudain des voix lui arrivent, voix confuses, qui montent des choses, qui s'exhalent des mers, des fleuves, des forêts, des montagnes, des gouffres, des profondeurs, et qui balbutient une explication insuffisante... Et Victor Hugo demeure pensif, il continue de chercher la solution du problème.

Dieu. — Les voix se transforment, deviennent des corps animés, dont chacun incarne un symbole. C'est la *Chauve-souris* qui représente l'athéisme; le *Hibou* qui personnifie le doute, c'est le *Corbeau* (le manichéisme), le *Vautour* (le paganisme), l'*Aigle* (le mosaïsme), le *Griffon* (le christianisme), enfin l'*Ange* (le rationalisme). Chacun d'eux élève la voix, exprime ses doutes, expose son système, vante son Dieu, et le poète, assailli par tant d'affirmations opposées, demeure perplexe et tourne les yeux vers l'azur comme pour implorer le secours d'une assistance surnaturelle.

Le Jour. — L'aide qu'il sollicite s'offre à lui sous l'aspect d'une créature étrange, aux formes indécises, voilée d'un suaire.

> Les plis vagues jetaient une odeur d'ossuaire
> Et, sous le drap hideux et livide, on sentait
> Un de ces êtres noirs sur qui la nuit se tait.

Un suprême dialogue s'engage entre eux. Le poète adresse à l'Inconnu un appel plein d'angoisse.

Et celui-ci répond d'une voix sépulcrale à ce sinterrogations :

> Écoute. — Tu n'as vu jusqu'ici que des songes,
> Que de vagues lueurs flottant sur des mensonges,
> Que des aspects confus qui passent dans les vents
> Ou tremblent dans la nuit pour vous autres vivants.
> Mais maintenant veux-tu, d'une volonté forte,
> Entrer dans l'infini, quelle que soit la porte?
> Veux-tu, perçant le morne et ténébreux réseau,
> T'envoler dans le vrai comme un sinistre oiseau?
> Veux-tu, flèche tremblante, atteindre enfin ta cible?
> Veux-tu toucher le but, regarder l'invisible,
> L'innommé, l'idéal, le réel, l'inouï?
> Comprendre, déchiffrer, lire? en être ébloui?
> Veux-tu planer plus haut que la sombre nature?
> Veux-tu dans la lumière inconcevable et pure
> Ouvrir tes yeux, par l'ombre affreuse appesantis?
> Le veux-tu? Réponds.
>   — Oui! criai-je.
>   Et je sentis
> Que la création tremblait comme une toile.
> Alors, levant un bras et un pan de son voile,
> Couvrant tous les objets terrestres disparus,
> Il me toucha le front du doigt.
>   Et je mourus.

Ainsi se termine le poème sur cet épisode mystérieux, où semble planer l'imagination du Dante...

Pas plus en ce volume que dans *Toute la lyre* nous ne trouvons d'idées neuves. L'angoisse du doute, l'impuissance de comprendre l'univers, la nécessité de l'existence de Dieu, l'objection tirée de la présence du mal sur la terre : ce sont là ce qu'on appelle d'admirables lieux communs. Si ces banalités philosophiques étaient développées en style vulgaire, la lecture en serait purement insoutenable. Elles sont sauvées par la virtuosité d'Hugo, par son incomparable habileté à manier les mots et les verbes. *Dieu* est, à cet égard, un prodigieux monument de rhétorique. Dans aucun autre ouvrage, la verve d'Hugo ne fut plus abondante, plus prestigieuse...

Abondante, elle l'est trop... Chacune des pièces qui composent le recueil ressemble à une forêt vierge, où s'entrecroisent les lianes, où s'enchevêtrent les troncs d'arbres. Pour s'y frayer un passage, on est forcé de donner à droite et à gauche des coups de hache, et d'écarter de la main les branches qui vous aveuglent. Au bout d'une heure d'exploration, je veux dire de lecture, on se sent exténué, on éprouve un immense besoin de fermer les yeux, de se recueillir. Mais, on ne peut s'empêcher d'admirer ce bouillonnement de sève. Prenons, comme autre exemple de développement, le surprenant morceau intitulé : *la Goutte d'eau.*

Le sens philosophique de cet épisode est rudimentaire : la nature emploie de tout petits moyens pour réaliser ses œuvres les plus colossales. L'effort d'une goutte d'eau répété et poursuivi pendant des siècles arrive à creuser dans le roc des Pyrénées le large cirque de Gavarnie. L'atome produit l'immensité. Dès lors, l'hypothèse d'un Dieu créateur devient superflue. — Mais cet atome (répond le poète) qui donc l'a créé, si ce n'est Dieu?

Voilà l'argument du morceau. Il fournirait à un

élève de philosophie un agréable sujet de dissertation... voyez ce qu'il devient sous la plume de Victor Hugo... Le poète commence par décrire les Pyrénées avant le déluge, et en quelques vers il évoque la silhouette de ce mur énorme, empourpré des rayons de l'aurore, et qui s'étend comme une infranchissable barrière de l'un à l'autre Océan. Sur le mur tombe une goutte d'eau. Cette goutte se multiplie, c'est une averse, un orage, un ouragan, une trombe, et l'eau ruisselle le long des vers, elle serpente autour des strophes, elle y roule en cascade, elle les submerge... Enfin, la transformation est opérée. Sur la crête déchiquetée, s'enfonce un cirque énorme, au sein duquel les plus hauts monuments du globe seraient aisément ensevelis. Description du cirque. Antithèses destinées à nous rendre plus saisissantes ses puissantes dimensions. Regard jeté en arrière. Énormité du résultat comparé à la petitesse de la cause. Moment de défaillance et d'incertitude... Puis, retour à la foi et réponse victorieuse du poète.

Et, toujours, au milieu de cet or, quelques graviers; Hugo, emporté par sa verve jaillissante, laisse échapper des incohérences, des bizarreries. Il abuse de ces locutions qu'on lui a si souvent reprochées :

> La *colombe-nuée* accourt farouche et blanche...
> Et quand *l'archer-tonnerre* et le *chasseur-éclair*
> Percent de traits la peau d'écailles de la mer...

Ailleurs, il se livre à un fastidieux étalage d'érudition :

> Fouille Alcuin, saint Thomas, Gorgias Léontin,
> Le ménologe grec, le rituel latin ;
> Và de Thèbe Heptapyle à Thèbe Hécatompyle ;
> Eblouis-toi d'énigme et d'effroi la pupille ;
> Ecris et lis ; sois gond du portail ; sois flambleau ;
> Sois cardinal avec Sadolet et Bembo...

Et soudain l'accent se relève. Je ne sais rien de plus magnifique en notre langue que ce fragment, où l'écrivain cherche à définir l'indéfinissable et à expliquer la vraie nature de Dieu :

> ... Il est véritable ! Il vit. Il est présent.
> Comme il est invisible, il est éblouissant.
> Il a créé d'un mot la chose et le mystère,
> Tout ce qu'on peut nommer et tout ce qu'il faut taire.
> Quand l'homme juste meurt, il lui ferme les yeux ;
> Le beau jardin azur est plein d'esprits joyeux,
> Ils entrent à toute heure et par toutes les portes.
> Dieu fait évanouir les gonds des villes fortes ;
> Entre ses doigts distraits il tord le pâle éclair...
> Il est le grand poète, il est le grand prophète.
> Il est la base, il est le centre, il est le faîte ;
> O Dieu ! roi ! père ! asile ! espoir du criminel !
> Eternel laboureur ; moissonneur éternel !
> Maître à la première heure et juge à la dernière !
> C'est lui qui fit le monde avec de la lumière.
> Le firmament est clair de sa sérénité.

Les éditeurs et légataires du maître peuvent désormais arrêter leurs publications. La postérité possède assez de documents pour asseoir son jugement définitif.

M. MAURICE MŒTERLINCK

Il est convenu que M. Maurice Mœterlinck est un homme de génie. Si nous l'ignorions, c'est que nous n'aurions pas d'oreilles pour entendre le bruit croissant de sa renommée, ni d'yeux pour lire ce que disent de lui les feuilles littéraires et boulevardières. Oncques n'ouït-on un pareil concert. M. Octave Mirbeau donna le branle dans un article retentissant. Les autres suivirent. Et, aujourd'hui, Maurice Mœterlinck règne sur une bonne partie de la jeunesse française. Les mille revues du quartier latin sont autant de cassolettes où brûle en son honneur l'encens des louanges. Lorsque, d'aventure, on représente une de ses pièces, MM. les reporters se mettent en campagne, s'en vont interviewer les gloires contemporaines, et publient de copieuses dissertations où le nom de Mœterlinck est généralement rapproché du nom de Shakespeare. Ces représentations mêmes sont augustes, fermées, solennelles. Les comédiens qui y prennent part semblent remplir une mission céleste ; les comédiennes frémissent en récitant la prose du maître. Quant aux auditeurs, ils demeurent attentifs, recueillis, respectueux, les yeux perdus dans le rêve, et ne sortent de leur extase qu'à la chute du rideau... Et le vulgaire, non initié, qui, pour la première fois, surprend le secret de ces étranges cérémonies, se demande avec un soupçon d'effroi, s'il est entré dans un théâtre ou dans un temple, s'il assiste à l'exécution d'une œuvre d'art ou à la célébration d'un mystère....

Et pourtant, il faut bien que Maurice Mœterlinck ait quelque mérite, puisqu'il déchaîne tant d'enthousiasmes. Ces jeunes hommes qui l'adorent, qui se pâment à ses pièces, ne sont pas dénués d'entendement ; je veux croire que quelques-uns d'entre eux (sinon tous, car il faut faire la part du snobisme) ressentent une admiration sincère...

Sur quoi se base cette admiration? Quel est le talent de Maurice Mœterlinck? Par où diffère-t-il de ses devanciers, par où leur ressemble-t-il? Qu'y a-t-il, dans ses œuvres, de vraiment original?

Avez-vous vu, à l'Exposition du Champ-de-Mars, les tableaux du peintre Carrière? Ce sont des portraits qui provoquent l'étonnement de la foule. Ils sont bien modelés, très vivants, très émus, pleins de pensée. Mais, par une singulière inspiration, le peintre a noyé ces têtes dans le brouillard, il les a entourées d'une atmosphère fumeuse qui estompe leurs contours et ne laisse subsister que les caractères saillants, que les traits essentiels de chaque physionomie. Le reste se perd et s'efface dans la nuit... Tout d'abord la raison proteste contre cette interprétation de la nature. Puis, à mesure que vous fixez la toile, vous vous sentez envahi par un trouble particulier, et, peu à peu, attaché, captivé, par la *ressemblance morale* de ces portraits, dont les originaux vous sont inconnus. Ils vous plaisent par l'indécision même de leurs lignes; ils vous entraînent dans un milieu de rêve, proche voisin de la terre, et qui, cependant, n'est pas tout à fait la terre. Et vous subissez le charme de cet art inquiétant et maladif...

Eh bien! il me semble que le théâtre de Maurice Mœterlinck éveille en nous des impressions analogues. C'est un théâtre idéalisé et simplifié. Tandis que les dramaturges de tous les temps et de tous les pays se sont appliqués à créer des types, des personnages doués de traits individuels et précis, et agissant sous l'impulsion de passions déterminées, — Maurice Mœterlinck s'efforce d'isoler ces passions, de les montrer pour ainsi dire, en dehors des êtres qu'elles font mouvoir, et de prêter à ces êtres, au lieu d'une physionomie nette et colorée, un aspect vague et fuyant.

L'analyse de *Pelléas et Mélisande* fera saisir ce procédé.

Le sujet est le plus simple du monde, un conte

de nourrice, une légende qui rappelle Geneviève de Brabant : Golaud rencontre au fond d'un bois une jeune personne éplorée, Mélisande, s'éprend d'elle, l'amène à la cour du roi son père et l'épouse. Mais le jeune frère de Golaud, Pelléas, ne peut voir Mélisande sans l'aimer. Mélisande, elle aussi, a le cœur troublé. En vain Pelléas veut-il fuir, Mélisande le retient, et lui donne sa main et ses cheveux à baiser... Golaud a des inquiétudes, puis des soupçons... Sa jalousie s'éveille, il épie les amoureux et les tue dans un transport d'aveugle fureur.

Je suppose qu'un poète dramatique, nourri dans les traditions classiques, s'empare de cette fable. Quel parti en tirera-t-il? Il cherchera tout d'abord à établir son milieu. Il nous dira où se passe l'action, à quelle époque, chez quel peuple, et si nous avons affaire à des hommes barbares ou à des civilisés. Puis il nous présentera le héros et l'héroïne, fera l'analyse de leur âme, nous expliquera la coquetterie innée de la femme, nous dira pourquoi elle est coquette, il mettra en lumière la jalousie du mari, nous dira pourquoi il est jaloux et quelle est l'essence de sa jalousie, et sur quels indices elle repose, et il accumulera les détails, les développements, les dialogues, les commentaires, les incidents, et il amènera la catastrophe par un coup de théâtre tiré de longueur et bien préparé. S'il a beaucoup de talent nous serons remués par cette peinture, nous palpiterons aux tourments d'Othello, aux malheurs de Desdémone. Et ces êtres, créés de pied en cap par la main puissante du génie, resteront en nos mémoires, éternellement gravés et marqués d'une empreinte ineffaçable.

Tout au contraire des autres, Maurice Mœterlinck s'applique à laisser dans l'ombre ce qu'ils placent en plein jour. En quelle année de quel siècle se passe son drame? Nous n'en savons rien. Il se déroule dans un château qui peut être gothique, à moins qu'il ne soit arabe, ou goth, ou visigoth, ou persan... Qu'est-ce que Golaud? C'est le *fils du roi*, comme dans les contes de fées. Et ce roi, le vieil Arkel, nous apparaît sous l'aspect vénérable d'un burgrave beaucoup plus calme et philosophe, et beaucoup moins phraseur que le Magnus et le Job de Victor Hugo... Pelléas et Mélisande représentent le couple éternel des amoureux contrariés par la destinée; mais cette Juliette et ce Roméo ne sont pas, comme ceux de Shakespeare, deux adolescents ardents à vivre, des créatures de chair et de sang, aimant comme aiment les hommes, et écoutant chanter le rossignol jusqu'au lever de l'aurore. Ce sont de pâles fantômes qui se murmurent des choses tristes et douces sous les rayons de la lune. Et nous ne savons rien d'eux, si ce n'est que Mélisande semble symboliser la femme avec ses rouéries instinctives, ses mensonges ingénus et ses retours de franchise, et que Pelléas nous rend visible la possession d'une âme neuve et sans défense par le tout-puissant Amour.....

— Ces personnages aux formes indécises errant dans un décor irréel, éclairés d'une lumière d'étoiles, frappent notre imagination et paraissent aisément plus grands que nature. C'est un procédé bien connu des artistes : la sensation de grandeur obtenue par l'extrême simplification des figures. M. Puvis de Chavannes s'inspire de cette méthode dans ses compositions décoratives, et vous savez avec quel succès. M. Mœterlinck complète cet artifice en supprimant le discours, ou, du moins, en le réduisant à sa plus simple expression. Son dialogue est d'une naïveté qui, par endroits, frise le gazouillage enfantin. Lorsque Golaud découvre Mélisande dans la forêt, voici les propos qu'ils échangent :

MÉLISANDE. — Ne me touchez pas! ne me touchez pas!
GOLAUD. — N'ayez pas peur... Je ne vous ferai pas... Oh! vous êtes belle!
MÉLISANDE. — Ne me touchez pas! ne me touchez pas! ou je me jette à l'eau!...
GOLAUD. — Je ne vous touche pas... Voyez, je resterai ici, contre l'arbre. N'ayez pas peur. Quelqu'un vous a-t-il fait du mal?
MÉLISANDE. — Oh! oui! oui! oui!
(*Elle sanglote profondément.*)
GOLAUD. — Qui est-ce qui vous a fait du mal?
MÉLISANDE. — Tous! tous!
GOLAUD. — Quel mal vous a-t-on fait?
MÉLISANDE. — Je ne veux pas le dire! je ne peux pas le dire!...

GOLAUD. — Voyons! ne pleurez pas ainsi. D'où venez-vous?

MÉLISANDE. — Je me suis enfuie!... enfuie... enfuie...

GOLAUD. — Oui; mais d'où vous êtes-vous enfuie?

MÉLISANDE. — Je suis perdue!... perdue!... Oh! oh! perdue ici...

En lisant ces phrases, nous avons envie de sourire de leur puérilité, mais en même temps, quand nous les rapprochons de ce qui précède et de ce qui suit, elles éveillent en nous l'image d'une créature très frêle et très primitive. Nous croyons voir Mélisande, nous la voyons. C'est une petite bergère des temps anciens, elle ressemble à la sainte Geneviève de Puvis; elle a les prunelles claires, la taille longue, les cheveux épars sur les épaules et les mains jointes et les coudes serrés au corps; et elle parle d'une voix limpide comme un murmure de source.....

Ne vous y trompez pas, cela n'est point le fait du premier venu. Les poètes seuls possèdent ce pouvoir d'évocation. Or, incontestablement, Maurice Mœterlinck est poète. Il a le sens de l'au-delà, des faiblesses et des fragilités de la vie, des incertitudes de la condition humaine, et des fatalités qui pèsent sur elle (passions, instincts aveugles, impuissance de la volonté). Il renouvelle, en l'assombrissant, en l'entourant de plus de mystère, la conception que les anciens avaient du Destin, cette force contre laquelle se brisent nos énergies.

Pelléas et Mélisande nous représentent la lutte

engagée par la loi naturelle (qui veut le triomphe de l'amour) contre la loi sociale (qui asservit l'amour au joug des conventions et des préjugés). Leur bonheur possible se trouve brisé. Et au-dessus de ces faibles hommes, plane la sagesse du roi Arkel, le roi aveugle qui compte d'innombrables jours, et qui a appris l'indulgence, la tolérance, la pitié et la bonté. Ses discours respirent une rare élévation. Il apprend que son fils Golaud s'est marié sans l'en instruire, anéantissant ainsi ses plans politiques les plus chers. Il ne se fâche pas. Il accepte avec douceur les faits accomplis.

Je n'en dis rien. Il a fait ce qu'il devait probablement faire. Je suis très vieux et cependant je n'ai pas encore vu clair, un instant, en moi-même ; comment voulez-vous que je juge ce que d'autres ont fait ? Je ne suis pas loin du tombeau et je ne parviens pas à me juger moi-même... On se trompe toujours lorsqu'on ne ferme pas les yeux. Cela peut nous sembler étrange ; et voilà tout. Il a dépassé l'âge mûr et il épouse, comme un enfant, une petite fille qu'il trouve près d'une source... Cela peut nous paraître étrange, parce que nous ne voyons jamais que l'envers des destinées... l'envers même de la nôtre... Il avait toujours suivi mes conseils jusqu'ici ; j'avais cru le rendre heureux en l'envoyant demander la main de la princesse Ursule... Il ne pouvait pas rester seul, et depuis la mort de sa femme il était triste d'être seul ; et ce mariage allait mettre fin à de longues guerres et à de vieilles haines... Il ne l'a pas voulu ainsi. Qu'il en soit comme il l'a voulu : je ne me suis jamais mis en travers d'une destinée ; et il sait mieux que moi son avenir. Il n'arrive peut-être pas d'événements inutiles...

N'y a-t-il pas, en ces paroles, comme une exquise fleur de philosophie?

J'ai dit les qualités de Maurice Mœterlinck. Je ne dois pas dissimuler ses faiblesses. Ses pièces sont obstinément obscures (*Pelléas et Mélisande* est la moins nébuleuse de la collection). Le symbolisme en est tellement caché, qu'il faut, pour le découvrir, se mettre l'esprit à la torture. J'avoue que son drame des *Sept princesses* est demeuré pour moi une énigme indéchiffrable. Dans *Pelléas*, même, on découvre, au cours des scènes, des fragments de dialogue qui vous plongent dans un morne étonnement. Mélisande, lors de sa première entrevue avec Golaud, lui parle d'une *couronne qui est tombée au fond de l'eau...* Que signifie cette couronne? Je le cherche en vain... Golaud propose à Mélisande de la repêcher. Mélisande esquisse un geste d'effroi et s'écrie : « Non, non, je n'en veux plus! Je préfère mourir, mourir tout de suite! » Pourquoi ne veut-elle pas rentrer en possession de sa couronne! Qu'a donc cette couronne qui lui fasse peur? Comment cette couronne est-elle au fond de l'eau?... Je veux croire que dans l'esprit de l'auteur, la couronne de Mélisande a une signification précise. Mais il garde jalousement son secret.

Ce symbolisme à jet continu est fatigant, prétentieux et inutile. Il a l'inconvénient d'élargir immodérément l'œuvre d'art, en la livrant en pâture aux interprétations les plus diverses. Un poème comme ceux de Mœterlinck n'a presque plus de forme qui lui soit propre; il devient un prétexte à rêver; quelque chose comme une mélodie sans paroles que chacun comprend et goûte à son gré, et qui exige de ceux qui l'écoutent une puissance considérable d'imagination et de réflexion... En vérité, je vous le dis, l'auteur de *Pelléas* compte trop sur l'intelligence du lecteur, il lui demande un effort d'intellect qui équivaut à une demi-collaboration. Ainsi ne procédaient pas les vieux maîtres. Sophocle dessinait d'une main ferme le portrait d'Œdipe; Racine marquait Phèdre de traits rigoureusement précis. Et je ne sache point que le chef-d'œuvre de Sophocle en soit diminué, pas plus que le chef-d'œuvre de Racine...

D'ailleurs, il convient d'ajourner son jugement. M. Mœterlinck n'a pas cessé de produire. Peut-être nous donnera-t-il des ouvrages qui contiendront, harmonieusement mêlés, l'action et le rêve.

L'ART DU DÉVELOPPEMENT CHEZ M. PIERRE LOTI

Qu'y a-t-il de plus banal que cette histoire !

Jean Berny est fils d'une veuve et petit-fils d'un vieil officier qui vivent pauvrement dans une maisonnette du golfe d'Antibes. Il se sent poussé par une impérieuse vocation vers le métier de marin. La mère, le grand-père s'endettent pour lui faire donner de l'instruction. Mais Jean est indolent et flâneur ; il échoue aux examens du *Borda* et s'engage sur un navire marchand. Quand il revient de son premier voyage, il apprend que son grand-père est mort et que sa mère, privée de ressources, a vendu son dernier lopin de terre. Il l'emmène à Brest, l'installe dans une petite chambre et part comme matelot sur un vaisseau de l'État. La pauvre femme gagne son pain à des travaux de couture, tandis que son fils accomplit le tour du monde. Son temps de service expiré, Jean, malgré les supplications maternelles, se réengage pour cinq années. Je dois dire qu'il ne s'ennuie pas trop pendant ses expéditions. Il rencontre tour à tour : dans l'île de Rhodes une jeune personne aux yeux de velours qui lui témoigne quelque sympathie; au Canada une miss blonde et rose avec laquelle il se fiance très légèrement; et dans un de nos ports une accorte grisette à qui il promet inconsidérément le mariage. Durant ces aventures la pauvre mère continue de coudre à la lumière de la lampe en songeant à l'absent, à cet ingrat de fils qu'elle adore. Et Jean met le comble à ses fâcheux procédés... On demande un contremaître de bonne volonté qui consente à partir de suite pour le Tonkin. Il se propose, et il s'embarque; et comme ses chefs, vu l'urgence, lui refusent de passer à Brest, c'est par une lettre sèche et laconique que sa mère apprend la nouvelle du départ...

Là-bas, Jean est miné par les fièvres; au bout de dix-huit mois on le rapatrie, mais sa santé est détruite, son corps exténué. Il meurt durant la traversée. Et son corps est précipité dans les flots du Pacifique. — Cependant la veuve Berny attend, au port de Brest, le retour du navire qui lui ramène son fils. Elle a mis son plus beau chapeau, son plus beau châle et se rend, pleine d'espérance et d'angoisse, sur le quai où les marins doivent débarquer. Hélas! l'affreuse nouvelle la frappe en plein cœur. Elle tombe inanimée. Elle reste pendant plusieurs jours entre la vie et la mort; sa tête s'égare, elle veut se jeter par la fenêtre, elle mouille de pleurs les chères reliques du défunt et maudit la destinée ; puis elle se prosterne aux pieds du Seigneur, se résigne doucement et trouve dans la foi une suprême consolation...

Cette histoire, je le répète, est la banalité même. C'est un des mille drames par où se dénoue l'existence des marins. Chaque jour il arrive qu'une femme de pêcheur perde en mer son mari, son fils, parfois tous deux ensemble ; elle en est très malheureuse ; puis le temps et la religion cicatrisent ses souffrances et elle attend avec patience l'heure d'aller rejoindre dans un monde meilleur, ceux qu'elle a aimés... Était-il nécessaire d'écrire un livre de deux cents pages pour nous exposer ce fait divers ?... Joignez à cela que le héros de M. Pierre Loti est fort peu intéressant. Il nous apparaît, à la réflexion, comme un monstre d'indifférence. Il suit aveuglément ses caprices, repousse les conseils de ses parents, vadrouille effrontément au lieu de préparer ses examens, dépense avec des créatures les économies qu'il devrait envoyer à sa sainte femme de mère, ébauche des romans ridicules dont l'auteur nous parle en termes très vagues : en somme, un piètre personnage, parfaitement indigne de sympathie.

Voilà pour le fond...

Quant à la construction de l'ouvrage, elle est assez molle. Le récit se compose d'une série de tableaux égrenés d'une main négligente, et qui se suivent à la queue leu leu, sans lien, sans transition, comme des tranches de pâté déposées sur une assiette.

Ainsi donc : sujet quelconque, caractères vulgaires et antipathiques, développements incohérents...

Eh bien! de cet ensemble hétéroclite, de ces parties incomplètes et de ces chapitres inégaux, jaillit une émotion poignante, une telle émotion que je mets au défi les cœurs les plus endurcis d'y résister. Si l'on réfléchit, les objections s'accumulent. Mais dès que l'on commence à lire, on se sent pris aux entrailles. On ne pense plus, on ne résiste plus, on vibre, on tressaille, on s'attendrit. Et quand on a achevé la dernière page, on demeure rêveur, l'âme accablée d'une immense et douce mélancolie... Par quel miracle Pierre Loti obtient-il ce résultat? Comment, avec des éléments aussi simples, arrive-t il à nous troubler si profondément?... La chose est délicate à déterminer.

Tout d'abord et avant tout, Pierre Loti est poète, et ses procédés sont ceux d'un poète...

Mettez ce même récit entre les mains d'un romancier habile, sachant combiner les coups de théâtre. Il l'eût dramatisé et compliqué à plaisir. Il eût inventé des épisodes fabuleux; il eût jeté au travers de l'action des incidents romanesques; il n'eût pas manqué de placer son héros entre deux passions contradictoires, et de montrer l'amour maternel combattu dans son cœur par quelque amour coupable, l'amour d'une Carmen, d'une fille de mauvaise vie ; il eût fait de ces deux femmes deux ennemies mortelles, ardentes à se déchirer ; et, afin de rendre Jean Berny sympathique, il l'eût représenté fuyant, emportant loin de France le trait qui l'avait blessé, revenant comme le pigeon de la fable, traînant l'aile et traînant la patte, et mourant, plein de contrition et de repentir, en pressant sur ses lèvres la croix de sa mère. Et nous aurions eu un roman-feuilleton qui, sous la plume d'un homme expérimenté, eût fait assez bonne figure au rez-de-chaussée d'un petit journal.

M. Pierre Loti s'est bien gardé de recourir à ces moyens grossiers. Il n'a nullement cherché à idéaliser son matelot, ni à atténuer ses fautes, ni à dissimuler ses faiblesses. Il nous l'a présenté comme un être primitif, à demi inconscient, comme un grand enfant ballotté, ainsi qu'une épave, et qui n'a pas la force de réagir... Et dès les premiers feuillets, en quelques lignes précises, il établit son tempérament. Jean est issu d'une lignée de riverains provençaux, conservée très pure, race à la fois contemplative et aventureuse, comptant dans ses rangs de paisibles horticulteurs et de hardis capitaines. Et ces deux instincts lutteront en lui et gouverneront sa vie, la paresse qui l'empêchera de sortir du rang, l'amour des voyages qui l'entraînera à de folles équipées, et une certaine noblesse naturelle qui le distinguera, malgré les lacunes de son instruction, de ses camarades plébéiens. De même pour la mère. Ce n'est pas une Cancalaise ou une Bretonne illettrée. Ce n'est pas non plus une grande dame distinguée ayant eu des malheurs. Elle appartient à l'humanité moyenne. Elle a eu jadis une aisance qu'elle a perdue, et cela par la faute de son fils. Elle l'aime d'autant plus qu'elle a souffert par lui et qu'elle a beaucoup à lui pardonner. Elle n'est pas héroïque, elle n'accomplit pas des actes surhumains, elle déploie ce courage assez vulgaire qui consiste à travailler pour vivre, quand on se trouve dans le dénuement... Ainsi, la mère pas plus que le fils ne constituent des types exceptionnels, ce sont des individus pris au hasard dans la société courante. Et de ces deux êtres, mis aux prises avec la souffrance et la mort, Pierre Loti a su tirer un drame extraordinairement pathétique.

Est-ce par l'effort de l'analyse qu'il nous émeut à ce point? Certes, M. Pierre Loti n'est pas incapable de nous donner une analyse précise. Ce que le raisonnement ne lui fournit pas, il le devine par intuition. Ainsi, il décrit avec infiniment de clairvoyance les tourments par où passe la veuve Berny quand elle apprend la mort de son fils et les différentes crises qu'elle traverse avant d'arriver à l'apaisement définitif. Mais si l'analyse nous intéresse, elle est impuissante à nous toucher. Il faut qu'un autre élément vienne à son secours; il ne suffit pas que l'auteur énumère les douleurs qui déchirent l'âme d'un individu, il faut que nous entendions les cris, que nous voyions les tortures de celui qui souffre, que le romancier le mette en pleine lumière, qu'il l'évoque à nos regards, et qu'il l'évoque dans son milieu, qu'il nous donne, en un mot, la sensation, l'illusion de la vie... Or les grands artistes seuls, les grands poètes sont doués de cette faculté évocatrice... M. Pierre Loti la possède à un degré éminent. Il ne raconte pas, il peint ; son style est tout en images, et ces images sont justement celles qu'il est essentiel de retenir, et qui caractérisent le cadre où les personnages vont se mouvoir. Il excelle enfin à fixer en quelques mots bien choisis les lignes d'un paysage. Je voudrais citer une page où cet art fût particulièrement visible...... Jean Berny, encore novice, a pris place sur un brick du port d'Antibes et s'éloigne pour la première fois des côtes de France; Il s'agit à la fois d'exprimer la tristesse du jeune marin, de donner la sensation du rude milieu où il se trouve, et de rendre la couleur du décor extérieur. Vous allez voir avec quelle aisance Pierre Loti résout ces difficultés.

Voici le décor :

Antibes s'abaissait dans le lointain, devenait comme une tache d'ocre, de minute en minute amoindrie, au pied des Alpes pâles et neigeuses, qui au contraire montaient, devenaient toujours plus immenses et plus confuses dans le ciel éteint.

Voici le milieu :

Aux premières brumes de novembre, le brick fuyait, tout penché sous l'effort de ses voiles. Un bruit monotone et doux le suivait, — comme un bruit de frôlement de soie, de froissement de moire, — moins un bruit qu'une forme particulière de silence bruissant...

Lui, matelot depuis deux heures, en grosse vareuse de laine, se tenait sur le pont du brick penché, les yeux agrandis par le nouveau de tout cela ; inquiet de cette solitude avec des inconnus, sur ces planches animées qui s'éloignaient du monde ; inquiet de cette mélancolie de néant qui surgissait peu à peu de partout, de plus en plus morne et souveraine.

Les autres de l'équipage étaient là aussi, regardant comme lui, mais dans un sentiment de rêve plus trouble et moins vaste, s'enfuir cette terre, où ils venaient de faire une halte relativement longue, déshabituante des fatigues et des disciplines du large. Ils étaient six, ces compagnons de Jean : un Maltais, noir comme un Arabe, en haillons, poitrine nue au froid du soir ; deux grands diables provençaux ; un Bordelais rouleur, — et un déserteur de la marine de guerre qui, sur les rades françaises, ne se montrait pas. Tous, ayant pris leurs rudes costumes de mer qui les changeaient, — leurs visages de résignation et de passivité.

Voici l'état d'âme du héros :

A l'arrière, tandis qu'ils flânaient, apparut le capitaine, sorte de colosse à figure éteinte, d'hercule grisonnant, farouche et grave, avec des yeux désintéressés de tout, inexpressifs et sans vie. Il commanda une manœuvre d'une voix rauque, avec des mots inconnus, et comme Jean, encore novice, ne sachant où aller, souriait, s'amusant de cette nouveauté comme d'un jeu, il s'entendit rappeler au travail d'un mot bref et dur. Alors il regarda ce capitaine, et son sourire se glaça : l'homme lui apparaissait trop différent de celui qui l'avait accueilli tout à l'heure à Antibes avec un ton de déférence polie, quand sa mère soigneusement vêtue et son grand-père cravaté de blanc étaient venus le conduire à bord.

Alors il s'assombrit lui aussi, le novice Jean, comprenant qu'il était l'égal ou l'inférieur de ces autres matelots avec lesquels il allait vivre, — et qu'il ne s'agissait plus que d'obéir. En une fois, il eut le sentiment complet de sa déchéance; en un seul coup, là, dans la nuit tombante, il sentit s'abattre sur lui le joug de fer.

Et dans tout cela pas un mot inexpressif, pas une épithète oiseuse. Toutes les phrases (un peu hachées selon une habitude chère à l'auteur) ajoutent un trait au tableau; aucune n'en dérange l'harmonie...

Outre ces qualités de peintre, M. Pierre Loti en possède une autre, non moins rare : c'est une extrême sensibilité. Il vit avec les personnages de son livre, on dirait qu'il subit leurs angoisses et qu'il éprouve leurs joies. Je ne sais rien de plus déchirant que l'agonie de la veuve Berny, dans sa chambre de pauvresse, alors qu'elle retrouve le petit chapeau que portait son fils à l'âge de douze ans, le jour de sa première communion.

S'approchant de la clarté de la fenêtre, elle ouvrit fiévreusement le vieux carton vert, déplia la gaze qui enveloppait la relique enfantine, — et, tout fané, il reparut au pâle soleil printanier du Nord, le « petit chapeau », qui avait été étrenné, là-bas dans la chaude Provence, pour une si lumineuse fête de Pâques, enfouie à présent derrière un rapide entassement d'années mortes... Il symbolisait pour Jean toute la période heureuse, choyée et ensoleillée de sa vie ; il lui représentait ses belles toilettes des dimanches, au temps passé, tout son luxe d'autrefois dans sa famille provençale — luxe très modeste, à dire vrai, mais que le pauvre enfant, devenu matelot, s'exagérait volontiers au souvenir... Et la jolie tête aux boucles brunes, qui s'était coiffée jadis de ce petit feutre à ruban de velours, maintenant, roulée au fond inconnu des eaux éternellement obscures, n'était déjà qu'un rien sans nom, plus négligeable et plus perdu dans l'infini que le moindre galet des plages... La mère, dans ses mains agitées et tremblantes, le retournait, le « petit chapeau » ; jamais elle ne lui avait trouvé autant qu'aujourd'hui cet air démodé et lamentable, cet air de relique d'enfant mort. Elle vit même qu'une mite avait fait un trou dans le velours et que, çà et là, des moisissures blanches apparaissaient : le commencement du travail des infiniment petits, qui seront les grands triomphateurs de tout, et qui d'abord détruisent les pauvres objets auxquels nous avons l'enfantillage de tenir...

Oh! le « petit chapeau », le cher petit chapeau de Pâques, s'en allant à la guenille, dans quelque hotte de chiffonnier!... A cette image entrevue, il lui sembla que tout s'effondrait en elle-même : cette fois, l'oppressante masse de fer se dissolvait, fondait décidément, dans sa tête, dans son cœur, partout. Son dos, secoué d'abord par des spasmes irréguliers, prit un mouvement de soufflet haletant, plus saccadé que la respiration ordinaire, — et enfin elle s'affaissa dans une chaise, la tête tombée en avant sur une table, pour pleurer à grands sanglots ses premières larmes de mère sans enfant...

Remarquez que cette douleur est traduite par des mots tout simples, par un balbutiement en quelque sorte enfantin; et que ces mots donnent exactement la sensation de cette douleur d'une mère affolée qui pleure son enfant mort, et non d'une autre douleur, et qu'aucun d'eux ne détonne dans l'ensemble et que tous concourent à éveiller cette impression particulière et non pas une autre; jusqu'aux mots *petit* et *pauvre* fréquemment répétés (*petit chapeau, pauvres objets, pauvre petite tête*) qui sonnent plaintivement dans la phrase, comme un glas de détresse et de misère...

Et le plus curieux, c'est que M. Pierre Loti n'y entend pas tant de malice, qu'il écrit sans se torturer l'esprit, et qu'il se donne beaucoup moins de mal pour composer une belle page que je ne m'en donne pour l'analyser...

LE ROMAN POPULAIRE : M. ÉMILE RICHEBOURG

... Je me précipitai chez le libraire.

— Avez-vous le dernier roman de M. Emile Richebourg?

Il me remit un in-18 jaune, imprimé sur assez mauvais papier. Je dois dire que le roman comptait 536 pages, — ce qui faisait excuser la faible épaisseur de chaque page. Le titre était simple. En haut : *Les Drames de la vie*; plus bas, *Cendrillon*. Sur la page suivante : Première partie : *la Fée de l'atelier*; chapitre premier : *les Ouvrières*.

Bien! (me dis-je) ceci va se passer dans les milieux ouvriers, que l'auteur doit bien connaître. Apprêtons-nous à avaler une nouvelle lampée des *Mystères de Paris*...

Et je plongeai bravement mon couteau à papier dans les feuillets...

Je ne me trompais qu'à demi. Eugène Sue, qui ne fut pas un grand écrivain, mais un homme d'imagination géniale, continue de régner dans le feuilleton. On vit de sa substance ; et, quand on ne copie pas ses livres tout tranquillement, on s'inspire de ses procédés, on reste fidèle à sa façon de grouper les épisodes, de poser les personnages, de varier et de soutenir l'intérêt. M. Emile Richebourg me paraît être un bon élève d'Eugène Sue. De quoi se compose son talent ?... C'est ce qu'il s'agirait de rechercher.

Le scénario de *Cendrillon* est à la fois naïf et compliqué. Il embrasse, comme les anciens mélos de l'Ambigu, une énorme période. Le héros est en nourrice au premier tableau du drame ; au dernier, il bénit de ses mains tremblantes le mariage de ses arrière-petits-enfants.

... Donc, M. Richebourg nous introduit tout d'abord dans un atelier de brodeuses, dirigé par une femme de grand mérite, Mlle Melville, dont il s'empresse de nous raconter l'histoire. Fille d'un honnête armateur du Havre, ruinée et orpheline à la fleur de l'âge, recueillie par son oncle l'abbé Ginoux, un bon curé de campagne, elle a fait la conquête d'un jeune homme de bonne famille — un noble, s'il vous plaît ! — M. Gaston de Melville, qui lui a offert son nom et sa main. Pour redorer ce blason, elle s'est mise vaillamment à la besogne ; elle a fondé une maison de commerce, la maison Melville (elle a supprimé la particule par délicatesse, ne voulant pas l'avilir au contact d'une raison sociale) ; elle est devenue mère d'un petit garçon, Paul, qui lui donne beaucoup de satisfactions; ses affaires prospèrent, elle pourrait être, elle devrait être heureuse.

Hélas! elle découvre un beau jour que son mari n'était pas digne de sa tendresse. Il mène une vie de bâton de chaise, jouant, entretenant des danseuses, subornant des ingénues, choisissant ses victimes parmi les ouvrières de la maison. Ainsi, il a reluqué Mlle Gabrielle Anglade, une pure enfant, fille d'un ancien militaire *décoré*; il a ignoblement abusé de sa vertu, lui infligeant ce que les magistrats appellent le dernier outrage. Il a séduit en outre la coupeuse de l'atelier, Mlle Armande; il s'est enfui avec elle en Amérique, après avoir vidé la caisse. Mme Melville demeure abandonnée devant le berceau de son fils — sa seule consolation. Elle réagit contre sa douleur. Elle redouble d'activité, de travail, elle remet à flots le navire submergé. Apprenant que l'infortunée Gabrielle est devenue folle, après avoir mis au monde « un bébé rose » — le fruit du crime — elle adopte le nourrisson qu'elle baptise Marie-Madeleine; elle l'élève, l'instruit, lui fait passer ses examens supérieurs… Enfin elle se retire, ayant amassé, par trente ans d'acharné labeur, cent mille livres de rente. Il va sans dire que son rejeton, le petit Paul, a remporté au collège tous les prix, est devenu un brillant sujet, a voulu se présenter à l'Ecole Navale et, devant les larmes de Mme Melville, a consenti, sacrifiant sa vocation, à acheter une étude de notaire. Vous devinez que Paul deviendra infailliblement amoureux de Marie-Madeleine, qu'il se fera aimer d'elle, et que, de cet amour, impossible entre frère et sœur, jaillira l'intérêt pathétique du récit... Joignez à ces éléments la canaillerie de Melville aidé dans ses entreprises par un agent d'affaires véreux; la lutte engagée contre eux par un ami dévoué de Mme Melville, et mille incidents plus ou moins risibles ou larmoyants : rapts, actions d'éclat, vols à main armée, travestissements, scènes de mœurs faubouriennes, et vous aurez une faible idée des matériaux dont se compose cette marmitée de faits-divers que l'on nomme un feuilleton populaire.

Si nous jetons un regard d'ensemble sur cette copieuse composition, nous noterons, à première vue, quelques observations générales :

1° Les personnages qui s'agitent dans *Cendrillon* sont remarquables par leur rigidité d'attitudes; ils sont tout d'une pièce, comme les saints de cathédrales ou comme les poupées de guignol. Ils manquent d'articulations. Ils sont complètement bons ou complètement mauvais. Ou bien ils poussent la vertu à des limites invraisemblables, ou bien ils s'enfoncent dans des abîmes de perversité; — et des deux côtés ils s'éloignent de la nature. M. Richebourg ignore l'art de nuancer un caractère, de le pétrir de défauts et de qualités qui se complètent et s'atténuent; ou, s'il connaît cet art, il le suppose incompatible avec l'intellect de ses lecteurs habituels. Il croit que le peuple (n'oublions pas qu'il écrit pour le peuple) aime les types tranchés, enluminés de couleurs brutales. Et il lui en sert... *Faut voir!*... comme on dit au faubourg Antoine! Mme Melville n'est pas une femme, c'est un ange; elle réunit en elle la quintessence de vingt générations d'honnêtes gens. Elle incarne le dévouement, l'abnégation, l'économie, le travail, l'amour filial, conjugal et maternel. Gabrielle représente l'innocence persécutée; Marie-Madeleine, l'innocence heureuse; l'abbé Ginoux est bon, — mais tellement bon, qu'à côté de lui le bon abbé Constantin semble un monstre; Paul Melville n'a pas une défaillance, pas un moment d'oubli; sa calme jeunesse est consacrée à passer des examens; et il ne rate pas un seul de ces examens; il eût été un admirable marin, il sera (n'en doutez point) un parfait notaire, et un parfait mari, et un impeccable père de famille; son patron, le notaire Turgan, est le *notaire en soi*, un homme sage, prudent, avisé, soigneusement rasé, confident intègre, l'ami des familles... le père de Gabrielle, le garde forestier Anglade, a gagné le ruban rouge en Afrique, il a sauvé son lieutenant, son capitaine, son colonel et son régiment, et s'il n'a pas sauvé la France c'est qu'il n'en a pas trouvé l'occasion; aussi tous les généraux de notre armée le pressent-ils, successivement, sur leurs cœurs en l'appelant « mon vieux camarade » et en arrosant de pleurs ses moustaches blanches. Et, à l'autre extrémité de l'échelle, voici venir cet affreux Melville et sa complice Armande, deux chenapans, qui se montrent chenapans, sans une seconde de défaillance, durant cinq cent trente-six pages. Quelle fatigue!... Et quel accablement pour le lecteur qui grince des dents devant cette psychologie rudimentaire!

2° Aux yeux de M. Richebourg chaque profession porte une étiquette immuable, et de même chaque catégorie d'individus. Ils sont classés sans contrôle, selon les préjugés, les idées reçues. Ainsi, pour M. Richebourg, un soldat, par cela même qu'il est soldat, doit posséder les traits auxquels *on reconnaît* un soldat : la bravoure, le chauvinisme, le désintéressement. Un notaire doit nécessairement ressembler à l'image théorique que le public *se fait* du notaire : bon sens, probité, discrétion. Et ces diverses estampilles se formulent en une série d'épithètes, toujours les mêmes, qui sonnent à l'oreille avec un bruit déplorable de ferblanterie. Infailliblement, dans son texte, le mot *marin* s'accolera au mot *brave*; le mot *ingénieur* au mot *distingué*; le mot *docteur* au mot *savant*; le mot *officier* au mot *brillant*; le mot *jeune fille* au mot *chaste*; le mot *courtisane* au mot *infâme*... Tous les lieux communs de pensée et d'expression, que la triste humanité a créés depuis un siècle, M. Émile Richebourg les recueille, les collectionne, leur fait un sort. Mais là où il réalise l'idéal de la beauté, c'est en ce qui concerne la *croix d'honneur*. O cette croix! terrible,

cette croix! Elle nous poursuit, nous assassine...
Nous la retrouvons embusquée au coin de chaque
feuillet. Le garde forestier Anglade la montre à sa
fille, il la place dans un cadre au pied de son lit,
il l'arrache de sa boutonnière en apprenant que
Gabrielle a fauté, il meurt en la couvrant de baisers. Et nous avons beau révérer et chérir la croix
d'honneur, M. Richebourg nous la ferait prendre en
haine, tant il met d'intempérance à célébrer son
prestige. Il produit sur nos nerfs le même agacement que certains patriotes qui roulent les yeux,
gonflent la voix, et ont l'air, en buvant leur curaçao,
de voler à la frontière.

3° Reste le style. Il est moins ridicule que je
n'aurais supposé. J'ai vainement cherché dans
Cendrillon un pendant à la fameuse phrase : *sa
main était froide comme celle d'un serpent*. Çà et là,
j'ai noté quelques métaphores laborieuses. Voulant
peindre les périls auxquels sont exposées les jeunes
paysannes dans les grandes villes, l'auteur dira :
« Elle ignorait que l'oiseau qui se laisse appri-
voiser ne retrouve pas toujours l'usage de ses ailes
pour s'enfuir au moment d'un danger. » Et plus
loin : « Cette fille ingrate pour laquelle elle avait
tout fait... était *le serpent de la fable qu'elle avait
réchauffé dans son sein* »... Ou encore : « Soyons
indulgents pour celles qui sont tombées, *n'ayant
pas vu l'abîme sous les touffes de fleurs.* » Mais
l'ensemble est raisonnable et quelconque. La langue

qu'écrit M. Richebourg est grossièrement tissée, mesurée au kilomètre, sans aucun sentiment de finesse ou d'élégance, ce qui ne veut pas toujours dire sans prétention. C'est un gâchis de maçon qui sait recrépir un mur. Ni plus, ni moins...

Et maintenant si vous me demandez quelles peuvent être la portée et l'influence morale de ce roman : je le crois inoffensif. Il présente du moins cet avantage sur les romans dits *judiciaires* qui exaltent les malfaiteurs et transfigurent en héros les gredins de cours d'assises. La jeune ouvrière, qui descend le matin des hauteurs de Belleville pour se rendre à l'atelier, ne puisera pas dans *Cendrillon* de mauvais conseils. Elle y trouvera même des exemples consolants qui, si elle est portée à la rêverie, berceront ses misères. Elle songera aux fils de notaire qui épousent des piqueuses de bottines, et aux petites modistes qui sont adoptées par des duchesses. Elle n'y apprendra pas comment Voltaire a écrit *Candide*. Mais il n'est pas nécessaire qu'une demoiselle de magasin lise *Candide*. Peut-être vaut-il mieux qu'elle lise *Cendrillon*.

LE PREMIER ROMAN DE M. ÉMILE ZOLA

Il parut en 1867 et portait ce titre : *le Vœu d'une morte*. Je l'ai lu avec curiosité, espérant y découvrir quelques promesses, quelques symptômes du grand talent de M. Zola. Je suis revenu, à peu près, bredouille. Ce *Vœu d'une morte* ne ressemble pas plus à *Germinal* ou même à *la Faute de l'abbé Mouret*, qu'une idylle de Florian ne ressemble à un roman de Stendhal. Par-ci, par-là, on saisit, au milieu des pages, quelques épithètes, quelques expressions, quelques tours de phrases, qui annoncent la manière de l'écrivain. Par exemple, au début du premier chapitre, je note ces lignes : « Ici tombait une mélancolie; les bruits de la ville montant plus vagues. » Et plus loin : « Une immense sérénité berçait les campagnes; il venait, on ne savait d'où, un silence plein de chansons adoucies. » Nous retrouvons là les procédés de description qui sont particuliers à l'auteur du *Rêve*. A côté de ces passages, j'en relève d'autres, qui sont vraiment étonnants d'emphase naïve, et qui ont dû éveiller plus d'un sourire sur les lèvres de M. Zola, s'il a jamais relu ce vieux livre.

Voulant, par exemple, dépeindre la dépravation d'un homme du monde qui adore une danseuse, M. Zola écrit : « Si, de plusieurs jours, il ne pouvait voir son cher vice, il pensait qu'en se dépêchant, il aurait bien encore le temps de l'*embrasser* une fois. » Embrasser un vice ! « Oh ! là là ! » dirait Mes Bottes... Ailleurs, Zola, désirant nous rendre la physionomie d'une coquette, à qui l'on débite des douceurs, s'écrie : « La jeune femme, languissamment assise, un sourire aux lèvres, penchait à demi son front rêveur ; elle paraissait écouter la *musique des Anges* et vivre loin de la terre, dans un monde idéal. » La « musique des Anges ». Ceci nous ramène au temps de Mme Loïsa Puget. Le livre est écrit de la sorte, jusqu'à la fin. C'est un mélange de fadeur sentimentale, d'ironie laborieuse, avec, de loin en loin, quelques échappées lyriques. En somme, la pâte de ce style est fort ordinaire et ne laisse rien soupçonner du puissant artiste qui devait naître.

Le fond du roman est, s'il se peut, plus naïf encore. Il repose sur une donnée dont l'optimisme est invraisemblable. Il met en scène un jeune homme, Daniel Raimbaut, qui est un modèle de courage, de dévouement et d'abnégation. Ce Raimbaut a été élevé par les soins d'une grande dame, Mme de Rionne, qui l'a mis au collège et lui a fait donner de l'instruction. Mme de Rionne est mariée à un misérable égoïste, viveur endurci, qui l'abandonne pour courir les cocodettes. La pauvre femme, minée par le chagrin, se sent défaillir ; elle fait venir Daniel et lui tient en substance ce discours : « Je vais mourir ; tu veilleras sur ma fille Jeanne ; elle a six ans, tu en as seize ; je te charge de lui trouver un mari. » Mme de Rionne meurt. Daniel jure d'exaucer le vœu de la morte. Malheureusement le père lui rend difficile l'accomplissement de ce devoir. Désirant vivre en garçon, il se débarrasse de la petite Jeanne, en l'envoyant chez sa tante ; celle-ci se débarrasse de sa nièce en la mettant au couvent. Si bien que l'infortuné Daniel reste douze ans, le bec dans l'eau, sans voir la pupille qu'il se proposait de surveiller. — Jeanne sort enfin du couvent. Daniel, pour se rapprocher d'elle, entre en qualité de secrétaire chez l'oncle de la jeune fille. Il habite ainsi sous le même toit. Vous croyez que le brave garçon va tomber amoureux de la petite, lui déclarer sa flamme, lui révéler le « vœu de la morte ». Vous n'y êtes pas ; Daniel aime en effet la jeune fille ; mais il ne lui dit rien. Il refoule son secret. Un autre homme la demande en mariage ; et il continue de garder le silence. Le mariage se fait. Daniel se tait toujours. Jeanne est malheureuse en ménage. Daniel reste muet. Elle devient veuve. Là, Daniel pourrait concevoir de légitimes espérances... à condition qu'il parlât, qu'il avouât son amour... Il se contente d'écrire des lettres brûlantes, mais il ne les signe pas. Qu'arrive-t-il ? la jeune veuve attribue ces lettres au meilleur ami de Daniel, et se prend à l'adorer... De sorte que ce malheureux Daniel, qui croyait plaider pour son propre compte, se trouve avoir gagné la cause d'autrui. C'en est trop ; il s'éloigne, toujours sans ouvrir les lèvres. Il va mourir au bord de la mer ; et lorsque la jeune veuve, enfin désabusée, accourt pour le consoler, il est trop tard ; le pauvre homme lui sert la main et rend le dernier soupir... Voilà bien des malheurs, bien des tortures accumulées sur une seule tête ! Ce Daniel est un mémorable exemple des infortunes humaines. Jamais grand cœur ne fut plus cruellement frappé.

Il n'est pas nécessaire de faire ressortir les invraisemblances, les erreurs d'analyses dont ce récit est affligé. N'oublions pas que *le Vœu d'une morte* est une œuvre de jeunesse, et qu'elle a droit par cela même à toutes nos indulgences. Il serait trop facile, et bien inutile de s'en moquer... D'ailleurs, l'avouerai-je, j'ai lu cette œuvre d'un trait, et — malgré ses naïvetés, ses défaillances — j'y ai goûté un réel plaisir. Ce roman, par sa conception et par son style, appartient à la convention, et pourtant il est sincère. Zola y retrace les mésaventures d'un jeune homme pauvre ; or, à l'époque où il l'écrivit, l'auteur était lui-même malheureux, inconnu, besogneux ; il demandait sa subsistance à un labeur acharné.

Des biographes nous ont conté l'histoire de ses misères. Il m'a semblé, en lisant *le Vœu d'une morte*, que j'y retrouvais comme un écho indirect et discret de ces années de souffrances. Zola montre son héros, Daniel, affamé, jeté sans ressource sur le pavé de Paris, et obligé, pour gagner son pain, de collaborer à la rédaction d'un grand dictionnaire. Ils sont là douze ou quinze infortunés, travaillant leur pleine peau, tandis que l'éditeur qui les paie, qui s'engraisse de leurs peines, étale son ventre dans sa boutique et surveille du coin de l'œil ces forçats de lettres. La scène est curieuse.

L'auteur du dictionnaire avait vite compris le parti qu'il pouvait tirer de ce garçon qui travaillait comme un nègre, sans se plaindre, avec des sourires de béatitude. Depuis longtemps, il cherchait le moyen de gagner ses vingt mille francs sans même venir au bureau. Il était las de surveiller ses prisonniers. Daniel fut une trouvaille précieuse pour lui. Peu à peu, il le chargea de la direction de toute la besogne : distribution du travail, revision des manuscrits, recherches particulières. Et, moyennant deux cents francs par mois, il résolut le difficile problème de ne jamais toucher à une plume et d'être l'auteur d'un ouvrage monumental.

Daniel se laissa, avec joie, écraser par le travail. Ses compagnons, qui n'avaient plus le terrible auteur derrière eux, compilaient le moins possible, et il se trouva faire une partie de leur besogne.

Il acquit ainsi de vastes connaissances ; son esprit puissant retint et classa toutes les sciences diverses qu'il était obligé de remuer ; et cette encyclopédie, qu'il bâtissait presque à lui seul, se gravait ainsi dans son cerveau. Ces huit années de recherches incessantes en firent un des jeunes gens les plus érudits de France. De l'employé modeste et exact, il sortit un savant de premier mérite.

Ou je me trompe fort, ou Zola, dans sa jeunesse, a hanté cette boutique, et apporté son moellon à l'édification de ce dictionnaire. Un autre épisode nous a frappé par son accent de vérité. C'est l'analyse des impressions que ressent Daniel la première fois qu'il endosse un habit noir et qu'il se rend dans le monde. Il est invité à une grande soirée, chez un personnage officiel :

Une sorte de respect instinctif s'était emparé de Daniel. Il regardait ces hommes graves, ces jeunes gens élégants, et il était prêt à les admirer de bonne foi. Jamais il ne s'était trouvé à pareille fête. Il y avait surprise, il se disait qu'il était subitement transporté dans une sphère de lumière, où tout devait être bon et beau. Ces rangées de fauteuils où les dames, avec des sourires, montraient leur cou et leurs bras nus chargés de bijoux, le jetaient surtout dans un ravissement. Puis, au milieu, il apercevait Jeanne, fière, victorieuse, entourée d'adorateurs, et c'était là, pour lui, l'endroit sacré d'où partaient tous les rayons.

Fatale timidité ! Tous ceux qui ont franchi, à vingt ans passés, le seuil d'un salon, qui n'ont pas sucé avec le lait l'usage du monde, se reconnaîtront dans cette page. — Cependant Daniel fait un effort ; il circule de groupe en groupe ; il tend l'oreille, il ne surpend que des bribes de conversation, où la platitude le dispute à l'ignorance :

> En effet, ils parlaient comme des cochers. Daniel ne comprit pas entièrement leur langage : l'argot des salons était une nouvelle langue pour lui, et il les prit d'abord pour des étrangers. Puis, il reconnut certains mots français ; il devina qu'ils parlaient de femmes et de chevaux, sans bien savoir quelles phrases s'appliquaient aux chevaux et quelles phrases aux femmes, car ils les traitaient avec la même tendresse et la même grossièreté.
> Alors Daniel jeta un regard clair dans le salon. Il commençait à comprendre qu'il venait d'être dupe d'un décor. Les platitudes, les niaiseries lui arrivaient nettes et brutales, pareilles à ces lambeaux de dialogue qui se traînent misérablement dans les féeries, au milieu des splendeurs de la mise en scène.
> Il se dit qu'il n'y avait là que des jeux de lumière sur des bijoux et sur des étoffes riches. Ces têtes, les jeunes et les vieilles, étaient creuses, ou se faisaient creuses par politesse et savoir-vivre. Tous ces hommes étaient des comédiens chez lesquels on ne pouvait distinguer ni le cœur ni le cerveau ; toutes ces femmes étaient des poupées montrant leurs épaules, posées dans des fauteuils comme on pose des statuetttes de porcelaine sur une étagère
> Et il vint à Daniel un orgueil immense. Il fut fier, en ce moment, de sa gaucherie et de ses ignorances mondaines. Il n'eut plus peur d'être vu, il releva la tête et marcha au milieu du salon. Dans sa rudesse, il s'estimait si supérieur à ces gens-là, que leurs sourires lui importaient peu. Il avait comme un réveil d'orgueil et il reprenait avec tranquillité la place qui lui était due, en pleine lumière.

Qu'il est naturel, qu'il est humain, ce mouvement

d'orgueil du timide, qui se venge de sa nullité mondaine, en exaltant à part lui la supériorité de son esprit! M. Zola n'a pas besoin de nous faire de confidences. Nous sommes bien sûr que les émotions qu'il dépeint, ont été les siennes, à une heure de sa vie. On ne retrace, avec cette éloquence, que des impressions « vécues ».

L'HISTOIRE ET LA LÉGENDE DANS LES ROMANS D'ALEXANDRE DUMAS PÈRE

Pour démêler les procédés de développement d'Alexandre Dumas, le plus simple est de prendre un de ses romans dits *historiques*, de comparer ce roman à l'histoire et d'examiner comment la réalité s'est déformée en passant par le cerveau de l'écrivain. Expérimentons cette méthode sur *le Chevalier de Maison-Rouge*.

Voici d'abord l'homme du roman.

Il est de vieille noblesse, il a voué sa vie à la délivrance de Marie-Antoinette et il tente un effort désespéré pour l'arracher aux mains de ses bourreaux. Il est aidé dans sa tâche par un brave teinturier nommé Dixmer et par Mᵐᵉ Dixmer, une créature idéale, lionne par le courage, ange par l'abnégation. Il se cache chez eux sous un déguisement et ourdit dans l'ombre sa conspiration. Les conjurés ont besoin d'un complice qui touche de près au gouvernement et puisse leur ouvrir les portes de la prison. Le hasard leur vient en aide. Geneviève Dixmer, surprise la nuit par une patrouille, doit son salut à un ardent patriote, Maurice Lindey, qui devient éperdument amoureux d'elle. Maurice Lindey, qui a perdu la trace de Geneviève, la retrouve, s'introduit chez elle, devient l'ami de son mari et du mystérieux personnage qui est le chevalier de Maison-Rouge. Un soir la conversation tombe sur la reine captive :

— Comment supporte-t-elle sa détention? demande Dixmer.

— La pauvre femme! soupire Geneviève. Je voudrais bien la voir!...

— La voir! rien n'est plus facile, reprend Maurice, heureux d'exaucer un caprice de celle qu'il aime. Venez me joindre jeudi au Temple. J'y prends la garde pour vingt-quatre heures. Je vous placerai sur le passage de la prisonnière au moment de sa promenade.

Au jour dit, Maurice, ayant Geneviève à son bras, et suivi du chevalier, dont il continue à ignorer le nom, traverse Paris. En route, une bouquetière présente au couple une gerbe d'œillets que le jeune officier attache à la ceinture de sa compagne. On arrive au Temple. La « veuve Capet » descend au jardin et s'arrête étonnée devant la visiteuse, et jetant un regard sur les œillets, ne peut s'empêcher de murmurer : « Les belles fleurs! » Geneviève détache son bouquet et l'offre à la reine. Mais le

savetier Simon flaire quelque intrigue. Il s'empare
des fleurs et découvre un billet. Plus de doute. On
est en présence d'un complot d'évasion. Maurice,
Geneviève sont arrêtés et envoyés à la guillotine...
Le chevalier est parvenu à s'enfuir, mais il ne veut
pas survivre à sa souveraine, et il se poignarde au
pied de l'échafaud, à l'instant même où la tête de
Marie-Antoinette roule sous le couperet...

Tous ces caractères mis en scène par Dumas,
sont héroïques. Geneviève fait couler des larmes
d'attendrissement. Elle est partagée entre deux sentiments qui la déchirent : son amour pour Lindey
et la foi qu'elle a jurée à la cause royaliste. En ne
parlant pas, elle perd l'homme qu'elle adore. Et un
devoir sacré lui commande le silence. Maurice
Lindey est un délicieux jeune premier, brave, élégant, spirituel. Il n'est pas jusqu'à Dixmer qui ne
nous intéresse par sa jalousie rageuse et sournoise.
Enfin, Maison-Rouge incarne l'humeur chevaleresque
de la vieille France. C'est une âme admirable. Son
épique silhouette reste à jamais gravée dans l'imagination du lecteur...

Voici maintenant l'homme de l'histoire.

Il ne s'appelle pas Maison-Rouge; il n'est pas chevalier. Il est fils d'un paysan enrichi dans le commerce des grains et des eaux-de-vie. Il se nomme
Gousse, ou Gonsse, ou Gonzze. Il ajoute à ce nom
plébéien le nom de Rougeville, tiré d'une de ses
terres, et, dès ses premiers ans, il commence à intri-

guer, à ruser et à mentir. C'est le type de l'aventurier audacieux et vantard. M. Lenôtre a retrouvé aux archives des papiers signés de lui, lettres, fragments de mémoire, qui sont des monuments de jactance. Rougeville y raconte qu'il a rempli la charge de colonel de cavalerie, breveté de Sa Majesté. Or il ne fut point colonel, il n'eut aucun grade dans l'armée, il ne figure pas aux contrôles de la guerre. De même, il affirme qu'il appartint à Monsieur comme écuyer; et l'*Almanach royal* qui énumère tous les écuyers oublie de le citer sur la liste.

Rougeville fut donc un hâbleur, mais un hâbleur de génie. Sa vie, que M. G. Lenôtre a patiemment reconstruite, est un roman de cape et d'épée, autrement étrange et mouvementé que le récit de Dumas. Cet homme ressemble tout à la fois à Don Quichotte, à Gil Blas et à Rocambole. Dès que la Révolution éclate, il court à Paris et s'enrôle parmi les *chevaliers du poignard*, ardents royalistes, qui s'étaient imposé la tâche de défendre le roi et la reine contre les fureurs populacières. Alors naît dans sa cervelle l'idée d'un hardi coup de main. Il voudrait pénétrer au sein de l'Assemblée, poussant devant lui une brouette remplie de monnaie de cuivre, qu'il feindrait de déposer, au nom de ses compatriotes, sur l'« autel de la patrie ». Une bombe, chargée de poudre, et dissimulée dans le double fond de la brouette, aurait éclaté au bon moment et exterminé les jacobins. On dissuada Rougeville

de ce projet. Il dut y renoncer. Mais il eut soin de
le faire connaître aux Tuileries. Il comptait, en étalant ce grand zèle, se faufiler dans l'entourage immédiat du roi. Et, de fait, le roi, mortellement inquiet,
était disposé à accueillir tous les dévouements, de
quelque part qu'ils lui vinssent. Et je ne partage
pas ici la surprise de M. Lenôtre. Il s'étonne de
cette condescendance et de la facilité avec laquelle
Louis XVI acceptait le secours d'un cerveau brûlé.
Louis XVI n'avait plus le temps de choisir; et l'on
comprend qu'il se soit laissé gagner par l'assurance
de Rougeville, qui était, quand il voulait s'en donner
la peine, le plus séduisant des hommes. Toujours
est-il que le 20 juin 1792, quand le peuple envahit
les Tuileries, Rougeville se trouvait là, près de la
reine, la protégeant de son corps, et qu'il reçut, en
récompense, un très chaud remerciement.

Tout en luttant pour le trône, notre compagnon
menait à Paris une vie dissipée et quelque peu crapuleuse. Il avait rencontré, chez des amis, une certaine veuve Lacouture qu'il éblouit par l'étalage de
ses relations et de ses titres, et qui eut l'imprudence
de lui confier ses économies. Il emporta le magot,
abandonna la veuve sans ressources dans une
chambre d'hôtel garni, et s'en alla filer le parfait
amour avec une autre maîtresse. La veuve Lacouture
se fâcha, poursuivit son infidèle et découvrit qu'il
logeait au village de Vaugirard, chez une demoiselle
Sophie Dutilleul. Elle se présenta chez sa rivale

qui la mit à la porte non sans lui avoir donné un soufflet. Ivre de rage, elle résolut de se venger et dénonça les deux amants au Tribunal révolutionnaire. Sophie Dutilleul fut arrêtée, puis relâchée. Rougeville, enfermé aux Madelonnettes, obtint, au bout de huit jours, la remise de sa peine. Pourquoi ? Comment ? Grâce à quelles influences ? C'est une énigme que les historiens ne sont pas parvenus à déchiffrer. Od suppose que le directeur de la prison fut acheté à prix d'or par une richissime Anglaise qui travaillait à la délivrance de Marie-Antoinette et qui croyait avoir besoin de Rougeville. Et non seulement Rougeville sortit de prison, mais on lui délivra une carte de civisme qui le rendait inviolable. Il s'empressa de rejoindre Sophie Dutilleul dans la petite maison de Vaugirard.

J'arrive enfin à la fameuse aventure de l'*œillet* sur laquelle Alexandre Dumas a construit son drame. On va voir dans quelle mesure il a tenu compte de la vérité... La reine était alors à la Conciergerie, et non au Temple, comme l'a dit Dumas. Le temps pressait, le complot était mûr. Cinq ou six cents amis dévoués, exploitant le mécontentement général, devaient, à la faveur de l'émeute, s'emparer du poste de gendarmerie du Palais, enlever la prisonnière, la conduire à Livry, où une berline la recevrait et l'emmènerait en Allemagne. Avant toutes choses, il s'agissait de la prévenir et de lui faire passer de l'argent, beaucoup d'argent, pour

lui permettre de soudoyer ses gardes-chiourme...
C'est ici que Rougeville entre en scène. Il avait pour
voisin, à Vaugirard, un marchand de bois retiré, le
sieur Fontaine, qui se trouvait intimement lié avec
Michonis, citoyen administrateur des prisons, chargé
de surveiller la Conciergerie. Rougevillle, aidé par
Sophie Dutilleul, s'insinua peu à peu dans la confiance de Fontaine. Il l'invita à dîner, avec de jeunes
personnes de mœurs légères. Fontaine qui ne haïssait pas la gaudriole prit goût à ces réunions.
Bientôt le cercle s'élargit et, un beau soir, Rougeville se trouva assis à table à côté de Michonis.

Le citoyen administrateur des prisons parla de ses
fonctions avec son emphase ordinaire; il était beau parleur et se croyait de l'esprit. Il raconta, en homme excédé
de besogne, ses visites à la *femme Capet*. — Elle doit
être bien triste, dit quelqu'un. — Mais non, répondit
Michonis, elle est sans soucis; mais ses cheveux sont
devenus presque blancs.

La conversation continua de la sorte : « Que fait-elle ?
que dit-elle ? qu'espère-t-elle ? » Et Michonis, ravi de son
importance, se complaisait à donner des détails. Rougeville, tour à tour, frémissait de rage ou tremblait d'émotion, en écoutant ce récit. Il excitait l'autre à parler, cherchant à jouer l'indifférence :

— C'est égal, fit-il, comme répondant à ses propres
réflexions, vous avez de la chance, citoyen, et ce doit être
un bien curieux spectacle pour un philosophe tel que
vous de voir la ci-devant reine rabaissée à ce point.

— Si le cœur vous en dit, citoyen, c'est un plaisir que
je serais heureux de vous offrir.

— Dame ! c'est tentant ; mais je ne voudrais pas vous compromettre.

— Me compromettre ! Eh ! ne suis-je pas le maître ?... Vous n'avez qu'à dire un mot, et je vous emmène avec moi visiter la Conciergerie...

— Grand merci, citoyen, ce n'est pas de refus ; j'y songerai à l'occasion.

Quelques jours plus tard, au cours d'un nouveau souper, Rougeville ramena l'entretien sur le sujet qui lui tenait tant au cœur. Et Michonis, de plus en plus cordial et gonflé de vanité, fixa à Rougeville un rendez-vous. Vous concevez l'émotion du conspirateur quand il franchit le seuil du cachot, quand il aperçut l'auguste captive... Il eut mille peines à dissimuler son trouble :

Il ne l'avait pas vue depuis le 10 août. Elle était encore belle et presque jeune alors ; les hautes salles à plafonds dorés, les galeries de marbre et de glace, la foule des serviteurs fidèles, formaient alors un cadre à sa rayonnante majesté. Aujourd'hui quel contraste ! Une chambre basse, nue, sombre, sans meubles ; deux gendarmes jouant aux cartes, la femme Harel assise devant la fenêtre et cousant, tels étaient son palais et sa cour ; et *Elle*, vieillie, maigrie, les joues creusées par les larmes, vêtue d'une pauvre jupe rapiécée, les cheveux tout blancs, se tenait debout, fière et dédaigneuse, clignant ses yeux myopes pour voir ceux qui entraient. Elle distingua Michonis et resta impassible... Mais tout à coup elle tressaillit, une vive rougeur monta à son front, et c'est à peine si elle put retenir un cri d'étonnement... Elle avait reconnu Rougeville.

Celui-ci ne pouvait détacher ses regards de ce spectre défiguré : il se raidit pourtant, avança vers elle, et, profitant de ce que Michonis élevait la voix, donnant à la prisonnière des nouvelles de ses enfants, il montra d'un signe l'œillet qui ornait la boutonnière de son habit gris, détacha cette fleur et la jeta derrière le poêle. Tout cela fut fait en un instant, et si adroitement que ni Michonis, ni la femme de chambre, ni les gendarmes ne s'aperçurent de rien. Rougeville, redevenu complètement maître de lui, reprit son attitude indifférente, écouta d'un air distrait les questions que l'administrateur des prisons posait, pour la forme, à la femme Harel, et, lorsqu'il vit que la visite était terminée, craignant que la reine n'eût pas compris ses gestes, il se pencha vers elle, lui dit quelques mots à voix basse, salua rapidement et se disposait à sortir quand la reine, prenant la parole : « Faut-il donc vous dire un éternel adieu ? » interrogea-t-elle comme s'adressant au municipal. Rougeville fit, de la porte, signe qu'il reviendrait; mais Michonis prit pour un compliment à son adresse la demande de la prisonnière et affirma qu'il était disposé à lui rendre visite chaque fois que cela lui ferait plaisir. On se sépara : tout le monde avait bien joué son rôle, et Rougeville maintenant ne doutait plus du succès [1].

L'entreprise, si bien conçue, menée avec tant d'audace, échoua par l'imprudence de la reine. Son interrogatoire, celui de ses geôliers ne nous laissent aucun doute. Ayant ramassé la fleur et lu le billet de Rougeville, qui lui annonçait pour le vendredi suivant une nouvelle visite, elle essaya d'attendrir

[1]. Ces extraits sont empruntés à l'intéressant ouvrage de M. J. Lenôtre, *le Chevalier de Maison-Rouge*.

son gardien Gilbert et lui conta toute l'aventure, s'en remettant à sa loyauté et lui promettant une grosse récompense. Gilbert était un bon gendarme, qui ne connaissait que sa consigne et qui avait une peur horrible de se compromettre. Il s'empressa de prévenir le concierge du Palais, qui prévint le greffier, qui prévint le Comité central... L'affaire était éventée... Michonis et Fontaine payèrent de leur tête leur légèreté, et Rougeville, toujours insaisissable, gagna la Belgique, après s'être caché, durant un mois, au fond des carrières de Montmartre... Mais à la veille de quitter Paris, il fit imprimer, au nez de la police, un pamphlet intitulé : *Le crime des Parisiens envers leur reine par l'auteur des œillets présentés à la reine dans sa prison.* Sans doute, Rougeville tirait vanité de ses exploits; il aimait à s'en parer aux yeux des foules. Avouez pourtant que cette forfanterie trahit un rare courage. On ne joue pas plus cavalièrement avec l'échafaud.

A partir de ce moment, l'existence de Rougeville est un tissu d'extravagances et d'expédients... J'en abrège le récit... Il arrive à Bruxelles, y trouve les émigrés qui, au lieu de l'accueillir à bras ouverts, comme il avait le droit d'y compter, le traitent d'imposteur et le jettent en prison. Il s'en tire à l'aide d'une fausse lettre de Cobourg, qu'il fabrique de toutes pièces, y compris la signature. Dégoûté des pays étrangers, il revient en France, et rencontre au jardin des Tuileries Guffroy, le rédacteur du *Rougyff*, dont il est le créancier. Guffroy s'empresse de le dénoncer, pensant ainsi éteindre sa dette. Et voilà notre homme remis au cachot pour de longs mois. Il n'y demeure pas inactif, il y écrit ses mémoires, des brochures, des vers et même une tragédie. Il est enfin délivré et peut regagner, en 1797, son village natal et son beau château de Saint-Laurent. Mais ne croyez pas qu'il y goûte un repos si laborieusement acquis. Il se remet de plus belle à conspirer. Il conspire contre le Directoire, contre le premier consul, contre l'empereur. Il est chassé de ses terres par un jugement et exilé dans une ville lointaine. Il rentre clandestinement à Paris et s'y marie. Il échappe encore aux griffes des argousins et bombarde de placets le ministre qui lui refuse sa grâce. Et dans tous ces voyages volontaires ou forcés, il est suivi à la piste par la veuve Lacouture qui ne lui a pas pardonné ses vieilles traîtrises, ni le détournement de sa dot, et qui ne renonce point à se venger. Le 10 mars 1814, Rougeville, convaincu d'entretenir des relations avec l'armée russe, est arrêté, condamné, passé par les armes. Et pour marcher à la mort, il chausse des bottes hongroises à glands d'or, il endosse une casaque jaune, à laquelle il épingle la croix de Saint-Louis, et il tombe bravement, un genou en terre et découvrant sa poitrine...

A coup sûr, Rougeville n'a qu'une ressemblance approximative avec Maison-Rouge. C'est que la vie est autrement complexe que le roman. Dumas, dont je ne veux pas rabaisser la merveilleuse faculté d'invention, a groupé dans un cadre pittoresque, les éléments d'une action poignante. Il a arrangé toutes choses en vue de l'effet et pour le plus grand plaisir du public. Ayant à peindre un épisode révolutionnaire, il avait besoin d'oppositions nettes et violentes, afin d'aviver l'émotion et de rendre plus saisissantes les scènes représentées. Qu'a-t-il fait? Il a partagé ses personnages en deux groupes. D'une part, les victimes : la reine et ses défenseurs, tous sympathiques et délicieux ; d'autre part, les bourreaux, les sans-culottes, les monstres à face humaine. Et il a atteint son but. Les deux groupes se font valoir par le contraste...

Supposez qu'au lieu de créer des héros imaginaires, habilement travestis, il s'en fût tenu aux indications de l'histoire; qu'au lieu de nous montrer, dans le chevalier de Maison-Rouge, un paladin des temps héroïques, il nous l'eût présenté tel qu'il fut réellement, c'est-à-dire un aventurier plein de cœur et d'audace, mais sans mœurs et sans probité. — Qu'au lieu de retracer les chastes amours de Geneviève et du suave Maurice Lindey, il eût conté l'aventure de Sophie Dutilleul (qui n'était qu'une courtisane) avec cet enflé de Michonis. Pensez-vous que l'ouvrage eût obtenu le même succès, et fait couler tant de larmes? Le public aime à être dupé ; il ne s'accommode de la vérité que s'il la trouve agréable... Et tel était l'art suprême d'Alexandre Dumas. Il donnait au lecteur l'illusion de l'histoire, il le trompait en ayant l'air de l'instruire. Il altérait les caractères, selon les exigences du récit ; — mais si grande était sa force de persuasion qu'il imposait au public ses conceptions personnelles. Je sais dans le peuple et même dans la bourgeoisie d'honnêtes gens qui ne voient la cour de Charles IX qu'à travers *la Reine Margot* et celle de Louis XIV qu'à travers *le Vicomte de Bragelonne*. Et quant au Chevalier de Maison-Rouge, les érudits pourront accumuler les volumes d'érudition pour reconstituer sa physionomie réelle, elle demeurera ce que le bon Dumas a voulu qu'elle soit aux yeux de la postérité la plus reculée.

Ajoutons, pour être juste, que l'auteur des *Trois Mousquetaires* était un voyant, et qu'une sorte d'instinct (ce fut un des prestiges de son génie) le guidait en ces reconstitutions. Ses romans les plus fantaisistes sont pleins de coins exacts, miraculeusement restaurés et la couleur en est presque toujours juste. Ainsi, pour revenir à *Maison-Rouge*, Dumas y a jeté quelques scènes où passe réellement le frisson de la Terreur... Cela donne la sensation de l'émeute. On y est plongé, on y sent grouiller la populace ; on y respire l'odeur du vin bleu...

Il n'en est pas moins curieux d'opposer au héros légendaire du roman le vrai Chevalier de Maison-Rouge, cet homme extraordinaire, qui dépensa des trésors d'intelligence pour mourir fusillé à la fleur de l'âge, et qui fût devenu peut-être un grand général ou un grand ambassadeur, si Napoléon eût daigné se servir de ses talents.

M. LÉON DE TINSEAU

La critique littéraire ne s'occupe guère que des écrivains illustres. Il est, au-dessous d'eux, des talents d'ordre moyen, mais très estimables, très honorables, et qu'il peut être intéressant de faire connaître. Ainsi M. Léon de Tinseau. Il n'occupe point le premier rang. Mais il jouit d'une réelle notoriété, et ses œuvres aimables, élégantes et faciles, sont devenues populaires.

Sa fortune fut rapide. Il embrassa sur le tard la carrière littéraire, et il avait près de quarante ans quand parut son premier livre. Jusque-là, il avait mené la vie d'homme du monde, d'homme de cercle et de fonctionnaire (ayant été gratifié d'une sous-préfecture par le gouvernement du Seize-Mai). Il faut croire que sa vocation le poussait vers d'autres voies, et que ce sous-préfet, comme celui d'Alphonse Daudet, aimait mieux réciter des vers qu'improviser des harangues. Toujours est-il qu'il abandonna la politique ou que la politique l'abandonna. Au bout de quelques mois, il jetait aux orties son habit galonné et son épée à verrouil et se mettait à composer des romans et des nouvelles.

Ce fut un court récit qui mit son nom en lumière : *l'Attelage de la Marquise*. L'idée en était ingénieuse et gracieuse, la forme agréable. Le succès fut immédiat. Le public a parfois de ces caprices et s'amuse à porter aux nues un littérateur, la veille encore inconnu. Rappelez-vous la vogue du *Secret de Madeleine* et celle plus récente et non moins soudaine de *la Neuvaine de Colette*. Dès le lendemain vous ne rencontriez dans le monde que belles dames qui vous entretenaient de *la Neuvaine de Colette*. Avez-vous lu *la Neuvaine*? De qui est *la Neuvaine*? Charmante, adorable, exquise cette *Neuvaine*!... *L'Attelage de la Marquise* excita moins de curiosité, car l'auteur ne s'entourait pas de mystère, mais alluma presque autant de sympathies. Pendant quinze jours, *l'Attelage* eut l'honneur d'attendrir les jolies Parisiennes; et M. de Tinseau respira l'ineffable encens de la célébrité naissante.

Ces rapides triomphes sont très dangereux. Ou bien celui qui en est l'objet n'est pas de force à soutenir sa réputation, et le lecteur se détourne, furieux de voir ses espérances déçues; ou bien l'écrivain, dont l'aube a été saluée d'applaudissements flatteurs, est de complexion robuste, et alors, cédant aux sollicitations qui le pressent, au désir de gagner beaucoup d'argent, il produit, il produit sans relâche, il entasse les manuscrits, il sème sa prose un peu partout; il déserte l'art sincère et glisse rapidement vers la fabrication industrielle. Il travaille trop vite, il ne prend plus la peine de mûrir ses sujets, d'étudier ses caractères, de veiller à la bonne tenue et à la pureté de son style. Le romancier se transforme en feuilletoniste... M. de Tinseau n'encourt pas absolument ce reproche... Et cependant!... Lorsqu'il fait à part lui son examen de conscience, dans la solitude du cabinet du travail, ou le soir en s'endormant après une journée laborieuse, ne ressent-il pas quelque inquiétude, j'allais dire quelque remords? N'a-t-il pas quelque doute sur la valeur de ce qu'il a fait et de ce qu'il aurait pu faire? Ne se reproche-t-il pas d'avoir mis en circulation des œuvres hâtives, mal pondérées, insuffisantes et incomplètes, et d'avoir livré au journal ou à l'éditeur impatient, des manuscrits qui auraient eu besoin d'une revision sévère? M. de Tinseau, en douze ans, a mis au monde vingt volumes. C'est une belle fécondité. Par malheur, les derniers volumes qu'il a publiés ne sont pas les meilleurs qu'il ait écrits. *Sur le seuil* ne vaut pas *la Meilleure part*; *Robert d'Epirieu* est inférieur à *Charme rompu*; et M. de Tinseau n'a retrouvé dans aucun ouvrage la verve, la légèreté, l'entrain qui brillent dans *Montescourt*. Il y a bien *Strass et diamants* dont le début est plein de grâce, mais dont la fin n'est pas digne du début!... En somme, quand on parcourt, par ordre de date, la série de ces romans, on n'y découvre point la marche ascendante d'un talent sûr de lui-même, qui progresse et se développe harmonieusement — tout au contraire... Et je le regrette. Car M. de Tinseau, s'il avait voulu se contenir, se modérer, réprimer l'intempérance excessive de sa plume, aurait pu se faire une légitime réputation, — le Ciel ayant daigné lui départir quelques rares qualités : la clarté, l'aisance, et un certain genre d'humour dont la saveur est piquante...

Il nous reste à montrer, par l'analyse précise d'un de ses romans, quelques-uns des défauts de M. Léon de Tinseau ou plutôt les points faibles et les négligences de son talent. Prenons *Maître Gratien*, un de ceux parmi ses ouvrages qui ont eu le plus de succès. L'action de *Maître Gratien* se déroule au siècle dernier et met en scène, naturellement, tout un monde de marquis, de princes, pivotant sur leurs talons rouges, de filles d'opéra et de duchesses poudrées à la maréchale. Si l'on ouvre le volume au hasard, si on le parcourt du coin de l'œil, on croit nager en effet en plein « dix-huitième ». Il n'est question là dedans que de seigneurs libertins, de fins soupers, de vide-bouteilles, et de petites maisons situées dans les ruelles du hameau d'Auteuil. Mais si on lit l'ouvrage avec attention, et pour peu que l'on réfléchisse après l'avoir lu, l'illusion se dissipe. Et l'on s'aperçoit que ce récit, en dépit des déguisements dont l'auteur l'a affublé, date en réalité de 1893, et que les personnages qui s'y agitent sont ceux que nous coudoyons à l'heure présente, ou, pour mieux dire, ressemblent à ceux que nous voyons dans les livres de Georges Ohnet, Delpit, Hector Malot et autres faiseurs de romans idéalistes...

Je vais tâcher de préciser ma pensée. Le héros de M. de Tinseau est un Don Juan de la pire espèce, qui n'est pas habitué à rencontrer de cruelles. Il jette son dévolu sur la petite Gillette, sœur de l'illustre cantatrice Rosalinde. Cette Rosalinde a été séduite par un châtelain libidineux, elle est venue cacher sa honte à Paris; elle y a conquis la richesse et la gloire. Ses nombreux protecteurs lui ont meublé un hôtel somptueux rue Chantereine, et sa voix fait les délices de l'Académie royale de musique. Rosalinde devrait être ravie de son sort; elle s'estime la plus malheureuse des femmes; elle méprise et déteste les hommes, elle n'en aimait qu'un, le chevalier de Kuerguelen, mais elle ne se croit plus digne de lui appartenir depuis qu'elle a été violentée. Ces sentiments honorent Rosalinde. Mais sont-ils d'une comédienne du temps de Louis XV? Comment l'âme de Rosalinde n'a-t-elle pas subi l'influence de ce milieu dépravé, comment ne s'est-elle pas amollie au contact de ses désordres et de ses vices?... C'est ce que l'auteur n'explique pas suffisamment.

Attendez !... Rosalinde nous réserve encore d'autres surprises. Elle recueille chez elle sa sœur

Gillette, dont la pureté est immaculée; et désirant protéger cet ange de candeur, elle ferme sa porte à tous ses amis, renonce au monde, vit en recluse, ne sort que pour se rendre au théâtre, et confie sa sœur à la garde d'une duègne qu'elle croit incorruptible... Alors Don Juan se présente. Ce roué qui se nomme le comte de Premery pénètre auprès de Gillette sous les habits d'un homme de loi. Il fait semblant de saisir le mobilier de la cantatrice, et abusant de l'émotion de la petite, il l'attire dans sa perfide maison d'Auteuil. Je n'ai pas besoin de conter ce qui s'y passe. Cela se devine. La pauvre Gillette laisse entre les mains de Premery (qu'elle prend toujours pour l'huissier « Maître Gratien ») sa fraîche couronne. Mais celui-ci se prend à son propre piège. Il pensait abandonner la fillette après s'être amusé d'elle. Et voici qu'il se met à l'aimer éperdument. Il attrape dans un duel un bon coup d'épée; elle le soigne avec dévouement. Et le grand seigneur s'épanouit, et il éprouve de divines émotions. Gillette, au contraire, est désespérée. Elle a surpris le subterfuge de son amant. Au lieu de l'humble huissier qui pouvait lui donner son nom, elle n'a devant elle qu'un noble sire qui l'a séduite... Blessée dans sa plus intime délicatesse, et quoique aimant éperdument son vil suborneur (comment peut-elle adorer cet homme brutal? M. de Tinseau prétend que ce sont là les mystères du cœur féminin...), elle s'enfuit. Prémery court après elle. Il galope sur ses traces en chaise de poste ; il va de Paris à Nantes, de Nantes à Rochefort, de Rochefort à Quimper. Et enfin, après mille recherches, mille angoisses que j'abrège, il aperçoit, ô délices ! la robe noire, la blanche cornette de sa bien-aimée. Tomber à deux genoux, solliciter son pardon, et passer au doigt de Gillette l'anneau des fiançailles : tout cela est pour le comte l'affaire d'une minute... Premery et Gillette, Gillette et Premery marcheront à l'autel la main dans la main. Ils seront heureux ; ils auront beaucoup d'enfants... Et même (l'auteur l'affirme, mais j'ai peine à le croire), ce mauvais sujet de Premery se corrigera et ne trompera jamais sa femme.

J'ai seulement esquissé la physionomie des principaux personnages. J'ai passé sous silence la marquise de Carnoët, vertueuse dame, qui dépérit dans son manoir, à côté d'un époux odieux qu'elle abhorre, mais à qui elle reste obstinément fidèle. Et le chevalier de Kerguelen, le capitaine de frégate qui vagabonde sur les mers, rongé par une passion fatale. Cette figure, plus que toute autre, porte l'empreinte de notre temps. Le marin rigide et sentimental est essentiellement moderne. On le trouve chez Octave Feuillet, chez Georges Ohnet, chez Jules Verne, même dans certaines pièces d'Alexandre Dumas fils. Pour le fond du livre, un rapprochement s'impose. Le sujet de *Maître Gratien* est à peu près celui du *Marquis de Villemer*. Dans les deux œuvres, il s'agit d'un grand seigneur qui s'éprend d'une fille de condition ou de fortune inférieure et qui l'épouse malgré les préjugés de sa caste et l'opposition de sa famille... Comme Gillette, Mlle de Saint-Geneix s'exile, poussée par un raffinement de scrupule. Comme le marquis de Villemer, le comte de Premery vole après la fugitive et répare les dommages qu'il a causés.

L'auteur de *Maître Gratien* a-t-il au moins rajeuni ce thème ; s'est-il efforcé de peindre, à travers les péripéties de son drame, le milieu où il s'agite ; a-t-il tracé un tableau brillant et pittoresque de la vie galante d'autrefois? Oui, sans doute!... Dans une certaine mesure!... Mais, ici encore, j'eusse voulu plus de précision, des renseignements plus sûrs! j'eusse voulu sentir un *humus* d'études et de lectures, qui m'inspirât le respect en me donnant la sécurité. Eh bien! non! cette sensation que je cherche, je ne l'ai pas. Je me trouve en face d'une besogne adroite, par endroits brillante, mais improvisée, *faite de chic*, comme disent les peintres en leur argot... Un exemple entre mille... M. de Tinseau raconte (p. 47) que son héroïne prend à Quimperlé la *diligence* de Rennes... Or la scène se passe en 1774 et le mot *diligence* ne fut affecté que vingt ans plus tard aux voitures publiques. Elles s'appelaient alors des *turgotines*... Ce détail n'a, par lui-même, aucune importance ; il trahit, du moins, la légèreté, en tout cas la rapidité avec laquelle M. de Tinseau a cru devoir prendre ses informations.

En insistant à ce point sur les défauts de *Maître Gratien*, je n'obéis pas au plaisir facile de taquiner un écrivain, dont je goûte le talent, et dont j'estime infiniment le caractère. Je voudrais le mettre en garde contre les périls d'une production surabondante, et d'une déplorable facilité... Aujourd'hui, M. de Tinseau est connu, apprécié, presque célèbre. Qu'il ralentisse son allure, qu'il travaille pour lui-même et qu'il se hausse enfin, par un effort vigoureux, jusqu'à cette phalange des maîtres, où il ne tient qu'à lui de marquer sa place...

LE FAUX SCEPTICISME DE MÉRIMÉE

Mérimée subit dès sa jeunesse certaines influences qui imprimèrent un pli décisif à son caractère. La plus profonde fut celle de Stendhal. Il n'avait pas vingt ans quand il fit sa connaissance. Il le rencontra chez un de ses condisciples, Albert Stapfer, où se réunissait, chaque semaine, un groupe d'artistes et de savants : Viollet-le-Duc, Saint-Marc-Girardin, Sainte-Beuve, Victor Cousin. On était alors en plein romantisme, et des discussions fiévreuses s'engageaient de toutes parts sur la question à l'ordre du jour. Victor Cousin, déjà éloquent et renommé, se lançait dans de généreuses dissertations. Stendhal ripostait par des mots insolents et dédaigneux. Mérimée se sentait attiré davantage par l'ironie de Stendhal que par la belle rhétorique de Victor Cousin. Il modela son attitude sur celle du maître qu'il s'était choisi. Il affecta, en toutes choses, un élégant scepticisme. Et suivant les judicieux conseils de Stendhal, il se tint également éloigné des platitudes classiques et des boursouflures romantiques. Il chercha sa voie dans le réalisme, c'est-à-dire dans l'étude minutieuse des faits, directement observés et placés en leur vrai cadre.

Au fond, Stendhal le dominait beaucoup moins par ses ouvrages que par son esprit. Cet homme lui en imposait. Il y avait un soupçon de badauderie, nous dirions aujourd'hui de « snobisme », dans l'admiration que l'écolier lui avait vouée... Mérimée suivait Stendhal, comme les jeunes gens suivent présentement Ibsen ou Maurice Mœterlinck, un peu par sincérité et un peu par pose, pour ne pas ressembler à tout le monde et pour avoir l'air d'être « dans le train ». Ajoutons que Mérimée avait adopté d'instinct la méthode qui convenait le mieux à son tempérament littéraire. Il se mit au travail, et brocha une longue étude dialoguée sur l'histoire de Cromwell. Il la lut à ses amis, d'ailleurs sans succès. Il lut mal, d'une voix hésitante et monotone. Il prit sa revanche en composant *les Espagnols en Danemark* et *le Ciel et l'Enfer*. On l'engagea vivement à publier ces deux opuscules ; il les fit paraître sous le patronage de Clara Gazul, comédienne espagnole, dont le portrait ornait la première page de la brochure. Ce portrait était le portrait de Mérimée, déguisé en femme et coiffé d'une mantille. Le théâtre de Clara Gazul excita une grande curiosité. Quelques-uns y furent pris et n'éventèrent pas la supercherie. On cita le mot d'un critique qui, désirant affirmer sa compétence, avait écrit : *la traduction n'est pas mal, mais qu'est-ce que vous diriez si vous connaissiez l'original!...*

Mérimée était désormais lancé. Il ajouta quelques pièces au répertoire de Clara Gazul. Il se lia avec Thiers, Ampère et Duvergier de Hauranne, il fréquenta chez Mme Aubernon, chez Mme Récamier. Alors commença la série de ses voyages. Tour à tour il parcourut l'Angleterre, l'Allemagne, l'Espagne où il fut présenté à la comtesse de Montijo qui jusqu'à sa mort lui voua une fidèle affection, et tour à tour il produisit la *Guzla*, pastiche exotique et illyrien, *la Jacquerie* et la *Chronique de Charles IX* qui obtint une vogue supérieure à son mérite. Mérimée n'aimait pas ce roman. Il lui rendait pleinement justice. C'est, en réalité, un de ses plus faibles ouvrages, une pauvre imitation de Walter Scott... Puis vint *le Carrosse du Saint-Sacrement*, puis *Carmen*, *Colomba*, la *Vénus d'Ille*. Les femmes raffolèrent de ces nouvelles peut-être parce qu'elles y étaient maltraitées... Remarquez en effet que Mérimée peint la femme sous un jour assez désavantageux. Il n'a pas l'air de croire à sa vertu. Il ne lui cache pas son mépris. Ses héroïnes sont, pour la plupart, de franches coquines, en qui le vice se pare de piquantes séductions. Les livres de Mérimée furent lus avec passion. Le public frivole y puisait un arrière-goût de libertinage qui l'émoustillait. Les connaisseurs y admiraient la sobriété d'un talent sûr de lui-même, la netteté d'un style nerveux, simple et coloré, l'art de conter et de peindre, une réunion de qualités qui étaient celles d'un grand écrivain.

L'homme ne fut pas moins recherché et moins fêté que l'auteur. Il apportait dans le monde une parfaite tenue, une désinvolture un peu hautaine. Il glaçait par l'extrême réserve de son accueil ceux qui l'abordaient pour la première fois. M. Édouard Grenier a tracé de Mérimée, envisagé comme homme du monde, une silhouette ressemblante.

Mérimée était grand, maigre et svelte; sa figure, toujours soigneusement rasée, n'avait rien de remarquable, si ce n'est un vaste front et des yeux gris, enfoncés sous l'arcade sourcilière, qui était surmontée de sourcils épais et déjà grisonnants. Cette tête osseuse, aux pommettes saillantes, au nez un peu gros du bout, n'était rien moins qu'aristocratique; mais une tenue toujours très soignée lui donnait, malgré tout, un air de distinction mondaine. Son accueil était d'une courtoisie parfaite, quoiqu'un peu froide : on se trouvait devant un gentleman accompli. Il avait en effet dans son abord quelque chose de légèrement anglais; sa parole était lente, le ton égal, le débit presque hésitant; rien de vif, d'accentué; il riait à peine, même quand il contait les histoires les plus drolatiques ou les plus croustilleuses. Un vernis de réserve et de froide distinction ne le quittait jamais, même entre hommes et avec des intimes. Le contraste de sa tenue avec sa parole, surtout quand il abordait les sujets les plus scabreux, donnait un piquant singulier à ce qu'il racontait. On a dit qu'il affectait d'être cynique; non, il n'affectait rien : il avait trop de goût pour cela. Seulement, il ne reculait pas devant le mot propre, — ou malpropre, comme on voudra. Il pensait sans doute là-dessus comme Montaigne, qui, au moment de lâcher quelque crudité, dit simplement : « Il faut laisser aux femmes cette vaine superstition de paroles. »

En vieillissant, ces allures ne se modifièrent point, au contraire. Mérimée, grâce à ses innombrables relations et à l'amitié de l'impératrice, devint un gros personnage de l'État. Académicien, sénateur, inspecteur des monuments historiques, et demi-ambassadeur, diplomate *in partibus*. Il n'écrivit plus que des choses graves, sauf deux ou trois petits romans. Il fut plus que jamais correct, méprisant, sec, cassant; et plus que jamais il justifia l'opinion qu'on avait de lui. On le prenait pour le plus sceptique, le plus égoïste, le plus cynique des hommes.

Tel était l'aspect extérieur du personnage... Et voici ce que déguisait cette enveloppe.

Mérimée ne voulut jamais se marier. Quand on l'en pressait, il invoquait son goût pour l'indépendance, la crainte de changer ses habitudes. En réalité, la première partie de sa vie fut dévorée par deux ou trois passions qui ne lui permettaient pas de disposer de sa personne. Ce fut d'abord une femme du monde qui l'abandonna, après quinze ans de bonheur. Et cette rupture lui brisa le cœur, et sa santé en fut ébranlée... Un peu avant ce dénouement, Mérimée était entré en correspondance avec l'*Inconnue*. M. Augustin Filon a donné de curieux détails sur cet épisode, demeuré si longtemps mystérieux.

L'auteur de *Colomba* était dans toute sa gloire de jeune écrivain, lorsqu'il reçut en 1831 une lettre très spirituelle et très parfumée, signée d'un nom aristocratique, lady A. Seymour, et contenant de piquantes réflexions sur la *Chronique de Charles IX*. Mérimée répondit. Une nouvelle épître lui arriva, qui le charma par sa grâce. Il demanda une entrevue. On la lui refusa. Il insista... On daigna enfin se rendre à ses supplications. Mérimée partit tout enflammé et se trouva en présence, non pas d'une grande dame de la gentry britannique, mais d'une petite provinciale, Mlle Jenny Dacquin, la fille d'un notaire de Boulogne-sur-Mer. Il fallait que Mlle Jenny Dacquin fût bien séduisante, puisque son ascendant résista à cette énorme déception. Le flirt épistolaire se poursuivit. Et au cours de ses voyages, Mérimée n'oubliait pas d'écrire à la fille du notaire... Quand il revint de Grèce, il trouva Mlle Jenny Dacquin installée à Paris. Alors commença la troisième phase de cette intrigue romanesque. Avec un machiavélisme auquel eût applaudi son maître Stendhal, Mérimée inventa une série de rendez-vous gradués. D'abord dans une maison tierce, puis dans une loge d'Opéra, puis au musée du Louvre, sous l'œil des gardiens et des dieux de marbre, dans la galerie des antiques; l'endroit du monde le plus propre à rassurer la pudeur. De là, ils passèrent au

Jardin des Plantes où ils jetaient des pains de seigle aux animaux :

Un grand pas fut franchi lorsqu'elle consentit à se promener avec lui à travers ces étranges paysages des banlieues parisiennes, si ingrats, si vulgaires et si pauvres, et qui exercent pourtant un charme si indéfinissable. Chaque jour, le lieu choisi était plus désert, plus lointain. Ils en vinrent à se perdre dans ces mille routes vertes qui s'enchevêtrent sans fin sur les grands plateaux entre Meudon et Vélisy, où même aujourd'ui on peut marcher une heure sans croiser un être humain. Ils avaient conscience d'être chez eux. « Nos bois », disaient-ils en parlant de ces bois tant aimés et tant de fois parcourus. Ces routes silencieuses, tapissées d'une fine mousse où l'on ne s'entend point marcher et au-dessus desquelles le vent balance les feuillages percés de soleil, où les conduisaient-elles? Au bonheur, espérait l'élève de Stendhal; au mariage, croyait la jeune fille qui avait appris des Anglaises le secret des audaces virginales. Pourtant il trouvait que la statue ne s'échauffait pas. De son côté elle avait des doutes et, probablement, de grandes tristesses, car elle l'aimait, et il l'aimait aussi.

Et leur vie continuait à dériver, comme sur ces nappes d'eau lisses et perfides qui précèdent les cataractes. Quand elle arrivait au rendez-vous, il la retrouvait refroidie par ses réflexions solitaires. Il fallait un grand quart d'heure pour rompre la glace. Peu à peu ils se mettaient à l'unisson. Une bonne causerie naissait, ensuite venaient de longs silences. « Laissez mon bras où il est, mettez votre tête là, et je serai sage. » On obtient ce qu'on a demandé et on n'est pas plus sage. Alors c'étaient des querelles, une sorte de violence, car ils étaient irrités l'un contre l'autre; ils se sentaient trompés tous les deux. Une averse survenait : ils marchaient blottis, serrés l'un près de l'autre sous le même parapluie, riant de l'aventure comme des enfants et déjà réconciliés [1].

Pendant plusieurs années ce commerce dura... entrecoupé de querelles et de réconciliations. Mlle Dacquin dut se défendre, jusqu'à la fin, contre les entreprises de son amoureux. Et Mérimée, cet homme qu'on disait si positif, continua, sans se décourager, de lui envoyer de tendres missives.

Avait-il, en les écrivant, le pressentiment qu'elles seraient un jour publiées? Qui peut sonder les secrets replis d'une âme d'homme de lettres? En tout cas, il attendit sans se lasser; — et cette longue patience ne s'accorde guère avec l'indifférence d'un caractère égoïste. On ajoute à l'histoire un trait charmant. On prétend que lorsque Mérimée, revêtu de l'habit vert, se leva sous la coupole pour prononcer son discours de réception, il aperçut, assise contre un des piliers de la salle, la pauvre Jenny Dacquin toute pâle d'émotion; et qu'avant de commencer sa lecture, il approcha de ses lèvres le bout de ses doigts gantés et lui envoya un baiser discret qui ne fut saisi que d'elle seule. Jenny Dacquin vieillit avec ce cher souvenir. Elle eût pu se marier, épouser un brave clerc de notaire. Elle eut la probité de rester fille et de ne donner à personne un cœur qu'elle ne possédait plus...

1. *Mérimée*, par Aug. Filon.

Mérimée était, en somme, un sentimental, mais un sentimental honteux de lui-même et qui s'appliquait à donner le change, comme ces philanthropes qui n'avouent pas leurs aumônes. Il avait, dans les moelles, cette étrange coquetterie qui le portait à dissimuler ses vrais sentiments. Ce besoin maladif éclatait en toutes choses. Il adorait les voyages. Or, dans ses lettres, ce ne sont que lamentations sur l'ennui de s'absenter de Paris. « On ne s'amuse qu'à Paris, ne me parlez pas des pays barbares. » Et il se plaisait à tel point en ces pays barbares qu'il ne se décidait pas à les quitter. Ce faux sceptique était un faux ambitieux et un faux courtisan. Il menait une existence modeste et habitait un appartement qui n'avait rien d'un palais. Jamais il ne sollicita une place; et il osa, à plusieurs reprises, tenir tête à l'Empereur. Enfin, il demeura obstinément fidèle aux affections qui avaient empli sa vie et ne trahit en aucun cas un ami, ni une amie. Il valait beaucoup mieux que sa réputation. Ce qui ressort le plus nettement de son caractère, c'est, en premier lieu, une vive prédilection pour les femmes... Entendons-nous.... Ce qu'il aimait par-dessus tout en elles, c'était leur voisinage, leur frôlement, leur grâce; il était *féministe*, il s'intéressait à tout ce qui touche aux femmes, à leur babil comme à leur toilette, comme à la forme de leurs robes, comme à la couleur de leurs rubans, se contentant de faveurs très platoniques, heureux de vivre en leur atmosphère, de se frotter à leurs jupes... Et, en second lieu, une insouciance qui rappelait celle des gentilshommes du siècle dernier. Comme eux, il se laissait gouverner par ses caprices, n'hésitant pas entre son intérêt et son plaisir, n'humiliant sa fierté devant personne, fût-ce devant le Roi ou l'Empereur.

Et justement cette insouciance nous explique pourquoi il fut durement jugé. Il avait un tel dédain pour l'opinion qu'il ne prit jamais la peine de la conquérir et de l'éclairer. Il se moquait d'elle... Elle s'est vengée... Par bonheur, ses lettres intimes ont réhabilité sa mémoire. Et ce sont les femmes, les chères femmes qu'il a adorées, qui, après sa mort, plaident pour lui... Elles nous prouvent, par d'unanimes témoignages, que ce libertin fut un tendre, cet égoïste un ami dévoué et ce sceptique un rêveur...

DEUX CONTEURS : MM. MASSON-FORESTIER ET GEORGES D'ESPARBÈS

Guy de Maupassant n'est plus. Alphonse Daudet a clos pour jamais ses contes du lundi et je ne suppose pas qu'il rentre dans son moulin pour y griffonner une autre série de lettres. Quels sont, parmi les nouveaux venus, ceux qui semblent appelés à recueillir ce double héritage? Cette forme de littérature est très plaisante, très française, et j'estime, avec Despréaux, qu'un conte sans défaut vaut mieux qu'un long roman. Or, on en produit beaucoup. Les journaux parisiens en publient chaque mois des centaines. Mais en ce monceau de pages improvisées, que d'inutilités, que de fatras, que de réminiscences ou d'imitations!

M. Masson-Forestier a passé la quarantaine. C'est un honorable officier ministériel qui exerce quelque part, dans une ville de l'Ouest, et qui s'est avisé sur le tard d'écrire des œuvres d'imagination. Il n'a pas tout à fait lâché la procédure; il la considère comme un champ d'expérience, il y recueille des notes et des documents humains. Et, dès son premier livre, M. Masson-Forestier s'est imposé à l'attention publique par ses qualités personnelles. Il s'est faufilé dans de grandes revues, chez des éditeurs célèbres; une propagande active a répandu en tous lieux sa naissante renommée. Aujourd'hui, il est classé...

Quelques amis trop zélés le présentent déjà comme le successeur de Maupassant... Je n'irai pas si loin et cependant. je reconnais qu'il existe entre eux quelques liens de parenté. Le style de M. Masson-Forestier est sain, robuste, son récit rapide, l'exposition de ses petits drames toujours très claire; enfin, comme Maupassant, il emprunte à la vie le sujet de ses nouvelles. Et décrivant tous deux la même province (les environs de Rouen), ils en arrivent à se rencontrer, ils mettent en scène les mêmes types, ils leur prêtent le même langage et la même âme. Seulement, les dons du grand écrivain en passant sous la plume de son successeur se sont affaiblis. M. Masson est gai quelquefois, mais sa gaieté n'éclate pas en grasses fanfares, ainsi que dans certaines farces normandes de Maupassant; et quand il est triste, sa tristesse demeure convenable et modérée, elle ne va jamais jusqu'à laissser au lecteur une impression poignante de pitié ou de détresse. Ce qui leur est commun c'est le vif sentiment des injustices humaines; ils se plaisent à montrer l'individu, faible et isolé, essayant d'entrer en lutte contre la machine sociale et finalement broyé ; payé, non pas selon son mérite, mais selon l'habileté qu'il déploie à louvoyer parmi les obstacles... De là une ironie, large et douloureuse chez Maupassant, plus étroite et plus sèche chez M. Masson-Forestier. Enfin, tandis que Maupassant aborde des sujets infiniment variés et prend ses modèles dans tous les coins du monde et dans tous les mondes, M. Masson-Forestier s'attache presque exclusivement à l'observation des mœurs judiciaires...

Ses nouvelles sont, pour la plupart, des *causes* exposées sous une forme attachante et développées avec beaucoup d'art. M. Masson-Forestier n'a pas impunément vécu, pendant vingt ans, au milieu des hommes d'affaires. Il sait par expérience ce que les lois, étroitement appliquées, ou habilement tournées, peuvent abriter d'infamies. Il a vu défiler, en son étude, quantité d'usuriers, de banquiers véreux, de créanciers féroces, et de malheureux accablés par la misère, et qui, bien souvent, sont moralement innocents et légalement coupables. Tels sont les personnages qui peuplent les livres de M. Masson-Forestier et notamment *la Jambe coupée*, où se trouvent groupés deux ou trois récits extrêmement remarquables. D'abord le premier, qui donne son titre à l'ouvrage, navrante histoire d'un petit marin breton, estropié durant une traversée, et auquel son patron, un dur capitaine anglais, s'abritant derrière la législation barbare de son pays, refuse une indemnité... La fin de la nouvelle est un peu languissante, alourdie par des dissertations juridiques, mais la première moitié est d'une ampleur remarquable.

Je citerai encore *le Banqueroutier*, qui est peut-être le meilleur morceau qu'ait produit M. Masson-Forestier. Ce banqueroutier a débuté par être un fort honnête homme; puis il a été volé par des commis, étranglé par son banquier; il a perdu sa femme, sa fille, il est parti pour la Belgique, emportant un mince pécule, et laissant derrière lui une meute hurlante de créanciers. Ceux-ci demandent à l'agréé Granvalon d'aller le relancer à Bruxelles. Granvalon y consent, non sans quelque appréhension. Le voilà parti. Il arrive en un bouge infâme, sorte d'hôtel garni tenu par le fugitif. Celui-ci, se voyant reconnu, lui saute à la gorge et le menace de son revolver. Puis sa colère tombe, puis il s'attendrit, puis il raconte sa vie, sa triste vie, tissu de souffrances et de hontes. Et cette narration est une merveille de vérité pathétique. M. Masson-Forestier a su garder la juste mesure; il n'est pas tombé dans la déclamation, il a évité la sécheresse. Son banqueroutier est exactement ce qu'il nous doit être; on le sent *exact*. C'est un vaincu de la vie, un vigoureux lutteur, à qui il n'a manqué pour réussir qu'un heureux concours de circonstances; un de ces hommes qui montent en haut de l'échelle ou roulent jusqu'aux bas-fonds. Et tous les personnages de l'histoire, jusqu'aux personnages épisodiques, sont marqués d'une main également ferme, croqués avec une incisive malice : Granvalon, « garçon corpulent, au teint coloré, au front court, qui, ainsi que les médiocres peu cultivés, *ne sait causer que de ses affaires* », et le président d'assises, et ses conseillers, et le beau-père de Granvalon et sa fiancée. Décidément *le Banqueroutier* est bien près d'être un chef-d'œuvre...

M. Masson-Forestier ne se maintient pas toujours à ces hauteurs. Parfois, il a le trait lourd et provincial (la caricature du maire dans *Un nom trop long*, p. 210). Sa psychologie est un peu spéciale, c'est une psychologie de juge d'instruction, c'est-à-dire qu'il prête à ses personnages certains *trucs* d'hommes de loi, destinés à impressionner les esprits simples. Ainsi, dans sa nouvelle intitulée *Baraterie* l'agent d'assurances Mazelin, voulant terrifier l'armateur Le Hertel, ponctue son discours de brusques silences. « Il savait l'effet de saisissement que produit le « silence sur les gens qu'on vient d'alarmer. Cela les « énerve très vite, les exaspère... » Vous voyez que l'auteur sait tirer parti de son expérience professionnelle. Peut-être l'affiche-t-il avec trop de componction, ce qui lui donne, çà et là, une allure un peu pédante. Mais ces légers défauts, qui s'amenderont, n'enlèvent rien à ses belles qualités. S'il ne dévie pas vers le roman à prétentions trop psychologiques, s'il continue de chercher autour de lui ses sujets d'inspiration, et s'il peut enfin, ayant épuisé le filon des erreurs judiciaires, élargir son genre en conservant sa forte simplicité, M. Masson-Forestier arrivera au premier rang.

M. Georges d'Esparbès jouit, également, d'une notoriété récente. Il la doit à l'Empereur et, peut-être aussi, aux Mémoires de Marbot. Il s'est pris d'un fol enthousiasme pour les légendes napoléoniennes, et il les a fixées et saisies au vol dans la *Légende de l'Aigle*. Cet ouvrage a remporté un succès bruyant, et par cela même dangereux. M. d'Esparbès pouvait craindre que son nom fût pour jamais lié au vainqueur d'Austerlitz. Le public adore les classifications, il accole à chaque littérateur une étiquette qui lui demeure attachée. Pour l'instant, M. d'Esparbès est, au sentiment général, le poète de l'Empire. Or, il voudrait bien ne pas conserver ce monopole jusqu'à la fin de ses jours, et il a fait suivre *la Légende de l'Aigle* d'un second recueil de contes, les *Yeux clairs*, qui n'ont rien de commun avec l'épopée impériale.

Déclarons-le tout de suite, ce livre ne présente pas l'intérêt d'art du premier. Le souffle y est plus court et surtout plus inégal. La matière s'y trouve très éparpillée. M. d'Esparbès y a rangé pêle-mêle des souvenirs d'enfance, des idylles campagnardes, des histoires fantastiques, jusqu'à des contes de fées. Mais plusieurs de ces morceaux sont d'une jolie grâce, et ils nous permettent de saisir les procédés et le tempérament de l'auteur. M. d'Esparbès se rapproche, par certains côtés, de Daudet et, par d'autres, de Victor Hugo. Il a, comme Daudet, une sensibilité délicate qui s'attache aux petits détails et en avive la poésie, il sait faire parler les choses inanimées. Il a, comme Hugo, de larges coups d'aile qui s'envolent dans l'azur, et, par-dessus tout cela, flotte le panache d'une imagination espagnole qui n'est pas exempte de mauvais goût. Prenons le premier chapitre des *Yeux clairs*. Ces éléments vont se dégager.

... D'abord une impression du pays natal. M. d'Esparbès raconte qu'après avoir édité son premier livre, sa *Légende de l'Aigle*, il est retourné dans son village et y a retrouvé son grand-père et sa grand' mère, son *pépé* et sa *mémé* (pour employer les mots du patois languedocien). Ils sont venus le joindre à la gare, « le *pépé* en casquette à grands pans, aux nœuds de soie; la *mémé*, fine comme un bon mot, proprette, avec deux coques sur les tempes. »

Il y a une chose qui flambe dans leurs yeux, au bord de leurs lèvres, une chose qu'ils ne veulent pas dire. La mémé en est tout rose.

— Que me voulez-vous?

Vifs, — on les dirait en faute, — ils se retournent.

— Sézébéquis!

Sézébéquis, c'est le vieil âne!... M. d'Esparbès a une prédilection pour les noms à consonances bizarres... Donc, Sézébéquis s'achemine vers le logis familial :

A mesure que nous trottons, la petite ville semble s'avancer, toute bleue du matin, avec ses écheveaux de fumées, ses courtils fleuris, clôturés de perches où grimpent les aristoloches ; des vieilles, appuyées sur des bâtons, branlent vers moi leurs têtes brunes ; un chien saute sur mon fouet, et de succulentes poules de soupe, dardées sur le palis, nous lancent de loin, à coups de cris aigres : « *Bonn' bonn' gens... salut-u-ut!* »

La description est juste de ton, mais on y remarque une certaine recherche de mots et d'idées. Aimez-vous beaucoup « *ces poules de soupe dardées sur le palis* », et ne trouvez-vous pas que la traduction que M. d'Esparbès donne de leur cri, frise de très près l'enfantillage ?... Voici la maison natale, avec ses pots de fleurs, sa cave creusée au seuil, *d'où monte une odeur de saucisse et de vin frais.* Ce détail, à lui seul, vaut une toile de Téniers... Le Parisien prend dans ses bras les pauvres vieux et les pose à terre.

Et tandis que sur la route un petit vent fin pique la poussière, j'ai la crainte, en posant mes vieux, que sa bouffée les emporte, les entraîne avec lui, en tire-tire, dans un rond follet, et qu'on ne les retrouve plus...

— Entrez donc! Mais entrez donc! Pensez-vous...

Voici la chambre basse, avec son trumeau, son lit, ses girandoles de raisins, la cheminée où ils s'assoupissent le soir, *en songeant aux assassinats de Paris!* Une soupe d'or fume sur la table. Il y a de la tourtière pour moi, des fèves crues pour eux. Mais avant de manger, attentifs, leurs doigts sur un genou, ils me regardent...

— Est-ce le moment? leur dis-je. Allez-vous m'apprendre ce qui vous tient?

— Pas encore...

Intéressé, je leur coupe de la miche qu'à petites lèvres ils émiettent. Ils boivent souvent, par gouttes, pour ne pas étouffer. La mémé avale deux fèves; lui, plus solide, en croque huit. Au bout d'une minute, ils soufflent, un couteau claque, ils balancent leur tête et la soulèvent. Le pépé, sérieux, fait *tsst! tsst!* pour activer ma faim, et la mémé donne à boire, mais si chancelante que le fil du vin cabriole.

— Voilà.

D'un coup, je recule ma chaise. Eux, de leurs bâtons, poussent la porte. Et le soleil entre, gai, d'un air de dire bonjour.

Il fait bon et pur. Ce qu'on respire a une odeur de douceur. Les vieux sont près de moi, satisfaits, et le cahors, dans mon verre, luit comme une pivoine. C'est charmant de vivre.

— Alors?

Alors, à un signe qu'ils font, d'une seule bouche, éperdus, tous deux me lancent ensemble :

— Et ton roman?

Leurs yeux luisent dans un nid de rides. Il ne faut pas les faire languir...

La scène est exquise. Rien n'y manque. Le milieu, l'atmosphère, la silhouette vacillante des grands parents, et jusqu'aux odeurs qui flottent à travers la chambre, tout est rendu avec une exactitude minutieuse et une chaleur de tendresse qui pénètre le récit. L'auteur est ému, et il est heureux de faire revivre ces intimités, et il s'y complaît, et il retrouve, au fond de sa mémoire, mille détails touchants et familiers. Est-ce assez *nature*, cette cheminée où les vieux s'endorment *en songeant aux assassinats de Paris*; et ce geste vacillant de la *mémé*, qui verse dans le verre de l'enfant prodigue, un léger filet de vin?... Apercevez-vous les gentils procédés de M. d'Esparbès, le « côté Daudet » de son talent, ce souci de la nuance, et cette fine émotion qui se dépose, à la surface des phrases, comme une rosée?...

Et maintenant à nous le lyrisme!... Les vieux sont très étonnés d'apprendre que le livre de leur fils n'est pas un roman. Et il leur explique l'épopée de la *Légende de l'Aigle* :

> Je commence, par phrases brèves, et je leur explique mon livre. Allons, est-ce qu'ils auraient peur? Je les entrevois dans le brouillard de ma cigarette, recroquevillés par l'attention, la main dans la main, comme des enfants. Peu à peu une même angoisse les rapproche, et tandis qu'ils m'écoutent, les épaules jointes, je les promène dans les armées superbes, les capitales conquises, les champs de sang, et sous ces grands arcs d'or et de fumées où crépitaient les tambours! Je m'emballe comme si j'y étais; je me dresse sur les pieds comme un chasseur qui entend des voix... J'empoigne un cheval de houzard, le premier venu de mon livre, je redescends dans l'Histoire, d'un bond, et à Marengo, je m'élance! Alors, dans une forêt de sabres, au grand galop de mon « enfonceur », au fur et à mesure que nous sautons les époques,

j'annonce aux vieux les belles batailles : Hohenlinden ! Austerlitz ! Iéna ! Eylau ! Friedland ! A un moment, ma voix s'étrangle, je me démène dans le tohu-bohu des canons, des balles, des trots, des charges. Les murs de la chambre s'enfoncent; c'est Waterloo, c'est la fin, — et, comme les vieux, c'est moi maintenant qui sens mes joues chaudes, je baisse le front, je me rassieds, *je pleure*.

Ce dernier mot nous montre le troisième d'Esparbès, le d'Esparbès espagnol et théâtral. M. d'Esparbès pleure, à tout propos et hors de propos; il *pleure* avec ses vieux; un peu plus loin, il *pleure* sur sa sœur Angèle, jeune religieuse enfermée au fond d'un cloître (p. 99); il pleure à la foire de Neuilly en passant devant une baraque de saltimbanques (p. 78). Et ce flux de larmes irrite au lieu d'émouvoir...

Je touche ici au point faible de l'auteur. Je le comparais tout à l'heure à Alphonse Daudet. Il n'a pas ce que possède Daudet à un haut degré, le sens de la mesure, de l'harmonie, de la proportion, et en particulier, ce don si français, et que prise par-dessus tout le lecteur français : *la clarté*. M. d'Esparbès n'est pas clair, ou, pour parler plus juste, il n'est pas simple; chez lui, l'idée est souvent limpide, l'expression est tortillée, précieuse, sautillante, encombrée de ciselures. Il procède à la façon des peintres qui, pour donner l'illusion du soleil, jettent sur leur panneau des taches violentes. Il est de l'école des *impressionnistes*, des *pointillistes*.

Ses personnages passent à l'état de silhouettes. Et ces silhouettes se succèdent si rapidement qu'on a peine à les saisir, et qu'elles prennent aux yeux du lecteur une allure fantastique et quelque peu grimaçante. J'aime mieux, pour ma part, un fin portrait s'épanouissant dans une calme lumière. Je crois que le public partage ma préférence... Mais c'est là une affaire de tempérament. Il faut prendre M. d'Esparbès avec ses qualités et ses défauts. Je crois pourtant que, s'il le voulait bien, s'il ne mettait pas une certaine coquetterie à agiter son plumet, il produirait des pages parfaites et qui lui vaudraient le suffrage du public, et non pas seulement des abstracteurs de quintessence... Il se trouve présentement au carrefour de deux routes : l'une qui mène à la gloire orgueilleuse des incompris, qui feignent de mépriser le suffrage de la foule ; l'autre qui conduit à la grande renommée, à la renommée des maîtres universels et classiques... A lui de choisir!..

QUELQUES ROMANS CÉLÈBRES

I. — *LES ROIS*, PAR M. JULES LEMAITRE

Il n'est pas permis aujourd'hui de se désintéresser de la question sociale. Le passant le plus distrait tourne la tête au bruit de l'émeute. Or, si l'émeute n'éclate pas encore, elle gronde, et ses murmures nous arrivent distinctement. M. Jules Lemaître les a entendus ; il les a notés avec la curiosité de son esprit pénétrant et juste ; il a suivi le mouvement anarchiste en ses diverses manifestations, pacifiques ou brutales ; il a lu les ouvrages théoriques qui sont les bréviaires du parti. Et comme M. Jules Lemaître est philosophe, qu'il n'est pas assez riche pour se sentir menacé dans son patrimoine, et pas assez pauvre pour envier le patrimoine d'autrui, il s'est efforcé de porter sur ces obscurs problèmes un jugement modéré, de les examiner sans colère, de dégager ce qu'ils renferment de réalité et d'utopie.

De ses méditations il pouvait tirer un traité d'économie politique, ou un livre de morale. Il a mieux aimé faire un roman... Et ce roman est un conte de Voltaire, avec moins de sécheresse, avec plus de pitié, sous lequel on sent palpiter l'émotion d'une âme tendre, imprégnée des doctrines de Renan et de Tolstoï...

I

Le récit a pour point de départ une hypothèse. L'auteur suppose, qu'au début du prochain siècle, vers l'an 1900, le vieux roi Christian XVI, souverain d'Alfanie, se trouvant fatigué, délègue ses pouvoirs à son fils aîné Hermann. Ce sont deux hommes fort dissemblables. Christian XVI est soutenu par une indomptable foi; il croit à sa mission divine, il a continué l'œuvre de ses aïeux et soutenu d'une main ferme la couronne qu'ils lui ont léguée. Il est imbu des idées séculaires de sa race, et n'a jamais transigé sur le principe d'autorité. Roi il est né, roi il est demeuré toute sa vie. Hermann a grandi dans une atmosphère intellectuelle; il a beaucoup vu, beaucoup réfléchi; la science a tué en lui l'orgueil, il s'est attristé au spectacle de la condition humaine, il en est arrivé à se convaincre, qu'en dépit de son blason il est l'égal de ses sujets et il se jure de les aider, d'améliorer leur condition, si jamais la fortune lui en donne les moyens... La fortune l'exauce.

Hermann se trouve nanti du pouvoir absolu... Comment s'en servira-t-il?

C'est ici que l'action s'engage... Hermann, avant son avènement, a fait la connaissance d'une jeune nihiliste, Mlle Frida de Thalberg, fille d'un révolutionnaire exilé en Sibérie. Il s'est pris pour elle d'une passion exaltée. De son côté, elle l'aime éperdument et l'encourage à persévérer dans ses dispositions magnanimes. D'autre part, Hermann est entouré de conservateurs féroces; d'une noblesse qui, depuis mille ans, vit des labeurs du peuple, et ne veut pas lâcher prise; d'une bourgeoisie capitaliste décidée à se défendre, et d'une famille princière qui n'a rien à gagner aux innovations. Son frère Otto, digne descendant des barons pillards du moyen âge, est perdu de vices, criblé de dettes et ne songe qu'à prélever de nouveaux impôts; sa femme, Wilhelmine, vertueuse, mais guindée, solennelle, élevée dans le formalisme d'une cour provinciale, défile parée ainsi qu'une châsse. Hermann est donc seul à lutter contre d'immuables traditions, contre le déchaînement des préjugés et la coalition des intérêts. Il n'hésite pas. Il part en guerre. Il congédie ses vieux ministres moisis et appelle au pouvoir des hommes nouveaux. Il dissout la Chambre et la remplace par un Parlement plus libéral émané du suffrage universel. Enfin il s'engage à laisser son peuple manifester librement sur la voie publique, défendant seulement d'arborer

le drapeau noir, insigne de révolte contre les lois...
Il est bientôt puni de sa tolérance. La populace, qui
n'est jamais satisfaite, descend dans les rues et
marche vers la demeure royale. Cette scène est saisissante. Hermann caché derrière ses fenêtres passe
par des sentiments douloureux et contradictoires.
Il sait combien cette plèbe est injuste; il sait qu'elle
mériterait des coups de fusil, mais il aperçoit dans
ses flots pressés, parmi des têtes féroces, des
visages ravagés par la souffrance. Et aussitôt sa
colère tombe; et il songe et il s'enfonce en une
sombre et amère rêverie. Il se rend compte du
péril, il n'ignore pas qu'à ce jeu, il risque son
sceptre. Cette perspective ne l'arrête point.

Je suppose la révolution accomplie, l'ancien ordre ren-
versé, l'ordre nouveau établi — tant bien que mal, comme
tout ordre en ce monde — sur de nouveaux principes...
L'humanité y aura-t-elle perdu? Cette société vaudra-t-elle
moins que l'autre?... Oui, il y aura eu des actes de destruction et de vengeance; des innocents auront été massacrés; moi-même peut-être... Mais la somme de ces
crimes, que sera-t-elle, comparée à la somme des crimes
silencieux, des injustices étouffées, que recouvrait l'ordre
ancien et par lesquels il se maintenait?... Cette nouvelle
société sera brutale, inélégante, sans arts, sans lettres,
sans luxe? Mais on peut vivre sans tout cela. Mes meilleures journées ont été celles où j'ai vécu près de la terre
dans la solitude des champs, comme un pâtre ou comme
un laboureur... Et puis qui sait? Des âmes neuves, des
types d'humanité encore inédits se révéleraient peut-être...
Les hommes ont une faculté presque inépuisable d'adapta-

tion à toutes les conditions extérieurses de la vie sociale...
Le désordre ne saurait s'éterniser, parce qu'il ne conviendra jamais qu'à une minorité infime... Enfin, il y aurait toujours bien autant de vertu et d'abnégation dans ce monde-là que dans l'ancien, car le fond de la nature humaine ne change guère, et l'altruisme aussi est dans la nature; il y est moins, voilà tout... Et quand les mêmes injustices et les mêmes violences renaîtraient sous d'autres formes? Serait-ce pire que ce que nous voyons?... Tout homme incapable de s'accommoder de la vie que l'ordre nouveau ferait aux individus, c'est-à-dire tout homme incapable de vivre sinon aux dépens des autres et de se contenter d'un bien-être modeste, — lequel d'ailleurs n'empêche point la véritable noblesse de la vie, qui est uniquement dans la pensée, — peut n'être pas un méchant homme, mais ne mérite cependant pas un intérêt bien vif... C'est le manque de vertu, même moyenne, qui fait que les conservateurs s'opposent si furieusement à toute transformation sociale... C'est aussi ce manque de vertu qui empêchera sans doute la révolution de porter tous ses fruits.

Hermann compte sans les nécessités de son rang. Il est libre de sacrifier sa vie; il ne peut immoler le suprême espoir de sa dynastie. Aussi, lorsqu'il voit la foule hurlante sur le point d'envahir les appartements de la reine Wilhelmine et de son fils, donne-t-il en soupirant l'ordre de sévir. La cavalerie, puis l'infanterie s'ébranlent. Cinq ou six cents émeutiers mordent la poussière. Hermann, écœuré, désespéré, mélancolique à mourir, part pour un château lointain où l'attend sa douce Frida de Thalberg... Il compte oublier auprès d'elle ses cuisants soucis. Par malheur, la reine Wilhelmine soupçonne cette liaison, elle suit Hermann, elle le surprend aux genoux de Frida, elle écoute ses confidences et découvre avec horreur que le prince songe à déposer le fardeau du pouvoir et à s'enfuir avec sa maîtresse. Doublement outragée comme reine et comme épouse, elle le tue d'un coup de pistolet. Frida, désespérée, court se noyer dans l'étang voisin. Et le lendemain matin, l'antique roi Christian, vaincu par l'âge et la maladie, apprend la double catastrophe. Cette secousse produit en lui une réaction salutaire. Il ressaisit par un suprême effort de volonté, son esprit paralysé. Il anéantit les fatales réformes instituées par Hermann; il rétablit l'ancien état de choses, et ramène l'ordre un instant troublé, dans le royaume d'Alfanie... Il a tout juste l'énergie de confier à Wilhelmine le soin de la régence, et il expire satisfait, ayant agi conformément aux traditions établies par ses aïeux et convaincu qu'il a bien mérité de Dieu et de la Patrie.

Ainsi, il arrive que le prince humain, généreux, ouvert aux aspirations de l'avenir, animé par un admirable esprit de justice, meurt tristement, déshonoré, calomnié par ceux-là mêmes qui devraient le chérir et qui l'accusent d'hypocrisie; tandis que le roi brutal, autoritaire, dur aux misérables, relève la tête et raffermit les ruines chancelantes de son trône.

De ceci que conclure ?

Qu'un monarque est obligé de demeurer un monarque ;

Qu'il est certains rêves dont la réalisation est incompatible avec certaines fonctions ;

Que les meilleurs desseins échouent lorsqu'ils ont contre eux la puissance combinée de la richesse et de l'égoïsme ;

Que, malgré les philanthropes, malgré les résolutions, malgré les cartouches de dynamite, les souffrances de l'humanité moyenne ne sont pas près de finir ;

Et que contrairement à ce qu'affirme Pangloss, tout n'est pas pour le mieux dans le meilleur des mondes possible.

II

Le drame imaginé par M. Jules Lemaître met en œuvre un grand nombre de personnages, dont quelques-uns sont superficiels, d'autres marqués de traits puissants, d'autres caricaturés avec esprit. L'auteur des *Rois* excelle à tracer ces silhouettes qui se découpent avec netteté sur la trame d'un roman.

Il faut bien l'avouer, le prince Hermann est une créature un peu chimérique. C'était une conception piquante, que de placer un socialiste honnête et convaincu à la tête d'un royaume et de le montrer aux prises avec d'inextricables difficultés... Je ne crois pas que, dans la nature, le prince Hermann tel que le montre l'auteur puisse exister. Si peu prince que soit un prince, il l'est toujours par certains côtés. Il subit malgré lui l'influence de l'éducation première, du milieu ambiant (je ne parle pas des instincts accumulés en lui par les lois de l'atavisme). Enfin la griserie du pouvoir est telle, qu'on ne peut, à moins d'être un saint, la subir impunément. Mettons qu'Hermann est un saint. Considérée sous ce jour sa physionomie est attachante. Et pourtant non! Hermann n'est pas un saint : s'il était un saint il croirait à quelque chose, il aurait une foi quelconque. Il n'en a aucune. Et ce sont justement ces doutes qui le torturent. Son activité, son ardeur de bien faire sombrent dans un immense découragement. Ses tentatives les plus loyales se retournent contre lui. Il voudrait réparer les iniquités sociales, racheter, dans la mesure du possible, les injustices, et le peuple imbécile ne lui sait aucun gré de ses intentions, ne les comprend même pas. Et Hermann en arrive à se demander si la bonté n'est pas une énorme duperie.

A côté d'Hermann se dresse Frida, la petite nihiliste. M. Jules Lemaître s'est donné beaucoup de mal pour nous la rendre compréhensible. Il conte tout au long son histoire et trace les menus épisodes de sa jeunesse. Il explique comment Frida a fait la connaissance d'Audotia Latanief, la vierge révolutionnaire, la Louise Michel du royaume d'Alfanie, et comment cette virago a soufflé dans son âme des ardeurs dévastatrices... Audotia domine Hermann; mais elle l'aime aussi, et elle recule avec horreur lorsqu'Audotia, lui mettant un revolver dans la main, l'exhorte à tuer son royal ami. Frida refuse; la conspiratrice disparaît, la femme subsiste. Elle cherche à concilier ses devoirs et ses affections. Et elle suit dans la tombe celui dont elle a causé la perte...

Je goûte infiniment ces autres personnages qui sont construits d'une main ferme : le prince Otto, brute féroce, héritier perverti des premiers rois de sa race, n'ayant pas leur grandeur, ayant tous leurs vices accumulés; Christian XVI, beau masque de souverain, élevé dans les idées d'autrefois, contemporain de Louis XI transplanté au XXe siècle, sacrifiant l'humanité, la vérité, la justice, à la gloire de sa maison, et n'éprouvant aucun remords et croyant accomplir un devoir sacré ; la régente Wilhelmine, créature complexe en son apparente simplicité, tourmentée par des passions contraires, sentimentale et orgueilleuse, bourgeoise par inclination, princesse par éducation, docilement soumise aux respects nobiliaires, au milieu desquels elle a vécu; le chancelier Mœllnitz, incarnation de l'étiquette mesquine, incapable de penser par lui-même, fermé à toute idée nouvelle. Nous croyons le voir, nous le voyons avec son petit front arrondi et dur, ses gestes imperturbables, son grand nez en bec d'oiseau, fantoche inconscient et non dénué de majesté :

Il était de ceux qui sont incapables de concevoir et de se figurer une âme différente de ce qui leur sert d'âme, ni une autre vie que la leur, ni la possibilité même d'un autre état social que celui dont ils ont profité et qui s'est trouvé, par le hasard de leur naissance, exactement adapté à leur intérêt personnel. Même quand ils ont l'air de penser et d'agir, ils ne font que les gestes de l'action et de la pensée ; mais ils font ces gestes imperturbablement et ils ne font jamais qu'une espèce de gestes, et ainsi leur automatisme moral devient une force énorme et irréductible. Fantoches, mais fantoches d'une tradition qui peut avoir, elle, sa grandeur et sa raison d'être ; et c'est pourquoi il arrive à ces hommes d'offrir des apparences de politiques, d'orateurs et d'honnêtes gens. L'autorité du comte de Mœllnitz et son honnêteté reconnue lui venaient de sa persistance dans son automatisme originel. Il faisait très bien, et avec beaucoup de suite, les gestes du grand seigneur, de diplomate et de ministre d'une monarchie absolue. Tête de vieil oiseau, mais d'oiseau héraldique.

De tous les portraits qui composent cette galerie, le plus original, celui que M. Jules Lemaître a modelé avec le plus de grâce, est celui de Renaud, le cousin d'Hermann. Ce Renaud passe pour fou. Il ne l'est pas. Il n'est que sensitif, inquiet, avide d'inconnu, précocement dégoûté du monde... Aussi s'adonne-t-il avec passion aux sciences occultes, recherche-t-il la société des sârs, des mages, des mérodacks, donne-t-il dans la manie des arts puérilement mystiques :

Pendant plusieurs années, tous les adolescents symbolystes, décadents et instrumentistes, tous les pseudomystiques, et les néo-moyenâgeux, tous les inventeurs de frissons nouveaux et de prosodies inaccoutumées, tous les occultistes, les sârs, les rose-croix et les sadiques, et aussi les musiciens pour qui Wagner n'est qu'un précurseur et qui orchestrent « J'ai du bon tabac » avec les bruits de la grève et de la forêt, et encore les peintres esthètes, les peintres bleus et jaunes, ceux qui dessinent très mal de longues âmes encerclées de petits plis et tenant des lis dans leurs mains d'âmes, et pareillement les pointillistes, les tachistes, les luministes, ceux qui voient les paysages comme des envers de tapisseries et qui, sous prétexte que tout dans le monde des couleurs n'est qu'échange de reflets, peignent des cuisses mauves et des seins couleur de soufre, tous les ahuris ou tous les farceurs de la littérature et de l'art, tous les désireurs d'on ne sait quoi eurent leur couvert mis chez le prince Renaud et puisèrent dans sa bourse crédule. Il donnait dans son palais des spectacles étranges et puériles où des cabotines en robes blanches, les cheveux poudrés de violet, étaient crucifiées pour l'amour de Satan, qui était aussi Jésus, et où le chœur des cochers verts et le chœur des cochers bleus chantaient alternativement des hymnes ésotériques devant Théodora la chercheuse, qui rêvait, les yeux fixés sur le scorpion d'améthyste allongé entre ses deux seins, cependant que des vaporisateurs exhalaient des parfums verts, bleus, jaunes, rouges, subtilement assortis aux vêtements des interprètes, à leurs paroles rythmées et aux musiques de l'orchestre... Et le prince Renaud marchait par la ville escorté de jeunes gens généralement chevelus et mal bâtis, et qui, sous leurs esthétiques abstruses, dissimulaient des prudences de notaires, des vanités de ténors, des intolérances d'imbéciles.

Le prince, lui, est parfaitement sincère. Il croit aux formes nouvelles de l'art parce qu'il estime que les formes anciennes sont trop arrêtées, trop précises, impropres à exprimer ce qu'il y a de caché dans les choses. Il ne prend pas garde que ce mystère qui le séduit est purement subjectif, personnel à chacun de nous, fugitif et changeant ; que la perception de ce merveilleux inconnu correspond, ainsi que le dit si bien Jules Lemaître, à un moment infime de la production artistique, et qu'il s'évanouit forcément à l'heure de l'exécution puisqu'il est l'indicible, mais que, d'ailleurs, il renaît, une fois la forme fixée, de cette forme même ; que c'est l'expression arrêtée et intelligible qui contient et qui nous suggère le plus d' « au delà », et qu'enfin ce sont les œuvres d'art ou les poèmes les plus précis, quand ils sont vraiment beaux, qui redeviennent sous notre pensée les plus mystérieux, les plus fertiles en rêves »... Renaud multiplie les expériences ; il s'éprend d'une acrobate bête comme une oie et pure comme un ange, et il forme la résolution de l'épouser. Ce dessein le séduit à cause de son absurdité même. Renaud va ps loilun ; il renonce à son titre de prince qui lui inspire un profond mépris ; il s'expatrie, il file en Amérique ; il fonde une immense colonie, et il philosophe tout à l'aise, en élevant son bétail, en surveillant ses plantations. Il formule en une lettre, très élevée et très sage, le fruit de ses réflexions. Cette lettre termine le volume. Et je crois bien que M. Jules Lemaître y a collaboré avec le prince Renaud, et que si c'est le prince Renaud qui l'a écrite, c'est Jules Lemaître qui l'a pensée; et que cette lettre exprime exactement l'opinion que le brillant romancier se fait de notre bas monde. Tout d'abord, il dit à la vieille Europe de cruelles vérités :

L'injustice est pour toujours maîtresse de l'Europe. Les grossières objections des hommes de bon sens ont raison contre l'utopie socialiste. Et, à supposer même que, après de longues convulsions, après des révolutions sanglantes et des alternatives de république démagogique et de despotisme militaire, cette utopie soit un jour réalisée quelque part tant bien que mal, l'image, d'avance, m'en séduit peu. Chaque individu mangera à sa faim; mais la beauté de la vie aura péri.

Deux buts peuvent être assignés à l'humanité. L'idéal démocratique est d'assurer à tous un demi-bien-être ; cela est désirable sans doute; mais, la nature humaine étant donnée, cela ne se peut faire que par une publique et universelle compression dont pâtiront surtout les êtres d'élite et à laquelle ils succomberont. L'idéal aristocratique serait d'obtenir le développement total et harmonieux d'un petit nombre d'êtres supérieurs, dans lesquels, selon la formule elliptique d'un de vos sages, l'univers prendrait de plus en plus conscience de lui-même, mais cela ne peut se faire que par le sacrifice ou du moins par la mise en oubli de millions et de millions de créatures inférieures ! ce qui est dur, ce qui comporte, chez les privilégiés, trop d'indifférence aux maux d'autrui et ce qui, par suite, implique contradiction, car une conscience supérieure ne se conçoit pas sans une infinie bonté.

Il s'agit de concilier ces deux buts extrêmes. Le prince Renaud insinue que, grâce à l'esprit pratique des Américains, le problème, là-bas, est près d'être résolu... Il est à craindre que le prince Renaud, toujours chimérique, ne soit le jouet d'une illusion...

III

Ce livre, je crois l'avoir montré, est plein de substance. Il éveille un monde d'idées, d'observations, de rapprochements, de méditations. Il s'attache à élucider les plus graves questions de l'heure présente. C'est l'œuvre d'un esprit souverainement clair, ouvert et intelligent. Et cependant, à cet ouvrage remarquable, il manque quelque chose, un je ne sais quoi, difficile à définir et qui fait qu'en le lisant, on ne se sent pas dominé par une force supérieure. Cela est attachant, cela est ingénieux, cela est, par endroits, profond et subtil. Cela manque de puissance et d'envergure.

J'ai quelque scrupule à dire ces choses. M. Jules Lemaître est un des écrivains de ce temps pour qui j'éprouve la plus vive admiration. J'estime qu'il égale Sainte-Beuve par la solidité du jugement et des connaissances; qu'il le surpasse par l'éclat d'une forme merveilleusement ferme et légère. On croit, en parcourant certaines pages des *Contemporains*, manier ces cottes de mailles fabriquées à Tolède, si fines qu'elles tenaient dans la paume d'un enfant, si résistantes qu'elles bravaient les coups de poignards... Mais ces facultés du critique ne se développent qu'au détriment d'autres facultés. L'homme qui excelle à pénétrer la pensée de ses semblables, garde de ses innombrables lectures, comme un reflet qui le poursuit. Malgré lui, il se souvient, et, sans que sa volonté y ait aucune part, il cède à d'obscures réminiscences. On a beaucoup raillé M. Pierre Loti, qui se vante, avec un peu trop d'ostentation, d'ignorer complètement les auteurs modernes. Je ne trouve pas que M. Pierre Loti ait tort de s'isoler en lui-même. S'il se fût nourri de Feuillet, de George Sand, de Balzac, peut-être ses productions n'auraient-elles pas cette saveur particulière qui les distingue de toutes les autres. Or, M. Jules Lemaître a trop lu et trop bien lu, et trop attentivement, et trop bien digéré ce que l'humanité pensante a écrit depuis les temps les plus reculés jusqu'à nos jours. Sa tête est un creuset où bouillonnent vingt siècles de littérature. En vain cherche-t-il à oublier, à se faire une âme neuve, il n'y peut réussir; et il s'épuise en efforts pour ressaisir, parmi tant de dons magnifiques que la nature lui a dévolus, le seul qu'elle lui ait marchandé : le don de création et d'invention. Oui, M. Jules Lemaître comprend tout, devine tout, aime tout ce qui mérite d'être aimé. Voilà pourquoi nous retrouvons dans chaque épisode de son livre le parfum d'un de ses auteurs favoris : le parfum d'Ibsen dans la psychologie du prince Hermann, les parfums combinés de Dostoïewsky et de Shakespeare dans la silhouette de Frida; le parfum de Daudet dans l'image du pauvre petit dauphin scrofuleux, dernier rejeton d'une grande race; le parfum de Gyp dans le portrait du baron juif Issachar, et mille autres parfums que l'on respire au passage et qui s'exhalent, en bouffées, des feuillets de ce roman...

Je crois inutile d'insister sur ces points faibles qui proviennent non d'un manque de talent (jamais l'écrivain n'en eut davantage), mais de l'essence même et de la nature de ce talent. Si je ne craignais pas de recourir à une comparaison surannée, je dirais que M. Jules Lemaître vibre, comme une harpe éolienne, à toutes les brises. Il chante quelquefois ce que d'autres ont chanté, mais il le chante différemment. Et sa voix est si charmeuse, qu'on l'écoute avec délices...

II. — *LA DÉBACLE*, PAR ÉMILE ZOLA

La Débâcle se divise en deux parties bien distinctes : l'une est le récit minutieux de la bataille de Sedan; l'autre est le résumé succinct des catastrophes qui ont suivi, c'est-à-dire du siège de Paris et de la Commune. La première de ces deux parties est un modèle d'exactitude, de couleur, de rapidité, d'émotion. L'auteur s'est pénétré de cette déplorable aventure de Sedan, il en connaît tous les épisodes et il les fait surgir à nos yeux avec une implacable netteté. Ce qui rend son récit particulièrement poignant, c'est que M. Zola ne contemple pas les événements avec la froide raison de l'historien, qui plane dans les nuages et juge de loin les fautes humaines. Tout au contraire, M. Zola se place sous la tunique d'un simple soldat, il fait campagne avec lui, il endure ses souffrances, et suit jusqu'au bout sa lamentable odyssée.

Son héros, ou plutôt l'un de ses héros, Maurice, est un jeune avocat qui s'est ruiné en faisant la fête et qui s'est engagé en 1870 pour expier ses dissipations et pour se réhabiliter dans l'esprit de sa famille. Il est incorporé au 106e de ligne, un des régiments qui composent l'armée du maréchal Mac-Mahon. Maurice n'a jamais porté le sac; il est animé de bonne volonté, et au début de la campagne, plein d'illusions. Il se trouve en contact avec de vieux soldats qui se sont déjà battus et qui subissent l'irrésistible prestige des armes françaises. Les Prussiens seront rossés, jetés au delà du Rhin, Berlin sera conquis en quelques marches forcées : cela ne fait l'objet d'aucun doute. Maurice accepte ces prévisions consolantes et endure sans se plaindre la fatigues des étapes. Mais bientôt sa confiance est ébranlée. On ne marche pas, on piétine; un grand désarroi semble régner dans le commandement supérieur des troupes. L'armée avance et recule sans raison plausible. Elle se précipite vers le Rhin, puis bat en retraite, et refait en sens contraire le chemin qu'elle vient de parcourir. Elle manque de tout; les vivres n'arrivent point ou arrivent trop tard. L'intendance affolée reçoit des ordres contradictoires... Alors s'élèvent dans les rangs de sourds murmures; les germes de rébellion fermentent; on commence à ne plus croire à l'autorité des chefs; quelques voix crient à la trahison et trouvent pour les écouter des oreilles complaisantes. M. Zola a peint avec une vivacité singulière cette lente décomposition de la discipline, cet éveil de l'esprit d'indépendance que est la fin des armées. L'escouade de Maurice se trouve un jour séparée du régiment. Aussitôt la débandade se met dans les rangs. Un soldat exténué dépose son sac le long d'une haie; un autre jette son fusil, tous suivent le mauvais exemple. Maurice lui-même n'a pas la force de résister, et reçoit du caporal (un soldat modèle,

réengagé par vocation) une mercuriale bien sentie...
Arrivé au camp, le caporal fait son rapport, signale
aux chefs l'inconduite de ses hommes. Les chefs se
résignent à fermer les yeux; ils sont impuissants...
Et le désordre s'accentue et les défaillances s'aggravent.

Ne croyez pas que ces malheureux soldats manquent de bravoure. Ils n'aspirent qu'au moment de croiser la baïonnette. Ce qui les énerve, c'est justement de deviner l'ennemi autour d'eux et de ne jamais le voir. De temps à autre, ils aperçoivent au coin d'un bois quelques casques de uhlans qui, soudain, s'évanouissent. Ils se sentent lentement enveloppés par des adversaires invisibles. Ils voudraient marcher en avant, engager la lutte, se mesurer corps à corps avec les Prussiens; mais les généraux en décident autrement, et les pauvres diables, affamés, cahotés, exaspérés, continuent d'attendre une bataille qui ne vient pas.

Tous se fâchaient. On ne fatiguait pas des hommes de la sorte, pour le plaisir de les promener. Et, par la plaine nue, entre les larges plis de terrain, ils avançaient en colonne, sur deux files, une à chaque bord, entre lesquelles circulaient les officiers; mais ce n'était plus, ainsi qu'au lendemain de Reims, en Champagne, une marche égayée de plaisanteries et de chansons, le sac porté gaillardement, les épaules allégées par l'espoir de devancer les Prussiens et de les battre : maintenant, silencieux, irrités, ils traînaient la jambe, avec la haine du fusil qui leur meurtrissait l'épaule, du sac dont ils étaient écrasés, ayant cessé de croire à leurs chefs, se laissant envahir par une telle désespérance, qu'ils ne marchaient plus en avant que comme un bétail, sous la fatalité du fouet. La misérable armée commençait à monter son calvaire.

Tout a été dit sur la journée de Sedan. Comment les chefs de l'armée française se sont-ils laissés prendre au piège? Par quelle impéritie ont-ils négligé d'assurer la retraite vers Mézières? On se trouve là en face d'un de ces prodigieux aveuglements qui font croire à la fatalité des choses humaines : *Quos vult perdere!...* Ajoutons que si nos généraux se sont couverts de honte en prenant si mal leurs dispositions, nos troupes nous ont sauvé l'honneur par leur héroïsme. La défense de Bazeilles, la conquête du plateau d'Illy, la charge du général Margueritte, resteront comme autant de pages immortelles dans le livre d'or de nos gloires militaires. M. Zola décrit ces épisodes avec une éloquence et un entrain merveilleux. On ne peut lire sans frissonner cette partie de son livre. C'est la guerre dans son horreur, et dans sa grandeur aussi, la guerre féconde en actes de sauvagerie et d'abnégation, où l'homme montre ce qu'il a de pire et ce qu'il a de meilleur...

Suivons la compagnie de Maurice, escaladons avec elle le plateau de l'Algérie, situé près de Sedan. Il s'agit de soutenir les feux d'une batterie et d'entraver les progrès de l'ennemi. Couchons-nous dans l'herbe et préparons nos cartouches. Déjà la lutte est engagée de toutes parts, le canon tonne, les balles sifflent, les obus labourent les champs et déchirent les poitrines ; les têtes s'échauffent, les mains se crispent contre les fusils ; on crie, on jure, on étouffe, les yeux se dilatent, les cerveaux sont envahis par une lourde ivresse ; tout tourne, les oreilles bourdonnent, le cœur bat à coups furieux et précipités. Le colonel est là, à cheval, sur le front du régiment, bravant la grêle des projectiles. Tout à coup, il se redresse, brandit son épée et, d'une voix éclatante : « Enfin, mes enfants, c'est notre tour ; en avant, là-haut ! » Et il montre un talus redoutable qu'il faut absolument conquérir. Le 106e s'élance, mais le feu redouble. C'est une véritable trombe qui fauche les hommes... Quelques-uns reculent et lâchent pied. Alors le colonel se retourne :

— Voyons, mes enfants, vous ne me ferez pas cette peine, vous n'allez pas vous conduire comme des lâches... Souvenez-vous ! jamais le 106e n'a reculé, vous seriez les premiers à salir notre drapeau...

Il poussait son cheval, barrait le chemin aux fuyards, trouvait des paroles pour chacun, parlait de la France, d'une voix où tremblaient des larmes.

Le lieutenant Rochas en fut si ému, qu'il entra dans une terrible colère, levant son épée, tapant sur les hommes comme avec un bâton.

— Sales bougres, je vas vous monter là-haut à coups de botte dans le derrière, moi ! Voulez-vous bien obéir, ou je casse la gueule au premier qui tourne les talons !

Mais ces violences, ces soldats menés au feu à coups de pied, répugnaient au colonel.

— Non, non, lieutenant, ils vont tous me suivre... N'est-ce pas, mes enfants, vous n'allez pas laisser votre vieux colonel se débarbouiller tout seul avec les Prussiens?... En avant, là-haut!

Et il partit, et tous en effet le suivirent, tellement il avait dit cela en brave homme de père, qu'on ne pouvait abandonner sans être des pas grand'chose.

En haut du talus, la position est terrible. Toutes les batteries donnent à la fois. Ce court espace est littéralement broyé; les projectiles arrivent en si grand nombre, que la terre semble fumer comme sous une grosse pluie d'orage. Le régiment est perdu si l'artillerie ne vient pas à son secours. La voici, elle arrive au grand galop. Et elle se met en ligne sans perdre une minute, et les boulets répondent aux boulets. Mais les canons allemands sont les plus forts; nos pièces sont démontées, nos artilleurs sont massacrés; tous luttent, jusqu'au dernier, avec un sublime courage.

Autour de la pièce d'Honoré surtout, l'effort continuait, sans hâte et obstiné. Lui, malgré ses galons, dut se mettre à la manœuvre, car il ne restait que trois servants. On avait fait demander des hommes et des chevaux haut-le-pied, pour boucher les trous creusés par la mort; et ils tardaient à venir, il fallait se suffire en attendant. La rage était qu'on n'arrivait toujours pas, que les projectiles lancés éclataient presque tous en l'air, sans faire grand mal à ces terribles batteries adverses, dont le feu était si efficace. Et, brusquement, Honoré poussa un juron qui domina le bruit de la foudre : toutes les malchances, la roue droite de sa pièce venait d'être broyée !

— Dépêchons, camarades ! répétait Honoré. Nous l'emmènerons au moins, et ils ne l'auront pas !

C'était son idée, sauver sa pièce, ainsi qu'on sauve le drapeau. Et il parlait encore, lorsqu'il fut foudroyé, le bras droit arraché, le flanc gauche ouvert. Il était tombé sur la pièce, il y resta comme étendu sur un lit d'honneur, la tête droite, la face intacte et belle de colère, tournée là-bas, vers l'ennemi.

En vain ces efforts sont accomplis et ces vies sacrifiées. La bataille est perdue. Nos troupes foudroyées, poursuivies par les huit cents canons allemands, battent en retraite et se précipitent vers Sedan qui regorge de blessés. La Meuse charrie des cadavres, les ruisseaux de la ville roulent du sang; on n'entend que des râles d'agonie, des hennissements plaintifs, des cris d'épouvante poussés par les enfants et les femmes. Toutes les maisons de Sedan sont transformées en ambulances, où les chirurgiens taillent, rognent, coupent les jambes, arrachent les balles, et recousent les poitrines défoncées par les boulets. O ces ambulances ! M. Zola en trace une peinture terrifiante ; il montre les soldats entassés dans une grange, couchés côte à côte sur des bottes de paille, hurlant de douleur, fiévreux, délirants, et au milieu d'eux le major, circulant, les bras rouges, le visage en feu, le tablier taché d'affreuses maculatures... Scène navrante, tableau barbare dont l'impression est inoubliable... Tandis que les blessés achèvent de mourir sur leurs litières sanglantes, tandis que les rues de Sedan s'emplissent de canons démontés, de chevaux sans cavaliers et de soldats en désordre, un homme se promène dans la chambre à coucher du sous-préfet. Il est malade, abattu, livide, une sueur d'angoisse perle à ses tempes, son regard est désespéré. Il pousse de temps à autre un gémissement, et ose à peine contempler la ville, en soulevant un coin du rideau. C'est lui, l'Empereur, qui assiste, vivant, à l'écroulement de sa dynastie, à la chute de sa gloire, à l'écrasement de son pays. Et on le devine si malheureux, accablé d'un désespoir si cruel, qu'il inspire un sentiment de pitié. L'Empereur n'a plus aucune illusion; il sait que la bataille est perdue, il veut à tout prix faire cesser le massacre. Chaque coup de canon retentit dans sa poitrine comme un remords... A quoi bon poursuivre une lutte sans issue? Il donne l'ordre de hisser le drapeau blanc, il envoie le général Reille en parlementaire; il capitule. Ainsi se termine cette terrible journée.

Elle revit tout entière dans *la Débâcle*. M. Emile Zola n'a rien oublié : il a mis chaque détail en lumière. Et son récit, quoique très ardent et très coloré, a le mérite de rester impartial. Il n'est empreint ni d'un dénigrement systématique, ni d'un chauvinisme exagéré. L'auteur rend justice à l'héroïsme de nos troupes, comme à la sagacité des généraux allemands, et caractérise admirablement cette journée désastreuse, qui fut, selon sa propre expression, « le choc de la bravoure inintelligente contre la froide méthode et le grand nombre ». Telle est la vérité sur la capitulation de Sedan. D'autres historiens l'avaient exprimée ; aucun n'avait su la rendre à ce point palpable, la faire jaillir si éloquemment des faits. Un poète seul pouvait accomplir cette tâche. Et vous savez à quel point M. Zola est poète !

... Je regrette que l'auteur de *la Débâcle* ne se soit pas arrêté à la bataille de Sedan, qu'il ait cru devoir poursuivre jusqu'au bout l'histoire de la guerre franco-allemande. La seconde partie de son livre est loin de valoir la première ; elle est beaucoup plus banale et par cela même languissante. J'ajoute que les deux parties présentent une disproportion assez choquante. En effet, M. Zola consacre quatre cent cinquante pages à nous décrire les évolutions du 7e corps d'armée autour de Sedan, et deux cents à peine à résumer la fin de la campagne, la trahison de Metz, la proclamation de la République, le siège de Paris, la conclusion de la paix, la Commune. Après s'être amusé pendant une heure aux brins d'herbe du chemin, il prend le mors aux dents et franchit les kilomètres avec la rapidité d'un cheval de course. Ce contraste est déplaisant ; il a surtout l'inconvénient de détruire l'harmonie du livre. On dirait que *la Débâcle* se composé de deux ouvrages superposés, l'un minutieux et pittoresque, l'autre vague et général. Or, dans une œuvre comme celle-ci le détail seul nous intéresse. Les considérations philosophiques ne nous touchent que si elles se dégagent d'elles-mêmes des événements... Ce que M. Zola dit du siège, nous le savions, l'explication qu'il donne de la Commune n'a pas le mérite de la nouveauté. Mais là où il est sans rival, là où nous le suivons avec une curiosité passionnée c'est dans l'effort qu'il accomplit pour reconstituer l'état d'âme du soldat en 1870, la psychologie des armées françaises sous le coup de nos revers. Voilà vraiment un travail d'artiste. M. Zola s'en est acquitté avec une remarquable pénétration, et — ce qui est plus rare — avec un tact infiniment délicat... Le procédé dont il s'est servi est ingénieux et vaut la peine d'être expliqué.

Il a pris, comme personnnage collectif de son récit, une *escouade* (l'escouade dont Maurice fait partie), et dans cette escouade, il a placé un certain nombre de types qui, chacun, incarnent un des traits fondamentaux du troupier français. Voici d'abord Jean, le caporal, un paysan solide ayant toutes les qualités qui constituent le bon soldat : obéissant, résigné, dur à la fatigue, méthodique, débrouillard. Voici Lapoulle, l'hercule, dépourvu d'intelligence, véritable brute, uniquement dominé par sa formidable fringale, et capable de tous les crimes pour l'apaiser. Voici, comme contraste, Loubet, l'ouvrier parisien, blagueur, fricoteur, plein d'esprit, mystifiant ses camarades, mais ne leur refusant pas un coup de main, habile à chaparder les volailles et à déterrer les pommes de terre, la joie et la gaieté de l'étape. Voici Chouteau, une autre variété de la même espèce, un ouvrier, lui aussi, mais dangereux, l'ouvrier beau parleur, révolté, hargneux, toujours prêt à la révolte, poussant à l'indiscipline, grognant contre les chefs et se dérobant au jour du danger. Voici maintenant, à l'autre bout de l'échelle, Pache, le Breton illettré et sournois, qui ne prononce pas une parole et récite une oraison en allant au feu. Enfin voici Maurice, l'engagé volontaire, le seul qui possède une culture supérieure et qui soit capable de raisonner ses impressions. Au-dessus de la troupe, défilent les officiers, trois ou quatre figures très nettement dessinées. Le lieutenant Rochas, vieux briscard qui a conquis ses épaulettes à la force du poignet après vingt ans de campagnes, grand enfant candide, d'un chauvinisme naïf, qui ne croit pas que la France puisse être vaincue et qui montre le poing aux ennemis en retroussant ses moustaches. Le capitaine Baudoin, élégant soigné, parfumé, voué, grâce aux protections féminines, à un superbe avenir; le colonel de Vineuil, soldat impeccable, esclave du devoir, se sacrifiant sans phrases et versant des larmes sincères sur les malheurs du pays. Le général Bourgain-Desfeuilles, incapable, encombrant, brutal, égoïste, gourmand, et totalement dépourvu de connaissances géographiques. Peut-être M. Zola a-t-il marqué de traits excessifs ce chef imbécile, dont il a fait une grotesque caricature.

Tels sont les héros qui passent sous nos yeux et qui évoluent dans ce grand drame. Nous les retrouvons à chaque page, et nous voyons peu à peu leurs sentiments se modifier. Tout d'abord, ils sont pleins de confiance et d'enthousiasme. Ils sont sûrs de la victoire. Mais, dès les premiers revers, leur crédulité faiblit... C'est alors que Chouteau, le futur communard, élève la voix; il propage des bruits absurdes, il raconte que Mac-Mahon a reçu trois millions de Bismarck pour livrer l'armée française. Ses camarades ne sont pas loin d'ajouter foi à ces fables. Quand on a l'estomac vide, on croit aisément à la trahison... Et cependant, par un phénomène étrange, dès que ces hommes désemparés se trouvent devant l'ennemi, dès que leur cervelle s'est échauffée au bruit du canon, leurs illusions renaissent; ils se battent comme des lions et s'imaginent, contre l'évidence même, que la victoire leur appartient. Ce mirage exalte leur bravoure et leur inspire de superbes dévouements... Mais en même temps que leur courage leur férocité se développe. Tous les instincts barbares endormis depuis des siècles se réveillent à ces heures terribles. L'homme n'est plus qu'un animal sauvage qui tue, qui pille, qui assouvit ses besoins, sans qu'aucune règle puisse l'arrêter :

Les officiers n'ont pas même essayé de les retenir, tous se sont jetés dans les maisons, dans les boutiques, enfonçant les portes et les fenêtres, cassant les meubles, cherchant à manger et à boire, avalant n'importe quoi, ce qui leur tombait sous la main... Chez M. Simonnot, l'épicier, j'en ai aperçu un qui puisait avec son casque, au fond d'un tonneau de mélasse. D'autres mordaient dans des morceaux de lard cru. D'autres mâchaient de la farine. En moins d'une heure, les maisons bourgeoises, elles-mêmes, ont eu leurs vitrines fracassées, leurs armoires pillées, leurs caves envahies et vidées...

Toutefois, si le soldat, dans l'enivrement de la lutte, s'abandonne à ses instincts déchaînés, il oublie aussi les distinctions factices, les préjugés sociaux. Il se rapproche de la nature. L'égalité s'établit entre ces hommes qui vont mourir. Le paysan, le bourgeois, l'ouvrier, se tutoient, et sont frères sous les armes. Et quelquefois de touchantes amitiés éclosent entre ces êtres si dissemblables. Maurice l'avocat, le fils de famille, est pris d'une tendresse reconnaissante pour le caporal Jean, — un rustre qui, au début de la campagne, ne lui inspirait que du mépris :

Dans l'écroulement de tout, au milieu de cette misère extrême, avec la mort en face, cela était pour lui d'un réconfort délicieux, de sentir un être l'aimer et le soigner ; et peut-être l'idée que ce cœur tout à lui était celui d'un simple, d'un paysan resté près de la terre, dont il avait eu d'abord la répugnance, ajoutait-elle maintenant à sa gratitude une douceur infinie. N'était-ce point la fraternité des premiers jours du monde, l'amitié avant toute culture et toutes classes, cette amitié de deux hommes unis et confondus, dans leur commun besoin d'assistance, devant la menace de la nature ennemie? Il entendait battre son humanité dans la poitrine de Jean, et il était fier pour lui-même de le sentir plus fort, le secourant, se dévouant; tandis que Jean, sans analyser sa sensation, goûtait une joie à protéger chez son ami cette grâce, cette intelligence, restées en lui rudimentaires.

Cette analyse est très juste. M. Zola, qui n'a jamais porté l'uniforme, est arrivé par un bel effet d'intuition, à pénétrer l'âme du soldat — non pas du soldat pacifique qui moisit dans la ville de garnison — mais du soldat en campagne, pris dans la fièvre de ses passions bonnes et mauvaises et dans la surexcitation de la bataille.

J'ai dit les défauts et les qualités de fond de *la Débâcle*. Quant au mérite de l'exécution, je crois inutile d'en parler. M. Zola est un narrateur d'une puissance infinie. Il anime les choses, il leur prête une vie intense. Il les grave dans l'esprit par la magie d'un coloris merveilleux. Nul enfin ne sait, comme lui, faire mouvoir les masses énormes, et donner une allure épique aux vastes mêlées humaines. Lorsqu'on a lu d'un trait l'admirable récit de la journée de Sedan, et qu'on ferme le volume, on continue de voir ce grandiose tableau d'une armée écrasée et périssant sous le nombre; et on le voit nettement, on en distingue tout à la fois l'ensemble et les détails, dont chacun apparaît en traits de feu. Et cette vision est d'une telle vivacité qu'aucune lecture ultérieure ne doit pouvoir l'affaiblir. Je crois bien que le combat de Bazeilles m'apparaîtra, jusqu'à la fin de mes jours, à travers les pages de *la Débâcle*.

Ce sont les dons vraiment géniaux de M. Zola. Il a recours aussi à des procédés de style, dont la valeur est plus contestable, et que nous retrouvons dans son livre : abus des épithètes brutales, lyrisme un peu factice, surtout aux fins de chapitres. Ainsi (p. 275) M. Zola nous montre le roi Guillaume contemplant du haut d'une colline ses armées qui marchent à la bataille. Et il ajoute : « A sa droite, « un vol d'hirondelles, effrayées par le canon, tour- « billonna, s'enleva très haut, se perdit vers le Sud. » Il est malaisé de saisir la signification symbolique ou philosophique de ces hirondelles. Enfin, comme Victor Hugo, M. Emile Zola aime un peu trop l'antithèse. Il se plaît à mettre en scène dans *la Débâcle* les bagages de l'empereur, les fourgons qui contiennent sa vaisselle d'or, ses casseroles d'argent, ses bouteilles de champagne et ses marmitons immaculés. Il y a certes un contraste saisissant entre cet équipage somptueux et la détresse morale du souverain qui pleure son trône. Cet « effet » est pittoresque. Son seul tort est de revenir à toutes les pages et de se répéter indéfiniment. Mais passons sur ces misères. Elles se perdent dans le rayonnement épique de l'ouvrage. M. Emile Zola en a publié de mieux composés, de plus complets, je ne pense pas qu'il en ait écrit de plus pathétiques. J'ajouterai que cette œuvre est consolante pour notre patriotisme. En voyant les prouesses qu'ont accomplies des soldats sans ressources, découragés, mal conduits, on regarde l'avenir avec confiance, et l'on se dit que si jamais le pays les appelle à la frontière, les fils de ces vaincus héroïques sauront faire leur devoir!

III. — *LOURDES*, PAR ÉMILE ZOLA

Déclarons-le franchement. Ce livre ne comptera point parmi les meilleurs de M. Emile Zola. La faute en est-elle au sujet trop délicat, à la façon dont il a été compris et développé? En aucun ouvrage du maître écrivain on n'avait senti, comme en celui-là, les défauts de sa manière, monotonie des développements, pesanteur des analyses, brutalité des descriptions et cette raideur d'attitudes où se renferment les personnages, et ce manque de souplesse qui les fait ressembler à des statues aux gestes figés. *Lourdes* est d'une lecture déplaisante et pénible. Trop de choses y sont entassées pêle-mêle. Et la fatigue que ces détails accumulés vous infligent n'est pas rachetée par la beauté de l'ensemble. L'impression est à la fois compacte et éparpillée. Quand le volume est fermé, et que l'on cherche à s'en rappeler les points saillants, on garde la vision d'une admirable procession nocturne, d'une immense et prodigieuse scène d'exaltation et de dévotion, d'une crise morale assez nettement déduite... Le reste n'est que verbiage et que fatras.

L'erreur de M. Emile Zola tient à bien des causes. D'abord la division du livre présentait d'énormes difficultés. M. Zola a cru devoir le partager en cinq journées, et lui donner la durée d'une pèlerinage. C'est l'histoire d'un pèlerinage qu'il a racontée ; il s'est pour ainsi dire accroché aux pèlerins, partant avec eux de Paris et y revenant sans les quitter d'un pas. Or, il fallait faire entrer, dans le cadre étroit de ces cinq journées, tout ce que comportait le plan de l'ouvrage, le présent, le passé, la biographie de Bernadette, la science, la foi, la critique, le paysage, la vie physique et la vie mystique, le mouvement des rues et le mouvement des âmes, la charité et la spéculation, les multiples aspects de cette ville subitement éclose au creux d'un vallon des Pyrénées. Il fallait aussi grouper des malades qui fussent des types, et les suivre jusqu'au bout, montrer leur changement de physionomie sous l'action de la prière et dans l'attente du miracle. La tâche était colossale et supposait un violent effort, qui, malheureusement, perce à chaque page. On y sent l'obsession d'un cerveau qui triture puissamment les matériaux de son œuvre. Il en résulte comme une tension douloureuse. Nous souffrons, assurément plus que l'auteur luimême, de l'énorme labeur qu'il s'est imposé. Nous voudrions, çà et là, un moment de détente, d'apaisement. Mais non, le livre monstrueux vous pousse et vous presse. On dirait une gigantesque machine, une locomotive merveilleusement construite, mais qui halète en marchant, et dont les innombrables rouages laissent après eux un bruit de ferraille. Cela n'a pas l'abandon d'un corps animé. Cela est d'acier et non de chair... En un mot, M. Zola a suivi l'exemple des anciens faiseurs de tragédies, fidèles disciples d'Aristote, qui observaient rigoureusement les trois unités. Et il a dû, comme eux, recourir à d'ingénieux procédés pour exprimer sa pensée, sans violer les règles. Ils avaient inventé les confidents, et ils remplaçaient les coups de théâtre par des récits. Vous allez voir que M. Zola s'inspire d'une méthode analogue.

Sa première journée est consacrée au transport des pèlerins. Le train blanc, le train des grands malades, quitte Paris à cinq heures du matin et arrive à Lourdes le lendemain soir. M. Zola décrit patiemment ce funèbre convoi. Il ne nous en épargne aucun détail. Et je ne blâme point cette minutie. Il veut, selon sa coutume, constituer le milieu, l'atmosphère extérieure de son drame. Donc, il ouvre un des wagons et nous présente les voyageurs, et nous dévoile leurs infirmités. Toutes les catégories sociales y figurent. Il y a une grande dame, Mme de Jonquière, qui, une fois tous les ans, se résigne au rôle d'infirmière; une religieuse angélique et gaie dont les yeux tendres inspirent la résignation; un médecin curieux et désireux de s'instruire; un chef de bureau idiot qui compte hériter d'une tante richissime; une pauvre femme, Mme Vincent, qui est partie n'ayant en poche que trente sous, avec l'espérance de guérir sa petite fille; une phtisique, la Grivotte; une cancéreuse, Mme Vétu, dont l'haleine répand des vapeurs pestilentielles; un professeur, M. Sabathier, libre penseur ataxique et converti; un missionnaire mourant; une cuisinière, Élise Rouquet, atteinte au visage d'un affreux lupus qui la rend hideuse. Ces silhouettes ne nous lâcheront plus. Nous allons les retrouver à chaque détour de la route, et marquées des mêmes traits et des mêmes épithètes, immobilisées dans leur attitude : Élise Rouquet et son Lupus, Mme Vétu vomissant des matières noires, Mme Vincent portant son enfant entre les bras, M. Sabathier traînant sa jambe... Je sais bien que, grâce à ces répétitions, leur physionomie prend un relief particulier. C'est le moyen dont se sert M. Zola pour enfoncer le masque de ses personnages dans notre mémoire, à coups de marteau. Mais il en résulte, à la longue, une lassitude. On voudrait fuir ces fantômes...

Mieux articulés sont les héros du roman : Pierre, Marie de Guersaint, et son père, M. de Guersaint. Pierre est un jeune abbé, doué d'un cœur sensible. Il a connu, étant enfant, sa petite voisine, Marie de Guersaint, et il l'a aimée, et, sans doute, il l'aurait épousée, si un terrible accident n'avait frappé la fillette. A l'âge de treize ans, une chute de cheval l'a brisée. On a dû la coucher, paralysée des deux pieds, dans une petite voiture que, depuis cette époque, elle n'a pu quitter. En vain l'a-t-on conduite, à travers l'Europe, chez les plus illustres médecins. Nul ne lui a rendu la santé et son mal est regardé comme incurable. Pierre, voyant sa jeune amie à jamais perdue, est entré dans les ordres. Mais il s'est trompé sur sa vocation. Des scrupules l'ont assailli. Sa foi est tourmentée, et non pas candide et pure. Et il est résigné à accomplir les devoirs du prêtre, respectueux du culte, rigoureux observateur de ses vœux, irréprochable et inattaquable, mais il garde pour lui la souffrance de ses doutes. Marie, au contraire, brûle d'une vive et touchante ardeur, croyante passionnée, s'abîmant dans l'adoration éperdue de la Sainte Vierge. Et elle a voulu accomplir le voyage de Lourdes, convaincue que ses vœux seront exaucés et qu'elle en reviendra guérie, et qu'en même temps l'âme de son cher frère, du bon abbé Pierre, sera touchée de la grâce et recouvrera la paix intime. Elle a décidé son père, M. de Guersaint, pauvre inventeur chimérique, à tête d'oiseau, inoffensif et léger, de tenter la suprême épreuve, et tous trois se sont embarqués dans le train blanc...

Voilà donc le microcosme de M. Zola, son coin d'humanité présenté au lecteur. Que va-t-il s'y passer durant la première journée, c'est-à-dire jusqu'à l'arrivée à Lourdes, c'est-à-dire pendant cent seize pages de texte serré? M. Zola ne peut s'occuper éternellement du lupus d'Élise Rouquet ou du cancer de Mme Vétu, ni faire passer sous nos yeux les vases de caoutchouc qu'on vide par la portière. Il lui faut une diversion. Et il faut qu'il nous parle un peu de Lourdes où nous allons, et de ce qui s'y accomplit et aussi de Bernadette, sans qui Lourdes n'eût pas existé. Comment s'y prendra-t-il? Il supposera : 1° qu'une conversation générale s'établit dans le wagon et que chacun y raconte sa petite anecdote sur les guérisons de la Grotte, et il fera ainsi défiler toutes les notes qu'il a prises dans les ouvrages spéciaux; 2° que les pèlerins, s'ennuyant à la hauteur de Poitiers, réclament une lecture ou une conférence, et que, prenant la parole, l'abbé Pierre va leur narrer l'histoire de Bernadette qu'ils connaissent sans doute aussi bien que lui. Et, de la sorte, nous épuiserons les cent seize pages de la première journée, et nous gagnerons la ville de Lourdes.

Notez que, si je fais ressortir ces moyens de composition, ce n'est pas que je les trouve fâcheux ou que je blâme M. Zola de s'en servir. Je constate seulement qu'ils sont un peu grossiers et un peu trop apparents; et qu'ils rappellent le « truc » des vaudevillistes qui, désirant intercaler dans leurs pièces un divertissement, jettent dans le dialogue ces simples mots : *Que la fête commence...* Tout ceci n'est pas d'un art raffiné...

D'autre part, il est évident que M. Zola n'est pas à l'aise et qu'il est gêné par son sujet. Un combat se livre en lui. Il n'admet pas la possibilité du miracle, l'intervention divine qui ferme les plaies et rend la lumière aux aveugles et la parole aux muets. Il s'en explique carrément, et ne nous laisse aucune illusion sur sa pensée. Pour lui, les guérisons obtenues sont dues à une auto-suggestion, à une formidable tension morale, qui a sa répercussion sur la physiologie de l'individu. Et cependant, tout en réservant les droits de ce qu'il croit être la raison humaine, il est touché (ou feint de l'être) de cette explosion de ferveur, de cet agenouillement de tout un peuple tendant les mains vers la mère protectrice, et il déclare que ce spectacle est sublime, et il s'attendrit à ces misères, à ces angoisses, à ces espoirs surhumains. Et il considère qu'aucun tableau n'est comparable à celui de cette foule qui dépose aux pieds du Seigneur une prière éperdue et s'abîme en un transport de brûlante extase. Et il ne sépare pas ce tableau du cadre qui l'entoure et l'embellit, des montagnes, des eaux bleues, des allées ombreuses et des étoiles qui scintillent, et du parfum des fleurs qui se mêle aux vapeurs de l'encens. Sa sensualité, bien plus que son âme, s'émeut de ces choses; il les goûte en artiste, en dilettante. Son état d'esprit est la *piété sans foi*, beaucoup plus condamnable, aux yeux des dévots sincères, que la négation brutale. En somme, son scepticisme est complet, à peine tempéré par la mélancolie que lui inspirent les misères humaines, étalées, ramassées en cet étroit coin de terre. Et il ne craint pas de prêter ses propres sentiments à l'abbé Pierre, qu'il dépouille ainsi sans vergogne de toute apparence ecclésiastique. M. Zola oublie trop, à mon avis, que ce curé tourmenté n'est pas un renégat. Il assure au début que l'abbé Pierre remplit exactement ses devoirs, et qu'il renferme en soi, par humilité et par modestie, les doutes qui le déchirent. Et en effet, nous voyons plus loin Pierre respecter les convictions de Marie. Il hésite au moment de déchirer ses saintes croyances; il renonce, après un combat douloureux, à ce criminel projet, et se résigne à porter tout seul la croix de l'incertitude. Alors pourquoi, dans le wagon qui ramène à Paris les pèlerins, profère-t-il de véritables blasphèmes contre les dogmes de l'Église catholique (p. 585)? Ce n'est pas en ce lieu qu'un prêtre, même un mauvais prêtre, oserait tenir de pareils discours. Je crains qu'ici M. Émile Zola ne se soit substitué à son personnage et que le polémiste n'ait fermé la bouche au romancier... Et je pourrais relever au courant des pages d'autres erreurs de psychologie...

Quelles sont donc les qualités de ce livre, où nous avons relevé tant d'imperfections? Car un talent comme celui de M. Zola trouve toujours le moyen de briller en quelque endroit. *Lourdes* renferme des descriptions magnifiques, et non pas froides, mais vivantes! M. Zola (et c'est par là qu'il a chance de rester) est un admirable évocateur. Il excelle à peindre la nature animée, les mouvements de la foule, les pesantes masses qui s'ébranlent, les peuples qui marchent. Qu'il s'agisse des armées en campagne, des mineurs révoltés, ou des spéculateurs furieux qui se ruent après la Bourse, il les fait mouvoir avec une tranquille aisance qui est celle de la force. Son regard embrasse de vastes espaces et plane au-dessus des horizons. Et il nous transporte avec lui, très haut, et il nous montre les humanités accomplissant leur œuvre de travail ou de destruction. Ces visions épiques se retrouvent dans le nouveau volume. C'est l'armée de la souffrance qui y palpite, armée aux cent mille têtes, tordues, frémissantes et hurlantes. Je ne sais pas d'épisode plus grandiose que celui où les pèlerins suivent les pas de l'abbé Judaine, qui porte le Saint-Sacrement aux flancs de la montagne, et fixent leurs regards vers le Sauveur, dont ils implorent la miséricorde. La scène est prodigieuse de réalité et d'intensité. Et il y flotte comme un souffle de mystère, qui en accroît la grandeur.

Alors, tout d'un coup, le dais apparut au sommet des rampes géantes, devant la porte de la Basilique, sur le balcon de pierre qui dominait l'étendue. L'abbé Judaine s'avança, tenant à deux mains, en l'air, le Saint-Sacrement. Près de lui, Marie avait hissé le chariot, le cœur battant de la course, la face enflammée, dans l'or dénoué de ses cheveux. Puis, derrière, tout le clergé s'était rangé, les surplis neigeux, les chasubles éclatantes ; tandis que les bannières flottaient, ainsi que des drapeaux, pavoisant la blancheur des balustrades. Et il y eut une minute solennelle.

De là-haut, rien n'était plus grand. D'abord, en bas, c'était la foule, la mer humaine au flot sombre, à la houle sans cesse mouvante, immobilisée un instant, où l'on ne distinguait que les petites taches pâles des visages, levés vers la Basilique, dans l'attente de la bénédiction ; et aussi loin que le regard s'étendait, de la place du Rosaire au Gave, par les allées, par les avenues, par les carrefours, jusqu'à la vieille ville, lointaine, les petits visages pâles se multipliaient, innombrables, sans fin, tous béants, les yeux fixés sur l'auguste seuil, où le ciel allait s'ouvrir. Puis, l'immense amphithéâtre de coteaux, de collines et de montagnes surgissait, montait de toutes parts, des cimes à l'infini, qui se perdaient dans l'air bleu. Au nord, au delà du torrent, sur les premières pentes, parmi les arbres, les nombreux couvents, les Carmélites, les Assomptionnistes, les Dominicaines, les Sœurs de Nevers, se doraient d'un reflet rose, sous l'incendie du couchant. Des masses boisées s'étageaient ensuite, gagnaient les hauteurs du Buala, que dépassait la serre de Julos, dominée elle-même par le Miramont. Au sud, s'ouvraient d'autres vallées profondes, des gorges étroites entre des entassements de rocs géants dont la base trempait déjà dans des mares d'ombre bleuâtre, lorsque les sommets étincelaient de l'adieu souriant du soleil.

Et l'abbé Judaine, en face de cette immensité, éleva de ses deux mains, plus haut, plus haut, encore, le Saint-Sacrement. Il le promena d'un bout de l'horizon à l'autre, il lui fit décrire un grand signe de croix, en plein ciel. A gauche, il salua les couvents, les hauteurs du Buala, la serre de Julos, le Miramont; à droite, il salua les grands blocs foudroyés des vallées obscures, les collines empourprées de Visens; en face, il salua les deux villes, le Château baigné par le Gave, le petit Gers et le grand Gers, déjà ensommeillés; et il salua les bois, les torrents, les monts, les chaînes indéterminées des pics lointains, la terre entière, par delà l'horizon visible. Paix à la terre, espérance et consolation aux hommes! En bas, la foule avait frémi sous ce grand signe de croix qui l'enveloppait toute. Il sembla qu'un souffle divin passait, roulant la houle des petits visages pâles, aussi nombreux que les flots d'un océan. Une rumeur d'adoration monta, toutes les bouches ouvertes clamèrent la gloire de Dieu, lorsque l'ostensoir, que le soleil couchant frappait en plein, apparut de nouveau comme un autre soleil, un pur soleil d'or traçant le signe de la croix en traits de flamme, au seuil de l'infini.

On est obligé de s'incliner devant cette page souveraine! Et dire que pendant dix ans, on n'a vu en M. Zola qu'un réaliste et qu'on n'a pas vu en lui le poète, le grand poète qui égale les plus grands! Son malheur fut d'être inégal et de se reposer, entre deux coups d'aile, sur les bas-fonds. Au moins faut-il lui rendre justice et discerner dans ses ouvrages autre chose que leurs platitudes et leurs laideurs. *Lourdes* contient une dizaine d'épisodes de toute beauté. J'ai bien peur que le public ne les prise pas à leur valeur, et que ce livre tourmenté, inquiet, difforme ne lasse vite les curiosités qu'il a excitées. Il blesse les croyants, les sceptiques indifférents, et — finalement — ne fait la conquête de personne.

IV. — *LE LYS ROUGE*, PAR M. ANATOLE FRANCE

Le Lys rouge sort un peu de la manière habituelle de M. Anatole France. C'est une peinture assez précise du monde contemporain. L'auteur, cette fois, a voulu serrer de près la réalité. Je ne jurerais point qu'il y ait constamment réussi, et qu'il n'ait, çà et là, suivi ses flottantes fantaisies. Mais l'effort existe et il est intéressant.

Le milieu où M. Anatole France nous introduit est élégant et très riche. C'est le milieu de la haute bourgeoisie ou, pour mieux dire, de la noblesse républicaine. Son héroïne, la comtesse Martin-Bellème, est fille d'un banquier archi-millionnaire et femme d'un député, homme impeccable et pondéré, rapporteur de la commission du budget et futur ministre. Elle reçoit dans son salon une société mêlée et brillante, des hommes de lettres, des artistes, des diplomates, des savants, des généraux mexicains, de jolies Américaines et des dames polonaises d'une rare distinction. Elle est, au reste, très indépendante. Son mari la laisse libre, ayant lui-même repris sa liberté, après quelques années de vie conjugale. Il ne songe guère à s'en servir, n'ayant en tête que les soucis de sa fortune politique. Elle en fait un usage moins innocent. Elle a contracté une liaison secrète avec un certain Le Ménil, jeune clubman bien élevé et insignifiant. Un beau jour, elle retrouve à Florence un sculpteur de talent nommé Dechartre qui lui fait une cour pressante. Elle cède à ses prières et rompt avec Le Ménil. Mais Dechartre est jaloux et violent. Il souffre mille tortures à la pensée que la comtesse Martin a appartenu à un autre homme. Il se rend malheureux, il la rend malheureuse, et, ses soupçons s'éveillant sur un indice futile, croyant que la comtesse, malgré ses dénégations passionnées, continue de voir son ancien ami, il se sépare d'elle brutalement... Voilà tout le livre, du moins tout le fond du livre : l'histoire est assez banale; elle rentre dans l'ornière des adultères mondains, où s'agitent depuis vingt ans nos romanciers, depuis Feuillet jusqu'à M. Rabusson, depuis M. Paul Bourget jusqu'à M. Marcel Prévost. Ces sujets ne valent que par l'intensité de l'analyse psychologique. Il faut que l'auteur nous montre au vif l'âme de ses personnages, les fasse vivre et souffrir, et scrute, avec une patience infinie, la cause de leurs souffrances. Or, disons-le tout de suite, les figures principales du *Lys rouge* manquent de netteté et, par cela même, de profondeur. Considérons-les, l'une après l'autre.

Qu'est-ce, au juste, que cette comtesse Martin ? Elle a épousé un homme qu'elle n'aimait pas ; elle l'a trompé avec une tranquillité parfaite, elle s'est donnée à Le Ménil. Elle a cru être éprise de ce bellâtre, jusqu'au moment où elle a rencontré le sculpteur Dechartre qui lui a fait connaître l'ivresse de la passion partagée. Mais par quelle gamme de sentiments a-t-elle passé pour en arriver à ce dénouement ? L'auteur le dit à peine, et il le dit faiblement. Nous en sommes réduits à nos seules conjectures. Un certain combat doit se livrer dans le cœur de la comtesse ; car, enfin, à moins d'être la dernière des prostituées, une femme ne se lance pas ainsi dans les aventures sans hésitation, sans scrupule, sans inquiétude, sinon sans quelques remords. La comtesse tombe dans les bras de Dechartre avec une singulière rapidité. Deux ou trois bouts de causerie dans les rues de Florence, un rendez-vous imploré et aussitôt accordé, une scène de désespoir jouée par Dechartre, et la chute est consommée. Et soudain l'âme froide de la comtesse Martin s'enflamme et montre une exaltation dont nous l'eussions crue incapable. Cette femme du monde, qui va devenir une femme officielle, perd toute retenue, commet les pires imprudences, compromet allégrement sa réputation, sa situation, affronte les pires scandales...

Dechartre, au moins, justifie-t-il ce prodigieux engouement? M. Anatole France nous affirme qu'il a séduit la comtesse par la mâle autorité et la distinction de son caractère. Nous voulons bien l'en croire sur parole. Mais, en vérité, quand nous entendons parler ce sculpteur, nous le trouvons assez ordinaire. Il a le cerveau meublé de connaissances diverses et d'idées philosophiques. Il s'exprime avec éloquence et subtilité, et cependant, quoi qu'il fasse, il nous paraît froid. Au moment où il semble le plus fiévreux, où sa passion déborde et lui monte aux lèvres, son langage demeure merveilleusement orné. Ecoutez l'aveu qu'il adresse à la comtesse (p. 207) :

Avant de vous connaître, je n'étais pas malheureux. J'aimais la vie. J'y étais retenu par des curiosités, des rêves. Je goûtais les formes et l'esprit des formes, les apparences qui caressent et qui flattent. J'avais la joie de voir et de rêver. Je jouissais de tout et ne dépendais de rien. Mes désirs, abondants et légers, m'emportaient sans fatigue. Je m'intéressais à tout et je ne voulais rien : on ne souffre que par la volonté. Je le sais aujourd'hui. Je n'avais point une volonté sombre. Sans le savoir, j'étais heureux. Oh! c'était peu de chose, c'était seulement ce qu'il faut pour vivre. Maintenant, je ne l'ai plus. Mes plaisirs, l'intérêt que je prenais aux images de la vie et de l'art, le vif amusement de créer de mes mains une figure rêvée, vous m'avez tout fait perdre, et vous ne m'avez pas même laissé le regret. Je ne voudrais plus de ma liberté, de ma tranquillité passées. Il me semble qu'avant vous je ne vivais pas. Et, maintenant que je me sens vivre, je ne puis vivre ni loin de vous ni près de vous. Je suis plus misérable que ces mendiants que nous avons vus sur la route d'Ema. Ils avaient de l'air à respirer. Et moi, je ne puis respirer que vous, que je n'ai pas.

Ne pensez-vous pas que l'amour, quand il est sincère, trouve des mots plus simples, et qui jaillissent du fond de l'être, et que le tour en est moins ingénieux? Et plus loin (p. 277), Dechartre disserte fort joliment sur la jalousie et dit des choses tout à fait fines et justes :

Il n'y a pas dans le sang, dans la chair d'une femme, cette fureur absurde et généreuse de possession, cet antique instinct dont l'homme s'est fait un droit. L'homme est le dieu qui veut sa créature. Depuis des siècles immémoriaux la femme est faite au partage. C'est le passé, l'obscur passé qui détermine nos passions. Nous étions déjà si vieux quand nous sommes nés! La jalousie n'est pour une femme que la blessure de l'amour-propre. Chez l'homme, c'est une torture profonde comme la souffrance physique... Tu demandes pourquoi? Parce que, malgré ma soumission et mes respects, en dépit de la peur que tu me donnes, tu es la matière et moi l'idée, tu es la chose et moi l'âme, tu es l'argile et moi l'artisan. Oh! ne t'en plains pas. Auprès de l'amphore arrondie et ceinte de guirlandes, qu'est-ce que l'humble et rude potier? Elle est tranquille et belle. Il est misérable. Il se tourmente, il veut, il souffre; car vouloir, c'est souffrir. Oui, je suis jaloux. Je sais bien ce qu'il y a dans ma jalousie. Quand je l'examine, j'y trouve des préjugés héréditaires, un orgueil de sauvage, une sensibilité maladive, un mélange de violence bête et de faiblesse cruelle, une révolte imbécile et méchante contre les lois de la vie et du monde. Mais j'ai beau la connaître pour ce qu'elle est : elle est et me tourmente. Je suis le chimiste qui, étudiant les propriétés de l'acide qu'il a bu, sait avec quelles bases il se combine et quels sels il forme. Cependant l'acide le brûle et le brûlera jusqu'aux os.

Cela est charmant et cela ne touche point. Cela nous amuse, simplement. Le roman de M. Anatole France est plein de situations cruelles. Et à aucun moment, le lecteur n'y est ému. C'est que derrière chaque personnage et à travers leurs discours, on aperçoit le sourire énigmatique de l'auteur. M. Anatole France n'a pas su s'effacer. Il ressemble au montreur de marionnettes qui tire la ficelle de ses pantins. Ils font les gestes et c'est lui qui parle. Dans ces conditions, l'illusion est impossible...

A tout bien considérer, la figurine la plus vivante du livre est encore ce benêt de Le Ménil. Cette fois, l'auteur ne s'est pas mis en travers. Il a peint, avec un soupçon d'ironie sournoise mais suffisamment discrète, ce clubman parfaitement nul et distingué, sorte de mannequin façonné par l'éducation et par la connaissance des usages. Le Ménil est la correction faite homme ; il vit dans une oisiveté laborieuse ; il va au cercle aux heures où les convenances veulent qu'on y aille; il chasse quand il faut chasser; il s'habille comme s'habillent les gens qui ont le respect d'eux-mêmes. Il est *comme il faut* de la tête aux pieds. D'ailleurs, il ne comprend rien à l'âme de la comtesse, ni à ses caprices. Sa liaison avec elle a tout juste pour lui l'importance que doit avoir pour un galant homme une intrigue de ce genre. Aussi sommes-nous un peu surpris de la violence de son désespoir, quand la comtesse Martin lui signifie son congé... Qu'il s'emporte jusqu'à la frapper au visage; que sous l'impulsion de la colère, la brutalité native de Le Ménil éclate et crève son vernis d'homme du monde, je l'admets volontiers. Je conçois moins la persévérance de ses regrets, l'insistance navrée qu'il met à se rapprocher de l'infidèle. Les êtres de son espèce se consolent aisément et trouvent facilement des consolatrices, quand ils sont riches et qu'ils ont, comme Le Ménil, de jolies moustaches à la hussarde...

Ce que je préfère dans *le Lys rouge*, ce sont les hors-d'œuvre, les digressions et les silhouettes épisodiques. Ici nous retrouvons le délicieux écrivain de la *Reine Pédauque* et de *Silvestre Bonnard*. Il a glissé, dans son roman, quelques types esquissés rapidement, d'une plume négligente et qui méritent qu'on les arrête au passage. Voici Choulette, réincarnation du bon Jérôme Coignard. Il n'est plus abbé, il est poète, il hante les ruelles du vieux Paris, il porte des vêtements sordides et compose des vers précieux ; il est anarchiste, il partage son pain avec les savetiers et les filles perdues, mais il fréquente volontiers chez les duchesses, il soigne sa réputation et songe vaguement à l'Académie. La comtesse Martin, que son babil amuse, a l'extrême bonté de l'emmener à Florence. Il arrive, au dernier moment, sur le quai de la gare — et dans quel appareil !

Il longeait le quai, boitant d'une jambe, le chapeau en arrière sur son crâne bossué, la barbe inculte et traînant un vieux sac de tapisserie. Il était presque terrible, et, malgré ses cinquante ans, avait l'air jeune, tant ses yeux bleus étaient clairs et luisaient, tant son visage jauni et creusé avait gardé d'audace ingénue, tant jaillissait de ce vieil homme ruineux l'éternelle adolescence du poète et de l'artiste. En le voyant, Thérèse regretta de s'être donné un compagnon si étrange. Il allait, jetant dans chaque voiture un regard brusque, qui devenait peu à peu mauvais et méfiant. Mais quand, arrivé au coupé des deux dames, il reconnut Mme Martin, il sourit si joliment et lui donna le bonjour d'une voix si caressante, qu'il ne lui restait plus rien du farouche vagabond errant sur le quai, rien que la très vieille valise de tapisserie qu'il tirait par les anses à demi rompues.
Il la plaça dans le filet avec un soin minutieux, parmi les sacs corrects, enveloppés de toile grise, où elle fit une tache éclatante et sordide. On vit alors qu'elle était semée de fleurs jaunes, sur un fond couleur de sang.

. . . .

Tandis que le train roulait à travers les laideurs de la banlieue, sur cette frange noire qui borde tristement la ville, Choulette tira de sa poche un vieux portefeuille dans lequel il se mit à fouiller. Le scribe, caché sous le vagabond, se révélait. Choulette était paperassier sans vouloir le paraître. Il s'assura qu'il n'avait perdu ni les bouts de papier sur lesquels il notait au café ses idées de poèmes, ni la douzaine de lettres flatteuses que, tachées, coupées à tous les plis, il portait sur lui constamment, prêt à les lire à des compagnons de rencontre, la nuit, sous les becs de gaz.

Voici, près du bohème Choulette, les représentants de la science et de la politique officielles : M. Schmoll, membre de l'Institut, ambitieux insatiable, collectionneur de places et de privilèges, toujours criant misère et toujours s'enrichissant; M. Lagrange, professeur au Muséum, naturaliste estimable et routinier ; le général Larrivière, digne culotte de peau que le hasard bombarde au ministère de la guerre ; et enfin les députés et sénateurs, collègues de M. Martin-Bellème, qui se glissent avidement au pouvoir. L'humeur méchante de M. Anatole France s'est donné libre carrière. Elle a semé sur toutes ces têtes une pluie d'épigrammes douceureuses, soulignant d'une épithète parfois un peu grosse le ridicule des politiciens, mais raillant avec une adorable perfidie le monde qui grouille autour de l'Académie. Et, tout en lançant ses pointes, l'auteur, sous mille formes, joue avec les idées, avance des paradoxes sans avoir l'air, d'ailleurs, d'y attacher d'importance, envisage les divers aspects des choses, se montre et se dérobe, fuit au moment de conclure, et ne se laisse jamais saisir...

Et c'est ainsi qu'en ce roman inégal, nous retrouvons, par endroits, les traits qui font de M. Anatole France le plus décevant — et le plus exquis — de nos écrivains...

V. — *LE MASQUE*, PAR M. GILBERT AUGUSTIN-THIERRY

... Je revenais d'Allemagne avec un ami très versé dans les pratiques bouddhistes. Bercés par le roulement du train, nous échangions de vagues paroles, auxquelles succédaient de longs silences. Nous éprouvions cet engourdissement plein de mollesse qui conduit tout doucement au sommeil...

— Comprenez-vous, me dit mon ami, la volupté d'une vie tout entière vouée au rêve et à la méditation? Concevez-vous le bonheur des sages qui contemplent les étoiles et se détachent des vulgarités humaines?

— Ce sont des sages et ce sont des paresseux, car ils méconnaissent la loi du travail.

Mon ami bondit sous l'outrage.

— Vous aussi, vous parlez légèrement de nos mystères. Les avez-vous seulement étudiés?

Je dus confesser que la doctrine bouddhique me suggérait des idées un peu confuses.

— Je vais vous l'expliquer.

Je m'accoudai dans mon fauteuil, j'allumai un

gros cigare, je fermai à demi les yeux, afin de mieux me recueillir. — Et mon compagnon de voyage commença. (Je crois bien qu'il venait de lire le dernier volume de M. Jules Lermina, qui est l'Alexandre Dumas de l'occultisme.)

— L'Homme se compose de quatre éléments : le Corps, la Force Vitale, le Corps Astral et la Conscience. Il tient au monde matériel par son corps et sa force vitale, au monde spirituel par la conscience, qui est la première manifestation de l'Esprit. Le corps astral est ce qui sert d'intermédiaire entre le corps et l'esprit, c'est le lien entre le passé et l'avenir, ce qui subsistera un temps après la mort physique et servira de base première à la vie Future, Spirituelle, dont le dernier degré sera cet état de béatitude profonde dont le nom a été si souvent prononcé, le Nirvâna.

« Il faut se figurer le corps astral sous la forme d'une entité fluidique, insaisissable pour nos sens à l'état normal, qui est en nous, nous enveloppe et nous pénètre. Le corps astral est notre *double éthéré* dont le corps est le grossier vêtement, la manifestation terrestre. Il est le moule sur lequel se forme notre apparence extérieure. C'est par la vertu du corps astral que se font les cicatrisations, les reconstitutions de la chair et des os, lésés par quelque accident. Tant que le corps astral est en nous, c'est la vie. Dès qu'il nous quitte, c'est la dissolution, la décomposition, la Mort.

« Le corps astral ayant une continuelle tendance à nous abandonner, nous le retenons par notre force vitale ; mais, pendant le sommeil, il s'évade à demi, et ce sont ses vagabondages à travers l'espace qui nous donnent les rêves. Seulement il nous reste attaché par un lien que resserre le réveil : il rentre alors en nous. Dans la syncope, le lien qui l'unit au corps s'allonge de telle sorte qu'il devient ténu, au point que le moindre accident peut le briser et que la mort s'ensuit. Quand nous réfléchissons profondément, le corps astral en profite pour chercher à se libérer, et c'est ainsi que, étant un peu hors de nous, il nous donne les pressentiments, les angoisses inexpliquées. Il voit ce que nous ne voyons pas et nous donne une notion obscure et souvent poignante de faits que nos sens normaux ne peuvent percevoir.

« Par contre, pendant notre vie, il s'imprègne de tout ce qui constitue notre existence individuelle, il se sature de tout le mal et de tout le bien que nous accomplissons, tant en actions qu'en pensées. ... Tout ceci vous semble-t-il clair? Me suivez-vous?

— Je vous suis...

— Il est facile de comprendre quel doit être sur terre le rôle du bouddhiste. Le but étant d'arriver à la mort avec un moindre fardeau d'attaches matérielles et une plus grande provision de force spirituelle, il devra s'attacher à réduire au minimum ses besoins physiques et à développer au maximum ses facultés de conscience. La sobriété, la chasteté, l'insouciance du luxe et de la richesse, l'accomplissement des devoirs sociaux, dans l'intérêt général et sans égoïsme individuel, tels sont ses premiers devoirs. Il doit se pénétrer de cette conviction que toute action mauvaise est un germe d'empoisonnement, même pour celui qui a cru l'accomplir dans son propre intérêt.

« Il y a choc en retour de tout mal sur son auteur même. Et je vous montrerai tout à l'heure jusqu'à quelles justes conséquences cette conception est poussée. Mais non seulement un acte mauvais est périlleux pour un et pour tous, mais même une pensée — non suivie d'exécution — est comme un microbe moral qui a sa contagion et son action délétère. Pourquoi? Parce que le corps astral, récepteur et enregistreur du mal, propage cette épidémie morbide.

« Donc, pas un acte physique ou moral ne doit être exécuté sans avoir été préparé par une lente réflexion. D'où l'immense rôle joué dans le bouddhisme par la méditation dont la récompense est dans les joies de l'extase.

« Mais il ne faut pas s'imaginer que le bouddhisme ordonne à tous les hommes cette inaction méditatrice : chacun doit agir selon la situation sociale qui lui est dévolue. De ceux-là les actes font le bagage bon ou mauvais de l'humanité : le petit nombre des méditants crée l'atmosphère morale où se meut la société.

« Que sera la mort en ces conditions?

« Le corps physique et la forme vitale se dissolvent : mais l'évolution n'est pas terminée. Le corps astral subsiste et avec lui une partie de conscience élémentaire. Le corps astral est imprégné de tout le mal et de tout le bien que l'homme a réalisés pendant sa vie.

« Un double travail va s'opérer. D'abord le corps astral se débarrassera de tout ce qui subsiste en lui de résidus matériels, puis de pensées ou de désirs brutaux, et quand, par la suite du temps, il se sera tout à fait libéré du mal, il ira jouir de l'acquit de Bien dont la conquête lui est désormais assurée.

« Il entre en ce qu'on appelle l'état de Dévakhan, demi-paradis où l'Homme s'endort bercé en un rêve exquis, où il jouit de toutes ses bonnes pensées, de toutes ses nobles aspirations. Or — à de très rares exceptions près — il n'est pas d'homme qui n'ait eu en sa vie une heure, fût ce une minute de bonté, de charité, de générosité, de désintéressement. Cette minute lui sera payée au centuple en Dévakhan.

« Toutefois ce bagage de Bien s'épuise. Il n'était pas suffisant pour que l'homme franchît d'un seul élan toutes les sphères supérieures : il va lui falloir rentrer dans la vie pour acquérir d'autres provisions de Bien. Il se réincarnera. L'étincelle qui constitue son individualité va de nouveau revêtir un corps physique, muni de sa force vitale et de son corps actuel, et dans cette nouvelle vie, l'homme de nouveau travaillera à sa libération définitive. Mais déjà il est plus fort pour le bien : il a acquis une expérience du bien qui constituera son innéité, et quand il mourra pour la seconde fois, l'évolution s'accomplira plus vite, parce que le bagage du mal qu'il emportera avec lui sera moins lourd que la première fois; son sommeil en Dévakhan sera plus exquis et plus long, les jouissances acquises seront plus délicieuses.

« A combien de réincarnations l'homme sera-t-il soumis? Cela dépend de lui seul, de la proportion du bien et du mal qu'il aura acquis pendant la vie.

« Voulez-vous une comparaison, pour mieux saisir ma pensée : vous placez de la houille à l'entrée du serpentin purificateur : à la sortie du serpentin, le gaz est d'abord chargé d'impuretés. Mais faites subir à ce gaz une nouvelle épreuve, un nouveau voyage à travers le serpentin, la seconde fois il en sortira plus pur, jusqu'au moment où, après une troisième, une quatrième épreuve, il se trouvera définitivement libéré de toute parcelle impure.

« Ainsi de l'homme : chaque réincarnation est pour lui un passage à travers l'alambic purificateur. Seulement sa conscience le guide, il a la notion du travail qui s'opère, et il est le maître de hâter cet affinage de son être spirituel. De l'idée égoïste, il se sera élevé à l'idée altruiste : il aura compris que nul ne peut être heureux tant qu'un autre souffre. Il se sera donné à tous et tous se seront donnés à lui. Il se sera délivré de la matière au point de n'avoir même plus la notion des besoins ou des désirs qu'elle engendre : son Esprit s'élèvera par l'amour universel jusqu'à la compréhension du Bien absolu.

« Quand les dernières lueurs de la vie matérielle s'éteindront en lui, il s'absorbera dans l'Ame universelle. Il sera directement emporté au Nirvâna. »

Ces idées sont vieilles comme le monde. On les trouve exposées dans Pythagore et dans Louis Jacolliot. M. Gilbert Augustin-Thierry les a parées, à son tour, d'une forme romanesque. *Le Masque*, « conte milésien », est l'histoire de deux *réincarnés* qui se rencontrent à Paris, sous notre troisième République, après avoir vécu en Égypte, il y a quelque deux mille ans.

... Donc, au temps des Césars syriens, vivait à Alexandrie une belle courtisane nommée Kallista. Elle logeait en un palais de marbre, orné d'incomparables splendeurs : amoureuses peintures, fresques à la gloire de Vénus, colonnes d'onyx, brocarts soyeux couvrant de leurs plis le lit en argent massif et les éclatantes mosaïques. Kallista troublait par sa beauté toutes les âmes. Les adolescents, les vieillards, les magistrats, les poètes se disputaient ses faveurs. Elle les accordait parfois à des hommes du peuple que distinguait son caprice. C'est ainsi qu'elle rendit fou d'amour un de ses esclaves, Parménon, qui, se voyant délaissé, la tua dans un accès de fureur jalouse... Parménon fut roué vif; Kallista embaumée, entourée de bandelettes, fut ensevelie et le pinceau d'un artiste reproduisit, sur le sarcophage, ses traits délicats...

Les siècles succèdent aux siècles... Nous sommes à Paris en l'an de grâce 1893... C'est par une brumeuse soirée d'hiver...

M. le vicomte Raoul d'Hérival s'ennuie. Il est riche; il mène l'existence vide d'un célibataire qui s'est successivement blasé sur tous les plaisirs. Assombri par une récente déception sentimentale, il cherche la solitude, il erre le long des faubourgs et des rues obscures. Le hasard le conduit chez un brocanteur, où il déniche un merveilleux objet d'art : c'est une peinture égyptienne représentant une tête de femme extraordinairement vivante et bien conservée, avec ce nom inscrit dans l'angle du panneau et à demi effacé : Kallista. D'Hérival dispute le chef-d'œuvre à un amateur anglais, Archibald Williamson; il l'emporte en sa garçonnière de la rue Vaneau, et se plonge dans l'étude des hiéroglyphes. Il va voir le professeur Blumenthal, conservateur du musée du Louvre, qu'il surprend en train de déchiffrer un papyrus. Et ce papyrus renferme justement le récit des amours et de la mort de Kallista. Voilà, certes, une surprenante coïncidence. D'Hérival en est excessivement troublé. Il l'est bien davantage, quand il rencontre sur les boulevards une infâme racoleuse, prostituée du ruisseau, vêtue de sordides vêtements et qui lui rappelle traits pour traits la suave Kallista. Plus de doute, c'est elle, ou du moins c'est son ombre, son reflet, son émanation lointaine. Il emmène chez lui la pauvresse qui tombe en extase devant le portrait. Au même instant, d'Hérival reçoit comme l'impression d'un coup de couteau au cœur. Il s'écroule, inanimé. Rappelé à l'existence par des soins énergiques, il déclame à haute voix un discours incohérent. Il déclare se nommer Parménon et avoue le meurtre qu'il a commis sur la personne de Kallista. On enferme le malheureux dans une maison de santé. Il s'en évade et se remet à la recherche de sa belle. Il la découvre au fin fond de Montmartre, en une sorte de temple voué au culte d'Isis… et dont le grand-prêtre n'est autre que le seigneur Archibald Williamson, surnommé Hermès l'Égyptien… Kallista va mourir. Ayant accompli sur la terre son œuvre de rédemption, elle s'est couchée dans un cercueil, à côté de sa momie, miraculeusement retrouvée, elle éprouve déjà les joies divines de l'extase. D'Hérival bondit vers elle, la démaillote, l'entraîne au dehors et la replonge dans la fange des amours terrestres. Kallista s'abandonne pendant une heure à cette ivresse coupable, puis elle s'empoisonne. Et d'Hérival, devenu fou pour tout de bon, endosse la camisole de force...

Voilà, direz-vous, un conte bien extraordinaire. M. Gilbert Augustin-Thierry se moque-t-il de ceux qui [le lisent? A-t-il lui-même perdu l'esprit? Mais non, je vous assure... M. Gilbert Augustin-Thierry est très pondéré, très raisonnable. Son étrangeté est réfléchie et prudente. Il ne s'avance exactement que jusqu'où il veut aller. Il désirait rendre sensible à tous les yeux, le principe de réincarnations successives. Il y a réussi. Sa Kallista expie en une seconde existence misérable et chargée d'opprobre, les souillures de sa vie antérieure. Cette solution est conforme aux doctrines de Bouddha. En ce qui concerne l'infortuné Parménon, devenu vicomte d'Hérival, le symbole est plus obscur. Pourquoi Parménon se retrouve-t-il, après deux mille ans écoulés, vicomte, membre du Jockey Club et millionnaire? Est-ce pour le récompenser ou pour le punir que la destinée l'a affligé de tant de richesses?... N'essayons pas d'élucider ce mystère...

M. Gilbert Augustin-Thierry s'est proposé deux objets en écrivant son ouvrage : construire une ingénieuse hypothèse sur les destinées de l'âme humaine; faire passer un frisson dans les nerfs de ses lectrices. Le frisson se produit. *Le Masque* donne la sensation d'un cauchemar très littéraire, arrangé par un homme de goût. M. Gilbert Augustin-Thierry écrit une langue savoureuse çà et là un peu mignarde (il use volontiers d'épithètes précieuses, ma *révérende*, ma *capricieuse*, ma *toute-belle*, ma *jolie sainte*, etc., etc., et il fait parler à tous ses héros le même langage, ce qui engendre la monotonie; par exemple, mettant sur les lèvres d'une pauvre fille de savantes phrases, et prêtant à une logeuse de faubourgs des paroles de duchesse). Mais on ne peut s'empêcher de rendre hommage à son ingéniosité.

Au fond, qu'est-ce que *le Masque*? Un fait-divers, ni plus ni moins. Imaginez que les journaux publient la nouvelle suivante rédigée en style de reportage : « Un drame sinistre s'est accompli la nuit dernière dans un hôtel garni de la rue Lepic, près du Moulin de la Galette. Une fille de la dernière catégorie, la fille Kallista, a été trouvée morte dans son lit. Auprès d'elle se tenait l'assassin présumé, un homme du monde très connu dans la haute société parisienne, le vicomte d'H..., qui donnait des signes non équivoques d'aliénation mentale. On a dû l'interner aussitôt dans une maison de santé... » Ces lignes contiennent en germe un roman passionnel. Si M. Émile Richebourg s'en empare, il en tire un feuilleton du *Petit Journal*. Si M. Gilbert Augustin-Thierry daigne s'en servir, il en compose une œuvre raffinée dont se délectent les abonnés de la *Revue des Deux Mondes*.

Le tout est dans l'art d'assaisonner la sauce et de présenter le mets au public.

VI. — *LA PETITE PAROISSE*, PAR M. ALPHONSE DAUDET

... Un courant nous entraîne vers des idées et des sentiments qui nous étaient jadis étrangers. Subissons-nous l'influence de la littérature russe et scandinave, des romans de Tolstoï, de Dostoïewski, des drames d'Ibsen? Toujours est-il que nos âmes semblent amollies et attendries. Nous inclinons vers le mysticisme, vers la pitié, vers le pardon. Les hommes de la nouvelle génération ont des velléités socialistes. Ils proclament tout haut que la société est mal faite, envisagent sans effroi, et même avec complaisance, l'hypothèse d'un prochain bouleversement. Chez beaucoup d'entre eux, ces aspirations généreuses s'allient à un parfait égoïsme et à une conscience très nette de leurs intérêts particuliers... Ils applaudissent à l'anarchie et ne se priveraient pas d'une obole au profit des malheureux; ils flétrissent la corruption de nos mœurs et jouent des coudes pour arriver promptement à la fortune. Cette commisération n'est, le plus souvent, qu'une attitude littéraire; il y entre de l'indifférence, du dilettantisme et un soupçon de bravade... Ils est agréable de côtoyer le danger; cela vous donne un petit frisson de volupté. En 1789, les gentilshommes jugeaient élégant de se rallier aux doctrines révolutionnaires; ils payèrent de leur tête cette imprudence. Les jeunes bourgeois, les fils de famille qui encouragent aujourd'hui, du bout des lèvres, l'anarchie, seraient demain ses premiers otages. Mais ils ne voient pas les choses de si loin, ils suivent la mode ; ils sont ibséniens et toltoïstes. Et nos écrivains, nos penseurs se laissent glisser sur la même pente ; leur morale est devenue ondoyante, elle s'est affaiblie, ou, si vous aimez mieux, élargie ; ils transigent sur des questions que leurs aînés tranchaient avec dureté ; ils amnistient des fautes que l'on condamnait ; ils les expliquent ; et, en les expliquant, ils les excusent. L'infidélité de la femme, qui déserte le toit conjugal, était sévèrement punie par Augier et Dumas fils. Augier chassait l'épouse coupable. Dumas fils criait au mari : « Tue-la ! » Et l'un et l'autre croyaient agir selon la justice. Or, voici que M. Jules Lemaître dans une récente comédie (*le Pardon*), et M. Alphonse Daudet, dans son roman (*la Petite Paroisse*), reprennent l'éternel problème ; et ils proposent une solution moins rude. Ils disent à l'époux outragé : « Cette créature est ta sœur ; avant de la condamner pèse ses actes et pèse les tiens ; il ne suffit pas que la loi te donne une arme contre elle ; il faut que ta conscience t'ordonne de l'en frapper. Prends garde d'obéir à des considérations méprisables, telles que la vanité froissée, la crainte de l'opinion, un bas désir de vengeance ; vois si, avec une parole de bonté, tu ne pourrais ramener la brebis égarée et reconquérir ton bonheur perdu. » Il y a quelque grandeur en cet oubli des injures; encore faut-il qu'aucun calcul ne s'y mêle... La faiblesse de caractère, le lâche amour du repos, s'abritent parfois, pour nous induire en erreur, sous le masque de la magnanimité... M. Alphonse Daudet a imaginé un cas où le mari est sincère et s'abandonne, sans arrière-pensée, aux impulsions d'un cœur doux et tendre.

Richard Fénigan a été élevé à la campagne, auprès de sa mère. Il est grand chasseur, grand pêcheur, habile aux exercices du corps; il a toutes les apparences de la force, mais sa volonté est faible comme celle d'un enfant. D'ailleurs, Mme veuve Fénigan s'est appliquée à briser en lui toute tentative d'indépendance; c'est une terrible commère, intelligente et laborieuse, mais furieusement autoritaire. Elle se fait obéir au doigt et à l'œil; et Richard n'est que le premier de ses domestiques; ou plutôt, c'est un bambin qui, malgré ses vingt-cinq ans, est souple et soumis comme un écolier.

Cependant Richard arrive à l'âge où l'on aime. Il s'éprend d'une jeune orpheline, Lydie, élevée par charité dans un couvent du voisinage. Cette jeune fille est jolie, et un peu étrange; elle fut trouvée sur la grande route, et l'on se perd en conjectures sur ses origines. Est-ce une bohémienne, est-ce une princesse? Elle a des yeux noirs, des joues de lys, une taille souple, et dans l'allure une grâce langoureuse. Voyant que Richard devient rêveur et mélancolique, sa mère lui dit : « Tu aimes Lydie? »

Richard lui répond par un regard plein de larmes. « Eh bien! si tu l'aimes, épouse-la; je te la donne. » Cette résolution nous surprend de la part d'une bourgeoise orgueilleuse et pleine de préjugés. Mais Mme Fénigan a son plan. Elle veut conserver à toute force l'empire qu'elle exerce sur son fils. Il lui faut une bru docile et qui n'ait pas le droit d'élever la voix devant elle. Une riche héritière aurait des prétentions; elle se targuerait de la grosse dot apportée dans le ménage. Lydie est sans fortune et sans nom. Elle devra tout à son mari; elle n'osera pas résister à sa belle-mère. Le mariage s'accomplit. Le jeune ménage loge naturellement sous le toit maternel, dans la grande propriété des Uzelles, la plus cossue du pays, Richard et sa femme sont matériellement heureux... Rien ne leur manque; ils ont bonne table, bon gîte, Lydie est parée comme une châsse, elle est adorée du brave Richard... Et, peu à peu, un effroyable ennui se glisse en ses veines. Ce qui lui manque, c'est ce que possède la plus humble des ménagères, c'est la liberté, la satisfaction de régler les détails de sa maison, le plaisir d'être *chez elle*... Elle sent éternellement, à côté d'elle, l'ombre de Mme Fénigan, elle entend la voix de la douairière et le bruit du trousseau de clés suspendu à sa ceinture; elle en est gênée, obsédée, oppressée. Et Richard ne tente aucun effort pour se délivrer, pour la délivrer de cette tutelle. Il est comme un petit garçon sous la férule d'un maître. Elle eût voulu, au lendemain du mariage, faire un voyage de noces. « A quoi bon ! » s'est écriée Mme Fénigan. Et Richard a renoncé au voyage. Un jour, leur voisin de campagne, le général duc d'Alcantara a offert aux jeunes gens des places dans sa loge à l'Opéra. Ils y sont allés promettant de revenir après le spectacle, par le dernier train. Lydie a gardé de cette soirée un radieux souvenir : le théâtre qu'elle n'avait jamais vu, la musique, les galanteries du général lui baisant la main, le premier tête-à-tête avec son mari. En sortant de l'Opéra, elle a dit à Richard : « Allons souper. — Et notre train ! a répondu Richard soucieux. — Je t'en prie !... » Et ils sont entrés dans un cabaret à la mode. Et l'heure du chemin de fer étant manquée, ils ont passé la nuit à l'hôtel... Délicieuse escapade, durant laquelle Lydie a connu la joie de vivre. Hélas ! elle paye cette ivresse d'un moment par l'accueil irrité de sa belle-mère, l'effroi humilié de son mari, courbant la tête sous les reproches. Elle prend en pitié cet homme, aux épaules de colosse, qui ne sait pas agir et vouloir. Elle commence à le mépriser... L'heure de la crise approche... Que quelqu'un se glisse entre ces deux êtres, profite du malentendu qui les divise, exaspère l'irritation de la jeune femme, chante à son oreille une chanson d'amour, il peut la pousser aux pires folies.

Ce séducteur se présente... C'est un tout jeune

homme, le fils du général duc d'Alcantara, Charles-Alexis, prince d'Olmütz, que l'on nomme familièrement Charlexis. Il est âgé de vingt ans à peine; il est le type accompli du jeune *struggleforlifer*; il n'a pas à lutter pour conquérir la fortune, puisqu'il est riche à millions; il lutte pour ses plaisirs, pour la réalisation de ses caprices et il ne s'embarrasse d'aucun scrupule. Il s'habitue à traiter les femmes comme autrefois Don Juan; il joue son rôle avec un aplomb merveilleux, il a l'air d'être sincère, il leur inspire confiance, et quand il est arrivé à ses fins, il bat en retraite, sans autre forme de procès, et court à d'autres aventures. Le prince d'Olmütz est un passager du « dernier bateau », de ce bateau symbolique dont Alphonse Daudet a parlé dans *l'Immortel* et qui porte à son bord les représentants de la toute nouvelle génération. Charlexis a l'âme sèche, l'esprit inaccessible aux nobles idées; c'est une bête de proie, un monstre, mais un monstre intelligent, doué d'une remarquable clairvoyance et sachant s'analyser, et un monstre charmant, dont les yeux sont enjôleurs et la voix câline.

Lydie est vite prise; son imagination s'exalte. Charlexis, cordialement reçu par Richard qui ne saurait prendre ombrage de cet écolier, poursuit ses manœuvres souterraines. Il emprunte cent mille francs à des usuriers; il achète un yacht de plaisance; il propose à Lydie un voyage autour du monde; il lui donne un rendez-vous; la malheureuse a l'imprudence d'y venir; il l'enlève... Et la honte et le malheur s'abattent sur le château des Uzelles. Mme Fénigan est furieuse et Richard désespéré...

Comment M. Alphonse Daudet va-t-il dénouer cette aventure? Emile Augier eût armé son héros d'une dignité majestueuse; Dumas fils lui eût mis en main un pistolet. Mais j'ai dit que M. Alphonse Daudet penchait vers une solution plus philosophique. Son Richard est amoureux et jaloux; il est facile de le convertir à la clémence. Mais sa mère? sa terrible mère? De quelle façon l'amadouer? C'est ici qu'intervient la « petite paroisse »...

Il s'agit d'une église bâtie au village des Uzelles par un certain Napoléon Mérivet, lequel eut jadis des infortunes conjugales, et qui, ayant pardonné à sa femme, lui ayant rouvert les bras, et ayant eu le malheur de la perdre après leur réconciliation, a élevé ce pieux monument à la mémoire de la défunte. L'excellent Mérivet est convaincu que sa chère église, sa « petite paroisse », possède des vertus particulières, qu'en y venant prier, les pécheurs les plus endurcis s'y amendent, que la méchanceté s'y fond comme la neige au soleil, qu'on y est, en un mot, touché par la grâce...

Or Lydie a laissé derrière elle, en quittant sa maison, la douleur et la colère. Mme Fénigan est suffoquée par l'indignation : « Cette petite misérable que nous avons tirée du ruisseau et qui y retourne... Pouah! » Richard ne répond rien à ces justes diatribes; il passe lui-même par de douloureux accès d'attendrissement et de colère. Il songe à l'absente, il croit la haïr, il continue, au fond, de l'aimer. Tous les objets familiers qui l'entourent lui parlent d'elle. Il ne peut errer aux environs des Uzelles sans revoir, par la pensée, son visage. Ce bois, ils s'y sont promenés ensemble; cette pelouse, ils s'y sont assis. Lydie apparaît dans l'eau des sources, dans l'ombre des taillis, au coin des allées. C'est une torturante obsession. M. Daudet a peint de main de maître ces souffrances; l'analyse du caractère de Richard Fénigan est un des morceaux les plus pénétrants qu'il ait écrits :

Il revoyait, à cette même place, une scène de leur vie à deux, la rivière éclaboussée d'une pluie d'orage, le ciel noir, la barque pleine d'eau, Lydie criant et riant sous l'ondée, un de ses petits souliers perdu, noyé dans le débarquement; puis la salle d'auberge, longue et sombre, où des chandelles fichées dans des litres vides éclairaient des têtes farouches de carriers, de tireurs de sable, des bergers surpris, eux aussi, par l'averse et séchant leurs grands manteaux de laine devant le feu de fagots où Lydie se chauffait toute mouillée, tordait ses cheveux.

Dans tous les coins et détours de la rivière, à n'importe quelle heure par ces brumes matinales, si épaisses que son bateau n'avait pour se guider que le clapotis du flot contre les piles des ponts, ou le soir, quand le feu d'un chaland glissait mystérieux au ras de l'eau, et sur l'Yères et sur l'Orge, ces jolis petits affluents de la Seine bordés de pentes vertes, de bouquets d'arbres et de corbeilles fleuries, de pigeonniers, de lavoirs, d'antiques abbayes transformées en moulins, partout lui apparaissait l'image amoureuse. Il la retrouvait sous sa rame, svelte et fraîche comme une plante d'eau, avec son teint d'un blanc verdâtre, impénétrable au soleil et au hâle.

La forêt longeait la rivière. Richard se jeta dans la forêt pour échapper aux hantises de l'eau. Mais sous bois, au fuyant des taillis, au carrefour des routes vertes dont il connaissait toutes les fourches indicatrices, la vision le poursuivit.

Cependant Richard réfléchit; il fait un retour sur le passé. Le crime de Lydie est-il sans excuses? Si elle a fui le toit des Uzelles, n'est-ce pas que ce toit lui était odieux? Et il se rappelle la tyrannie de sa mère, la triste sujétion où la jeune femme a été tenue; il en arrive presque à la plaindre; et, par un revirement très naturel, son indignation se tourne vers celle qu'il accuse de tous ses maux, vers cette matrone qui n'a jamais voulu laisser fléchir son orgueil. Et il lui lance au visage, dans une poussée d'exaspération rageuse, ces vérités : « Si Lydie est partie, c'est à cause de vous, ma mère; vous êtes responsable de sa faute; c'est vous que je déteste et non pas elle. » Mme Fénigan est stupéfaite, mais elle est troublée; elle voit son fils malheureux; elle ressent une profonde tristesse... Elle est mûre pour la conversion définitive. Et la conversion s'accomplit par la vertu de la « petite paroisse ». Passant devant la chapelle du bonhomme Mérivet, Mme Fénigan, obéissant à une force mystérieuse, s'y agenouille. Et soudain sa fièreté s'humilie. Elle répand un flot de larmes, et se frappe la poitrine. Elle a causé le mal, elle va le réparer. Elle partira, cherchera sa bru, et si Lydie donne des gages sincères de repentir, elle la ramènera...

La pauvre Lydie ne demande qu'à revenir. Elle a été odieusement traitée... Charlexis, après s'être amusé d'elle, l'a abandonnée. Elle languit, seule et désemparée, sur une plage bretonne. Elle veut se tuer et se tire un coup de revolver dans la poitrine. A ce moment, accourt Mme Fénigan, devenue un ange de dévouement. Lydie est sauvée; elle reprend le chemin des Uzelles. Richard, après des alternatives que j'abrège, lui donne le baiser de paix. L'amour, la prospérité, la tranquillité rentrent aux Uzelles. Mme Fénigan remet son trousseau de clés entre les mains de la jeune femme. Tout est bien qui finit bien. Et comme il faut que le vice soit châtié, dans l'intérêt de la morale publique, l'affreux vibrion de Charlexis, tombé aux plus bas degrés de la débauche, meurt, tué d'un coup de fusil par un braconnier dont il a séduit la fille.

Vous voyez les qualités du roman et ses points faibles. Il renferme deux ou trois caractères sinon très originaux, du moins subtilement observés. Celui de Richard Fénigan est une merveille d'analyse et de « démontage » psychologique. Charlexis est curieux, quoique un peu poussé au noir. M. Daudet a une telle horreur de l'esprit qui anime le « dernier bateau » qu'il a chargé le prince d'Olmütz, ainsi qu'un bouc émissaire, de tous les péchés d'Israël... Lydie ressemble vaguement à Sidonie de *Fromont jeune*, de même que Richard a quelques traits de Rissler. La veuve Fénigan évoque le souvenir des bourgeoises du Marais, maîtresses femmes, bonnes commerçantes, dont M. Hector Malot a tracé mainte fois la silhouette. Peut-être son revirement est-il un peu brusque. Elle se retourne comme un gant; c'est l'affaire de deux pages; je sais bien qu'elle a subi l'influence miraculeuse de la « petite paroisse », mais j'eusse voulu qu'elle luttât davantage, qu'elle eût plus de mérite à se dompter... A côté de ces types essentiels, se dressent des figures finement croquées : le bon abbé Cérès, le substitut Jean Delcrous, magistrat ambitieux et provincial. Et, par une singulière contradiction, ces personnages, vrais en soi, s'agitent dans une action factice, machinée et truquée comme un roman-feuilleton. Les cent dernières pages de *la Petite Paroisse* sont du pur Montépin, et non du meilleur. L'histoire du meurtre de Charlexis, l'imbroglio de l'instruction judiciaire, les soupçons qui s'égarent sur des têtes innocentes, la justification finale, tout cela rappelle fâcheusement les poncifs du mélodrame... M. Daudet eût composé son livre en vue du *Petit Journal*, qu'il n'eût pas imaginé d'autres aventures; et je me demande comment son esprit si délicat a pu s'en accommoder. Je lui reprocherai encore de s'être assimilé, sans aucune utilité, certains procédés d'Emile Zola… L'église de M. Napoléon Mérivet est symbolique au même titre que le puits de mine de *Germinal* et que la locomotive de la *Bête humaine*. Encore ce symbole est-il élevé et gracieux, et nous enlève-t-il en des sphères éthérées. Je n'en dirais pas autant de la « route de Corbeil. » M. Daudet abuse de cette route, il l'étale à nos yeux, il l'allonge à l'infini; il l'enroule et la déroule; elle apparaît comme un refrain à chaque coin de chapitre. C'est sur cette route que Lydie fut ramassée, elle la parcourut le jour de ses noces, elle la suivit, coupable, avec Charlexis, elle y revint repentante; Richard, à son tour, y promène ses rêveries, et la veuve Fénigan ses colères. Cette route nous obsède et nous irrite; car elle n'est pas spirituelle et encore moins épique. Et, si elle est un symbole, nous voudrions que ce symbole fût expliqué…

Enfin la vive admiration que j'éprouve pour le talent de M. Daudet m'autorise à exprimer toute ma pensée. *La Petite Paroisse* est une œuvre de passion et de pitié. Elle m'a captivé, elle m'a frappé par la vérité des analyses, et m'a séduit par l'éclat de certains tableaux, elle ne m'a pas un instant ému; j'ai suivi, d'un œil attentif, les tourments de Richard, les angoisses de Lydie, les remords de Mme Fénigan, et je n'ai pas senti passer dans mes veines ce frisson qui s'exhale des pages de *Jack*, de *Fromont jeune*, de *Sapho* et des simples *Contes du*

Lundi. Positivement, l'art de M. Daudet a évolué en son dernier livre ; il est devenu plus aigu, plus âpre, peut-être plus perspicace, mais plus sec, et moins humain au sens littéraire du mot.

Si nous cherchons à décomposer le tempérament du grand écrivain, nous y découvrons deux éléments. D'abord le *sens de l'observation*. M. Daudet a la perception très nette de la réalité ; il amasse des notes qui sont ses matériaux, il les transporte dans son œuvre et les accommode avec une habileté supérieure ; il peint à petits coups de pinceau ; et ces touches innombrables, rassemblées et fondues, arrivent à simuler la nature... Reste à insuffler la vie à ces figures peintes, et c'est ici qu'intervient la seconde qualité de M. Daudet, le *don de l'émotion*... Il entre, par un effort de pénétration très remarquable, dans l'âme même du héros qu'il veut évoquer, il se substitue à lui, il souffre de ses peines, jouit de ses joies, croit ressentir ses impressions, ses sensations et les ressent en effet, accomplit le travail du bon comédien qui *s'introduit dans la peau de son personnage*, avec cette différence que l'acteur récite un rôle et n'a à chercher que des intonations et des gestes, tandis que lui, romancier et poète, crée le rôle, trouve les discours par où se traduit la passion intérieure... Il y a donc deux hommes en M. Daudet, l'*observateur* et le *sensitif* ; celui qui peint et celui qui anime la peinture. Le peintre n'a jamais été plus adroit et plus savant que dans *la Petite*

Paroisse. Je crois que le *sensitif* s'est affaibli. Je ne sais si cette éclipse est volontaire ou inconsciente; elle est assurément regrettable. Lorsque M. Daudet retraçait les mélancolies de Désirée Delobelle, ou l'enfance chétive du petit Chose, il était touché de son sujet, il vibrait comme une harpe et nous faisait vibrer avec lui. Il regarde impassiblement agir Richard et Lydie; il les examine avec une curiosité dépourvue de sympathie : la curiosité du naturaliste qui dissèque des fibres et plonge son scalpel dans les chairs vivantes, sans compatir aux douleurs du patient... Par une étrange anomalie, ce livre qui s'achève sur des mots de miséricorde, qui est un plaidoyer en faveur de la clémence, nous laisse froids comme glace. C'est qu'il n'a pas jailli du cœur de M. Daudet, c'est un fruit d'intelligence, non d'inspiration... Pour tout dire en un mot, *la Petite Paroisse* est une œuvre de vivisection, extrêmement distinguée...

LES FANTAISISTES

M. JOSÉPHIN PÉLADAN

M. Joséphin Peladan a publié, entre autres livres magiques, un volume intitulé *Comment on devient fée*. C'est un in-8 de quatre cents pages, orné d'une couverture étrange. En tête, le nom de l'auteur imprimé à l'encre verte : *Sar Mérodack Joséphin Péladan* (*Mérodack*, terme chaldéen qui signifie homme d'État). Au-dessous une ogive surmontée de l'emblème des Rose-Croix ; à droite et à gauche, des figures assyriennes copiées au musée du Louvre. Au centre de l'ogive, ces mots : *Amphithéâtre des sciences mortes, Comment on devient fée, Erotique, avec portrait du Sar en héliogravure*. Je me hâte de tourner la page. Voici le Sar. C'est bien lui. Il baisse les yeux en une attitude recueillie. Ses cheveux embroussaillés ressemblent vaguement aux nids de cigognes plantées sur les tours des cathédrales. Par contre, sa longue barbe, divisée en pointes, est galamment taillée et sans doute parfumée. Le corps du Sar est enveloppé dans une robe de chambre à pois noirs et ses mains se perdent dans les plis de deux vastes manches monastiques. Tel il apparaît sur ce dessin, tel on le voit dans la rue, et au théâtre, et dans les salons (moins la robe de chambre qu'il remplace par un vêtement d'ordre plus sévère mais tout aussi somptueux).

Quel est cet homme? un savant? un philosophe? un dentiste? un spirite? un psychologue mondain? Je sais qu'il a ses fidèles et que beaucoup de jolies femmes et d'hommes intelligents l'attirent chez eux, prennent plaisir à écouter sa parole et le considèrent comme un mage et comme un sage. Je sais également que ce Sar accomplit une besogne de bénédictin, qu'il lit l'hébreu, l'assyrien, l'égyptien, et s'est assimilé tout le grimoire du moyen âge. Je parcours la liste de ses ouvrages, et je recule effrayé. Il n'a pas trente ans et il a produit déjà : la *décadence latine* (douze volumes); deux oraisons funèbres (celle du docteur Péladan et celle du chevalier Péladan); la *décadence esthétique* (vingt et un volumes); les *sciences mortes* (trois volumes); cinq pièces de théâtre, dont une qui eut l'honneur (c'est le Sar qui nous en instruit) d'être refusée à la Comédie-Française...

Cette majestueuse collection m'inspire un respect mêlé de crainte. L'homme qui écrit tant de choses, et des choses si graves, ne peut être qu'un apôtre désintéressé. Il est vrai qu'au feuillet suivant le Sar annonce qu'il vend sa brochure sur la Rose-Croix au prix de 1 fr. 25 et exprime le désir d'être *payé d'avance* en mandat-poste ou en timbres. Comment un noble esprit se rabaisse-t-il à ces soins vulgaires?... Et me voilà, derechef, déconcerté...

Décidément, le mieux est de lire son œuvre.

Eh bien, je l'ai lu et j'ai le plaisir de vous annoncer que le Sar Mérodack Péladan est un moraliste très distingué. Sous des apparences cabalistiques ses livres sont pleins de suc et de sens. Le Sar donne aux femmes d'excellents conseils, et il formule sur leur nature, sur leur tempérament, sur leur rôle social quelques vérités essentielles qu'il est utile de résumer.

D'abord la femme est *intellectuellement* inférieure à l'homme. Le Sar l'établit de façon péremptoire. Jugez-en :

O ma sœur, nul chef-d'œuvre, aucune formule métaphysique ne porte dans l'histoire universelle le nom d'une femme; quand ton sexe a réalisé en art, il n'a jamais dépassé la moyenne des talents masculins de son époque : et on pourrait bannir des bibliothèques et des musées l'effort féminin, sans y faire un vide; tous les actes de positivité, d'autonomie, de création, te sont impossibles, et leur tentative funeste. D'une façon positive, la femme n'est propre qu'au théâtre, au piano, au salon et au couvent, artiste, chanteuse, pianiste, coquette, amoureuse ou sainte.

La femme est incapable d'idée, de système, de philosophie, de synthèse. La femme ne pense pas, et figurativement la femme n'a pas de cerveau.

Il n'est pas sorti d'une plume féminine une phrase abtsraite qui soit autre qu'une copie ou qu'une bêtise.

Triste ! Triste ! Ma lectrice est furieuse et proteste contre l'impertinence de ce Mérodack... Attendez, madame ! Le mage ne vous méprise pas autant qu'il en a l'air. S'il proclame que votre esprit est imparfait, il vous reconnaît une âme supérieure. Votre mission, selon lui, est de compléter l'homme, de le charmer, de le consoler, surtout d'aiguillonner son activité, et de lui donner par vos grâces la notion de la beauté... Mais ici, il importe de distinguer. Les hommes se divisent en deux catégories : les princes et les manants, c'est-à-dire les intelligents et les imbéciles ; en d'autres termes, les mages et les bourgeois. Or, la femme a le droit de séduire les seconds, de les dominer et de leur faire faire des sottises ; mais elle a le devoir d'obéir aux autres qui constituent l'élite de l'humanité. Le Sar développe cette idée avec beaucoup de souplesse :

L'homme ordinaire, sans idéal, se meut selon des appétits ou des intérêts, ces conséquences sociales de l'appétit : il ressemble à l'Adam primitif que ne contenait ni la nature, ni l'intangible, l'abstrait. Tu parais et sitôt, sous ta forme, un peu d'idéal lui advient ; il n'entend rien à la ligne, cependant les courbes de ton corps le charment : il prendrait Véronèse pour Rembrandt, mais la couleur de ta peau entrevue par la fente du corsage le ravit ; sollicité de sortir de lui-même, il s'altruise en toi. Dès lors, le ciel et la mer, indifférents en eux-mêmes, il les aimera dans tes yeux : les fruits qu'il mangeait sans les voir, les fleurs qu'il fanait sans les regarder, il les contemplera à tes lèvres, à tes joues.

Quant aux hommes qui pensent, défense à la femme de les tenter ! Son arsenal ne les atteint pas. Ils planent au-dessus de ces faibles créatures et reçoivent leurs hommages, comme des maîtres, comme des dieux. Ils commandent ; elles s'inclinent. Et vous sentez à quelles conclusions en arrive Péladan. Les femmes doivent *se laisser aimer* par les médiocres ; elles doivent *aimer* les aristocrates de l'intelligence... Conclusion avantageuse pour les gens supérieurs — ou qui se croient tels — mais fertile en fâcheuses conséquences.

Vous laissez croître votre chevelure, vous prenez un air fatal, vous apprenez à lire les caractères cunéiformes, vous vous proclamez Sar, ou Mage, ou archimage, ou Mérodack ou ce que vous voudrez, vous accolez à votre nom un panache assyrien et vous pénétrez dans le logis d'une jeune femme dont le mari a le malheur d'être simplement ingénieur ou receveur des contributions directes... Après quelques travaux préliminaires et quelques escarmouches d'avant-postes, vous lui tenez ce langage : « Madame, votre mari est le dernier des crétins. Il appartient à la race des dégénérés qui lisent les feuilletons du *Petit Journal* et se plaisent aux drames de l'Ambigu. Je suis, moi, d'essence noble et divine. Je puis vous expliquer les mystères qui dorment en vous depuis la création de l'humanité. Donc, détachez-vous de cet épais compagnon, auquel vous lie la fatalité et envolons-nous ensemble vers les pures régions de l'idéal ! » Quel ravage, pour peu que la jeune femme soit sentimentale !

M. Péladan me dira que je me place à un point de vue déplorablement vulgaire, et que je travestis comme à plaisir sa doctrine... Mais lui-même ne quitte-t-il pas, de temps à autre, les hauteurs philosophiques et ne cède-t-il pas au plaisir d'amuser ses belles amies? Lorsqu'il leur donne, par exemple, des conseils sur la façon de s'habiller et de se vêtir; lorsqu'il leur prescrit de prendre chaque jour en se levant, chaque soir en se couchant, un bain à la température du corps; lorsqu'il leur recommande de s'épiler à l'exemple des Romaines et de s'inonder de parfums troublants; lorsqu'il règle avec un soin méticuleux le menu de leur repas, la durée de leurs visites, la couleur de leur voilette et la longueur de leurs gants : ne sort-il pas de son domaine pour entrer sur celui de Mme de Bassanville ou de la baronne Staffe? Soyons justes... A ces recommandations puériles, le Sar joint de judicieux avis. Il prêche aux femmes le culte du vrai, du beau et du bien (ô Victor Cousin!). Et il leur enjoint, si par aventure elles ont affaire à un valseur trop entreprenant, de tourner l'entretien *vers le bleu* — ingénieux procédé pour rendre le flirt inoffensif... En résumé, le Sar Mérodack Péladan envisage l'amour comme un sentiment salutaire et nécessaire à la fraction moyenne de l'humanité. Il considère que le philosophe ne peut s'y abandonner sans déchoir. Il établit que la femme joue un rôle néfaste ou sublime, selon qu'elle encourage ou combat le mauvais goût, la bassesse, l'hypocrisie et l'incohérence. Enfin qu'elle *devient fée* lorsque, par une série de victoires remportées sur elle-même, elle s'épure, se corrige, et s'élève graduellement vers les sommets de la perfection morale.

M. Péladan, en dépit des apparences, n'est pas dénué de sens commun. Il agite des problèmes, il fait penser. Il écrit avec flamme. Et si certaines de ses pages sont encombrées d'expressions ésotériques, qui en rendent la lecture difficile, d'autres témoignent de qualités rares et sont d'un franc écrivain. J'éprouve quelque dépit à voir de si beaux dons compromis par une mise en scène grotesque. Pourquoi ces vignettes sibyllines? Pourquoi ces dix préfaces rangées à la file, où Sarcey (naturellement) est déchiqueté? Pourquoi ce manteau d'alchimiste, ce chapeau pointu, ce bric-à-brac moyenâgeux? Pourquoi ce parti pris de braver le ridicule? M. Péladan en serait-il moins savant s'il était plus simple?... Il attirerait à lui certains esprits distingués qu'effarouche son cabotinage... Mais ce n'est point leur suffrage que sollicite le Sâr... Il veut le bruit, le scandale, les aboiements de la presse et les commentaires de la rue... Il veut que les passants se retournent et que les mondaines soient étonnées. Ce souci n'est pas fier, ni digne d'un petit-fils des Étoiles...

Maintenant, qui sait?... Peut-être M. Péladan a-t-il de bonnes raisons pour agir ainsi. Peut-être l'âme de ce pître chaldéen cache-t-elle des mystères? Peut-être n'accomplit-il ces pirouettes que dans l'intérêt de sa doctrine?... Peut-être souffre-t-il du tapage qui se fait autour de lui? J'imagine que M. Péladan arrivant à l'âge heureux de l'adolescence, dut longuement réfléchir. Il se dit que la vie était dure, les voies encombrées, les luttes féroces. Il contempla avec effroi les années d'efforts et d'obscurité qui le séparaient du but. Il voulut abréger ces longues étapes et, espérant forcer l'attention publique, il se déguisa en astrologue... Par malheur la robe qu'il a vêtue est la robe de Nessus. Charlatan il demeurera aux yeux des foules... Et il aura beau se repentir, ôter sa perruque, dépouiller ses bracelets, et enfiler la redingote d'un parfait notaire, il sera jusqu'à la fin de ses jours le Sar, le Mage, le Mérodack, celui que les épiciers montrent à leurs fils, celui que raillent les feuilles boulevardières...

Et il n'entrera jamais à l'Académie française !!!

M. FRANCIS POICTEVIN

J'ai eu la curiosité de lire un ouvrage de M. Francis Poictevin. Ce nom, à peu près inconnu du grand public, a été mille fois encensé et célébré dans les brasseries et dans les revues littéraires du quartier latin. « Très fort, Poictevin! maître paysagiste! » C'est ainsi que se bâtissent les renommées. Mais elles ne durent que si elles s'appuient sur des œuvres fortes. A en juger par le nombre des volumes qu'il a déjà publiées, M. Francis Poictevin est un écrivain fécond. Il traîne après lui dix volumes, si l'on peut appeler volumes de minces plaquettes, imprimées en gros caractères, avec des marges énormes. Cent pages de M. Poictevin en valent quinze de M. Bourget. Je parle de la quantité. — Pour ce qui est de la qualité, c'est une autre affaire. M. Poictevin est un raffiné ; il enferme en une phrase des trésors d'impressions accumulées, comme les Orientaux enferment dans un tout petit flacon le suc de cent mille roses. Je n'ai pas le loisir d'analyser ses œuvres complètes, je m'en tiens à *Tout bas*. Et si j'ai choisi cet ouvrage et non pas un autre, c'est que le titre m'en a paru suggestif. *Tout bas*. Cela est vague, mystérieux. Cela éveille des idées inquiétantes et confuses. *Tout bas...* Cela ne dit rien et cela laisse entendre une infinité de choses. — *Tout bas!...* De quoi s'agit-il? D'un roman, d'un cauchemar, d'une confession, d'un conte symbolique, d'une étude de psychologie? Nullement... M. Francis Poictevin méprise les sentiers battus; il ne chausse pas les pantoufles de Balzac, ni d'Edgar Poë, ni de Jean-Jacques, ni même du Sar Joséphin Péladan. Il daigne simplement nous apprendre ce qui se passe en son âme, il nous confie les précieuses sensations qui s'y sont amassées, durant deux mois de vacances.

M. Francis Poictevin est allé se promener, sur les bords du Rhin, à l'exemple de M. et Mme Perrichon. Il se garde bien de décrire la cathédrale de Strasbourg ou le pont de Kehl, ce qui serait banal; il ne nous fait pas l'éloge de la choucroute, ce qui serait vulgaire. En revanche il nous entretient abondamment d'une petite pâtissière bossue qu'il a rencontrée à Bade. M. Francis Poictevin tombe en extase devant cette jeune personne, il admire son « nez long », son « front bombé », ses « sourcils aériens » et sa bosse, oui! sa « bosse en corne » qui a fort bon air, « dissimulée dans le bas du dos » et qui est « singulièrement plaisante ». Je ne chicanerai pas M. Francis Poictevin sur sa prédilection pour les bossues et les bosses ; je ne lui reprocherai pas davantage d'aimer les beaux cygnes (sans doute en mémoire de Wagner) qui gonflent au soleil leurs plumes blanches. Ce sont les deux épisodes les plus saillants de son livre. Il passe des cygnes aux bosses, des bosses aux cygnes, s'arrêtant à les considérer sous vingt aspects différents. Pour se délasser de cette étude et varier nos plaisirs, il nous confie, entre un cygne et une bosse, entre une bosse et un cygne des observations judicieuses dans le goût de celles-ci :

Le doigt dans la bouche ouverte d'enfants vous regardant passer y met un crochet d'interrogation, d'attente.

Ma compagne, partie quelques jours dans son pays, m'écrit de Pontarlier qu'elle a vu sous le porche de l'église une hirondelle si peu sauvage qui maçonnait son nid presque à portée de la main au-dessus du bénitier, une vieille qui venait renouveler l'huile des veilleuses lui a dit que, chaque année, la même hirondelle revenait et qu'on la connaissait bien.

Près de la chapelle, nous remarquions, en sortant, aux deux coupes de la vasque sur la place, les fils liquides tomber si tranquilles qu'on les eût dits couler sans bouger, n'eût été leur voix minime durante autour, et ces fils limpides venaient de pâlir, crépusculaires.

On rencontre ici une jeune femme en deuil mal suivie d'un petit garçon vers qui elle se retourne presque colère, personne incommodante aux yeux noirs, yeux s'obstinant, au front rentré, à la bouche en museau. Elle tiendrait, cette créature, de la taupe et du vampire.

Les pensées qui précèdent (sont-ce des pensées?) sont impuissantes à nous émouvoir. Du moins ont-elles le mérite d'être exprimées clairement. S'il nous est à peu près indifférent de savoir que M. Poictevin a croisé dans la rue une femme en deuil suivie d'un petit garçon, du moins comprenons-nous qu'il l'a rencontrée. Et de même, nous savons de quoi il veut parler quand il nous décrit le « jet d'eau de la place de l'Église » ou « l'hirondelle fidèle qui revient chaque printemps » (ô Clapisson! ô chère romance!)... M. Poictevin n'est pas toujours aussi limpide... Quand il se mêle d'analyser les vieux peintres (il n'admet naturellement que les primitifs), sa phrase s'égare en de cruelles circonvolutions. J'appelle votre attention sur ce passage :

La pluvieusement blonde sainte Catherine d'Alexandrie de da Sesto, dans le vert amoureusement retardé de son corsage et de l'alentour, nous a rappelé une parole de saint Grégoire le Grand, recommandée par saint Bonaventure : « Notre abri serait de craindre dans l'espérance. »

J'admets à la rigueur « pluvieusement blonde ». Le mot est précieux, mais il éveille une image. Le « vert amoureusement retardé » m'inquiète davantage, et j'ai peine à saisir l'analogie qui peut exister entre la pluvieuse Catherine et la parole de saint Grégoire le Grand... Tout ceci est étrange. Ce n'est qu'étrange. Là où M. Francis Poictevin devient incompréhensible, c'est quand il s'avise d'interpréter le sens philosophique des fleurs. Je ne crois pas que l'on puisse aller plus loin dans l'extravagance.

Le lampyre, d'une humble prudence d'amour, gaze sa verte lueur et continue une veillée incertaine dans la verdure qui dort.
La fleur de l'hortensia, par sa nuance d'anémie azurée ou rosée ou toute décolorée, bégaye et subtilise une voltigeante innocence.
La *pensée* étale dans son velours comme une figure de fétiche mauvaise.
Par ce jour de pluie fine se ménageant, les feuilles humides, qui tapissent la terre dans les bois, ont des diversités infidèlement inclinantes à une ténèbre non confuse. Leurs verts à imperceptibles glaçures violettes avivent, avec une ironie cérémonieuse, de terrifiants remords. Ils se rencontrent, ces verts et ces violets, en un bleu hyménée funèbre.

De ces niaiseries, qui eussent fait pâmer d'aise Cathos et Madelon, faut-il conclure que M. Francis Poictevin est un fumiste et qu'il est dénué de toute valeur? Je n'irai pas jusque-là. M. Francis Poictevin a des nerfs extrêmement délicats, une perception très aiguisée. Il voit dans la nature ce que d'autres ne voient pas ou voient moins bien, et il traduit quelquefois ce qu'il a vu d'une façon heureuse. Il s'applique, comme tant d'écrivains de la jeune génération, à fixer l'insaisissable, à exprimer ce qui ne s'exprime pas, à noter les nuances fugitives de la vision et de la pensée... Ainsi la phrase suivante est un modèle, je dirai presque un chef-d'œuvre d'exactitude dans l'impalpable et de précision dans l'imprécis :

Dans la soirée, en bas du vieux pont mi-partie à pilotis, sur l'eau mordorée et trémolante, de passantes ombres s'aperçoivent de biais, géantes et falotes, apparaître en une disparition.

On ne saurait, en moins de mots, peindre plus juste. L'illusion est complète... Cet aspect, ce *moment* de la nature est « attrapé » comme à l'aide d'un objectif. Cette phrase vaut un instantané photographique, elle vaut mieux, car elle a, en plus, la couleur... Admirez, je vous prie, *mordorée et trémolantes*... L'eau mordorée, c'est-à-dire moirée de frissons et de frissons à peine sensibles, de frissons qui *trémolent*. Et les passantes *ombres!*... Non, mais de grâce, suivez de l'œil des ombres qui passent et qui passent si vite, qu'on ne les aperçoit qu'à l'instant où elles s'évanouissent, ces ombres qui apparaissent et disparaissent simultanément, ces ombres falotes, ces fantômes d'ombres.... J'ai l'air de parodier le quatrain de Mascarille. Il n'en est rien. Je suis pénétré de respect pour cet art prestigieux. Je reconnais que le travail y surpasse la matière. Je ne crois pas que l'exacte notation d'une ombre qui défile sous un pont, présente en soi un vif intérêt, et enrichisse notre patrimoine littéraire. Mais enfin, il y a quelque mérite à accomplir ce que d'autres ne pourraient réaliser. Le Japonais qui s'amuse à sculpter un grain de riz ne saurait être comparé à Phidias, et, cependant, c'est un virtuose en son genre. Le malheur est que le genre soit à ce point minuscule...

« Sculpteur en grains de riz », tel est M. Francis Poictevin; tel il a été jusqu'à présent. Je crains qu'il ne s'en rende compte imparfaitement et qu'il n'attribue à ses livres une importance supérieure à leur mérite... Le fait même de leur publication trahit une étrange confiance en soi. Je sais d'honnêtes gens qui mourraient de honte à l'idée de faire paraître un volume *où il n'y a rien*. M. Francis Poictevin n'a pas de ces scrupules et de ces timidités. Il se présente hardiment, son papier à la main, et dit : *C'est moi!* Et telle est notre badauderie, en ce beau pays de France, que cet aplomb réussit. On regarde avec étonnement le nouveau venu. Sa jactance en impose. On lit son volume... Si par malheur on le comprenait, tout serait perdu, on le mettrait de côté et l'on n'y penserait plus. Mais on n'y comprend rien et l'on s'étonne de n'y rien comprendre. Un critique qui a la prétention d'être intelligent écrit dans une revue : *Ce livre est curieux*... Et chacun de répéter : *Ce livre est curieux.* Quand on dit d'un livre qu'il est *curieux*, il peut être stupide, ridicule, ordurier, pis encore, l'auteur est immédiatement classé dans la catégorie des « jeunes qui ont de l'avenir et du talent »... On se sert de ses œuvres pour éreinter l'œuvre des auteurs en vogue. S'il fait du roman, on l'oppose victorieusement à Paul Bourget; s'il est poète, on l'oppose à François Coppée ; s'il est homme de théâtre, on met ses *fours* bien au-dessus des succès d'Alexandre Dumas fils... Le débutant savoure avec délices cet encens, il accentue ses excentricités, c'est le seul moyen qu'il ait de maintenir son prestige. Il n'était qu'obscur, il devient indéchiffrable; il n'était que malsain, il devient obscène. Toutefois, les années passent; l'artiste, blanchissant, se blase sur le plaisir d'être compris de l'élite et ignoré de la foule. Que ne donnerait-il pas pour se débarrasser de cette auréole, pour goûter, enfin, les joies de l'universelle renommée!... Trop tard, hélas! Il est marqué au sceau du destin...

Voilà bientôt dix ans que M. Francis Poictevin fait partie du groupe des « jeunes qui ont beaucoup de talent ». Je lui souhaite d'en sortir le plus tôt possible, au risque de rencontrer sur sa route un autre petit Poictevin qui le traitera d'épicier et de goitreux. Ce jour-là, l'auteur de *Tout bas* sera entré dans la gloire. Mais il n'y arrivera que s'il se décide à nous donner un vrai livre, et non plus des raclures de muscades, des rinçures de bouteilles, et de chétives pattes de mouche...

M. LOUIS FIGUIER

———

M. Louis Figuier fut un homme très malheureux. Il était docteur en médecine, agrégé de pharmacie, il avait conquis dans la littérature scientifique une légitime renommée. Ses nombreux volumes obtinrent un succès retentissant et charmèrent la jeunesse. Il avait acquis à ce labeur une honorable indépendance et pouvait vieillir, à l'abri des soucis matériels, avec la satisfaction d'avoir, en somme, accompli une œuvre utile. Aux environs de la soixantaine, il s'engoua du théâtre, et cette passion malheureuse emplit de mélancolie ses derniers jours. Délaissant ses travaux habituels, il se mit à composer fiévreusement des drames, des comédies, des féeries qu'il offrit successivement à tous les directeurs de Paris. Il connut les déboires du métier, la lamentable odyssée du manuscrit, trimballé chez les concierges, feuilleté d'un doigt distrait, finalement jeté au rancart : il connut les refus brutaux, les lettres poliment injurieuses et, plus cruels encore, les atermoiements indéfinis et les promesses perfides non suivies d'exécution.

Dévoré d'impatience et sans doute convaincu de son génie dramatique, il s'en alla trouver l'excellent Ballande. C'était la providence des auteurs dans l'embarras. Il lui confia ses peines, auxquelles Ballande daigna compatir, et moyennant que ses frais de décor, de costumes, d'éclairage et de loyer lui seraient honnêtement garantis, cet imprésario voulut bien tenter l'aventure... Louis Figuier accepta toutes les conditions qui lui furent imposées. Qu'importaient ces quelques débours quand l'Art, le grand Art était en jeu! D'ailleurs, le public se chargerait du remboursement. Louis Figuier entrevoyait dans ses rêves une longue série de fructueuses représentations. Et Ballande, en Gascon rusé, se gardait bien de dissiper ces illusions. C'est ainsi que *Denis Papin*, drame en cinq actes, parut aux feux de la rampe.

Je n'oublierai jamais cette soirée. En ce temps-là, vers 1880, un vent de blague et de mystification soufflait sur les salles de spectacle. On « égayait » volontiers les pièces qui n'étaient pas signées d'un nom célèbre. On était sans pitié pour les pièces d' « amateurs ». Dès le premier entr'acte, le mot d'ordre circulait dans les couloirs : « — Vous savez? l'auteur a payé! C'est un homme du monde! Nous allons lui faire son affaire!... » Et l'exécution commençait. Et la représentation se terminait en charivari.

Ce pauvre Louis Figuier n'était pas un homme du monde, mais ce n'était pas un dramaturge de profession. Et ceux-là mêmes qui avaient lu avec intérêt les *Merveilles de la science* et la *Vie des savants illustres* affectaient de ne pas prendre au sérieux ce débutant sexagénaire. Les journaux avaient cependant le matin même expliqué les théories de l'auteur. Il voulait régénérer le théâtre en le rendant instructif, en faire un instrument de moralisation et de progrès. Ainsi, nul ne savait le vrai caractère de Denis Papin. Tous ceux qui iraient voir l'œuvre de M. Louis Figuier connaîtraient admirablement ce grand homme. Et les journaux avaient soin d'ajouter que la pièce était (quoique très pure) mouvementée; et gaie (quoique sérieuse). « Il y a, au troisième acte, un épisode qui fera sensation, la scène où la marmite de Denis Papin fait explosion ; ce sera le *clou* du drame. » Cette marmite ! On l'attendait, on l'appelait à grands cris. Elle devait sauver l'ouvrage ! Elle le perdit ! On chantait sur l'air des lampions : *la marmite ! la marmite !*

Essayez donc d'exprimer les beaux sentiments, l'amour et l'espérance, tandis que des spectateurs ricanent aux fauteuils d'orchestre! Les acteurs perdirent leur sang-froid, et avec le sang-froid la mémoire. Et le pis, c'est que l'explosion rata! Oui! cette marmite tant désirée se conduisit comme un vulgaire chaudron; elle ne voulut jamais éclater, soit que l'artificier l'eût mal construite, soit que l'ingénieux Ballande eût lésiné sur la qualité des accessoires.

En vain, Louis Figuier chercha-t-il à pallier ce désastre. Il inonda de billets les bureaux de son éditeur. Les moindres employés de la maison Hachette purent aller voir en famille, dans de bonnes loges de face, *Denis Papin*. Et les journaux annonçaient, le lendemain, que *Denis Papin* avait fait, la veille au soir, salle comble. Ces feintes ne trompent point le public. Il continua de s'abstenir. Et *Denis Papin* dut, après cinquante représentations, rentrer dans la poussière des bibliothèques.

L'infortuné père de *Denis Papin* demeura inconsolable. Il renouvela sa tentative, toujours sans succès. Ne pouvant triompher au théâtre pour son propre compte, il surveillait le mouvement dramatique contemporain, semblable à ces amants dédaignés que les femmes repoussent obstinément et qui continuent de les suivre dans la rue. On le voyait aux premières. Son grand corps maigre, son visage décharné, sa longue redingote râpée, son chapeau brossé à rebrousse-poil étaient connus de tout le monde et redoutés de quelques-uns. Il s'érigeait en juge sévère; et, s'il avait fort peu d'indulgence pour les pièces qui tombaient, il en avait moins encore pour celles qui s'avisaient de plaire au public. Il souffrait, le pauvre homme, de toutes ses forces. Il ne pouvait se résigner à l'écroulement de son rêve d'or. Il eût sacrifié son bagage scientifique, ses cent volumes de chimie, de physique, les excellents livres qui lui avaient donné la réputation et la fortune, pour un méchant vaudeville de trois sous, joué cent fois de suite au théâtre Déjazet!

Et Louis Figuier n'est pas seul de son espèce. Tous tant que nous sommes, nous avons une marotte qui nous est chère et à laquelle nous sacrifierions nos vrais intérêts. Théophile Gautier aimait qu'on louât sa médiocre peinture; Ingres tirait vanité de son violon. Je sais un génial artiste qui compose des chansons funambulesques et des scies de café-concert, qui attache un prix extraordinaire à ce talent, et jalouse secrètement la dextérité des maîtres du genre.

Au-dessous, si nous pouvions explorer les régions moyennes de la bourgeoisie, que de plaies cachées nous y trouverions, que d'ambitions inassouvies, que de vocations manquées! Quel est l'officier ministériel qui ne s'est cru poète, quand il était amoureux; le professeur qui n'a tenté d'entrer dans le journalisme; le magistrat qui n'a voulu jeter sa robe aux orties? Combien de lettres recevons-nous de province, qui contiennent de naïves confessions!

Il y a quelques années, je pus de la sorte pénétrer au fond d'une âme — et d'une âme de notaire. Ce tabellion habitait une toute petite ville, quelque chef-lieu de canton perdu. Il ne s'accommodait pas sans doute des distractions dont se contentaient ses compatriotes; il méprisait les dominos du Café de l'Univers, et la conversation sur le Cours à l'heure de la musique. Son activité cérébrale exigeait une gymnastique plus raffinée. Il avait tourné les yeux vers le théâtre et broché un drame en quatre actes intitulé, si j'ai bonne mémoire, *Prostituée!* sur lequel il me demandait mon sentiment. Sa lettre était touchante, à force de candeur. « Je vous supplie, me disait-il, de ne révéler mon nom à personne. Ma vieille mère me croirait déshonoré, si elle savait que j'écris des pièces; et certainement mes clients prendraient une très fâcheuse opinion de moi. Veuillez donc envoyer votre réponse sous une double enveloppe à mon intime ami, M. X..., qui est, avec vous, seul dépositaire de ce secret. »

Et, après m'avoir conté par le menu la genèse de son œuvre, le notaire peu à peu s'échauffait. Son imagination lui montrait ce cher manuscrit, sur lequel il avait passé tant de veilles, sortant de l'obscurité, communiqué au Théâtre-Français, lu en grande pompe devant les comédiens assemblés. Et le brave homme qui, en commençant sa lettre, s'exprimait avec crainte et timidité, au bas de la huitième page ne doutait plus du triomphe et, au bas de la seizième (son épître avait seize pages bien comptées), il m'assurait de son éternelle reconnaissance.

Hélas! *Prostituée!* n'eut pas même l'honneur d'essuyer le refus des sociétaires. C'était une gauche imitation d'Alexandre Dumas fils, une indigne rapsodie qui ne pouvait décemment se présenter nulle part. Le notaire dut reprendre son chef-d'œuvre. Peut-être s'est-il obstiné à chercher l'inspiration; peut-être, courbé sous sa lampe, abrité derrière un rempart de cartons, contre les regards indiscrets, continue-t-il obscurément à aiguiser des tirades et à marier des héroïnes au quatrième acte, pour se reposer des vrais mariages qui se consomment en son étude. Peut-être aussi, découragé par son insuccès et devenu philosophe, s'en va-t-il tranquillement deviser sur le Cours et faire une manille au Café de l'Univers. Soyez-sûr, tout au moins, qu'il a conservé une prédilection pour les choses du théâtre, et que, lisant son journal, il va tout d'abord au compte rendu des pièces nouvelles et qu'il émet du fond de son village des jugements rigoureux sur le talent des auteurs contemporains. Ce littérateur manqué a gardé quelques-unes des prétentions de l'homme de lettres.

Ce sont, après tout, d'innocents travers, un peu ridicules, mais qui ne font tort qu'à ceux qui en sont affligés. Songez que beaucoup de gens s'ennuient sur terre, y exercent des occupations vulgaires ou déplaisantes. Le culte des lettres les distrait, les relève à leurs propres yeux, les arrache à la planitude d'une vie sans événements. Ils s'abandonnent, comme des enfants, à l'illusion. Lorsqu'ils ont rimé un méchant sonnet, il leur semble que la Muse est venue les visiter, et ils déclament devant leur armoire à glace la *Nuit de Mai* du « divin Musset »…. Soyons indulgents à ces poètes de sous-préfectures, à ces poétesses mûrissantes qui chantent les roses et les papillons…

… Et puis, il nous est si facile de ne pas lire leurs vers!…

PORTRAITS DU PROCHAIN SIÈCLE

En sa pièce des *Cabotins*, M. Pailleron met en scène un petit groupe de jeunes gens, animés du vif désir d'arriver, et décidés à se prêter un mutuel appui et à se faire réciproquement la courte échelle. Leur société a pris pour emblème la tomate, légume joyeux et méridional. La *Tomate* compte « en son sein » un homme politique, un sculpteur, un auteur dramatique, et d'autres seigneurs sans importance, vaguement avocats ou journalistes. Il est entendu que si l'homme politique arrive au pouvoir, son premier soin sera de décorer ses frères et de leur procurer des sinécures. Si, d'autre part, le dramaturge glisse une pièce à l'Odéon, si le sculpteur expose au Salon, si l'avocat plaide une cause retentissante, les gazetiers, membres de la *Tomate*, insèreront dans les feuilles de merveilleux comptes rendus où l'encens fumera à chaque ligne... Grâce à ce système ingénieux, les héros de M. Pailleron parviennent à la fortune. Ils sont députés, ministres... et même académiciens... C'est la morale de la comédie!

Je songeais à la *Tomate* en parcourant un petit volume intitulé : *Portraits du prochain siècle.* Ce sont de courtes notices, dédiées aux écrivains, poètes et prosateurs, qui auront beaucoup de talent, en l'an de grâce 1900, année de l'Exposition universelle, et qui n'ont encore donné que des espérances. Mais ces notices ne sont pas libellées par un seul individu. Entendez-moi bien. Elles sont, si je puis dire, élaborées en famille. Pierre trace la silhouette de Paul; Paul, à son tour, deux pages plus loin, trace la silhouette de Pierre. Échange de bons procédés. Or, ce petit livre est la galerie où sont accrochées toutes ces têtes. J'en ai compté plus de cent cinquante. Voilà qui nous promet, pour l'avenir, d'amples richesses.

M. P.-N. Roinard, dont le nom (je l'avoue à ma honte) m'était inconnu, présente l'ouvrage au public. Il divise ses portraits en deux groupes, les *militants* (de dix-sept à quarante neuf ans), les *précurseurs* (ceux qui sont morts ou qui ont passé la cinquantaine). Ces derniers sont peu nombreux. M. P.-N. Roinard n'accorde, parmi les vivants, qu'à Henri Becque, Goncourt, Verlaine, Huysmans, Mallarmé, Ibsen, Bjornson, et deux ou trois autres, le beau nom de précurseurs. Mais il les couvre de fleurs. Jugez :

Frondaison supracimée en l'auréolante glorification de ce pur titre : Mallarmé : Tronc élaborateur de fluide et de sèves, qu'âme voyante et corps robuste, notre Protéen Balzac luxuriamment prématura; Souche sous fecondée dans ce moderne Trophonius, dans cette sorte de sépulcre ardent et nourricier qu'est le vivant Verlaine? tel quel, et de surhumaine généalogie, entre le Céleste chrétien et l'Infernal païen, s'épanouit un Arbre dont, racines, radicules, radicelles, filaments, palmettes, palmes, ramilles et rameaux, de plein gré divergeant, en occultes ou lumineux rayonnements, devers l'ubiquitaire et totale Liberté, que semblent à la fois promettre, et le Soleil, et la Nuit à naître. Arbre grandiose qui, par bonheur, nous cache l'infinie Forêt issue de ses glands, cette Forêt parasitaire où, vautrée, broute la porcine Foule, si goulue des basses poussées qu'engraisse son illécébrale fiente de bronze et d'or.

Il est toujours flatteur de s'entendre appeler « tronc élaborateur de fluides » ou encore sépulcre « ardent et nourricier » ... M. Mallarmé et M. Verlaine n'ont qu'à se louer de M. P.-N. Roinard. Les autres *précurseurs* ont la part moins belle. Quant à la « porcine foule » elle est traitée avec le dédain que justifie son aveuglement. Elle persiste à ne pas comprendre les « proses » de M. Mallarmé; elle goûte modérément les vers de M. Verlaine, et elle s'esbaudit niaisement aux grâces moyenâgeuses de M. J. Moréas.

Hélas! c'est à cette « foule porcine » que je m'adresse. Et je voudrais, en m'aidant du volume de M. P.-N. Roinard, lui révéler nos grands hommes de demain. Car la foule, fût-elle porcine, s'intéresse tout de même à ce que le père Buloz appelait jadis pompeusement « le mouvement littéraire »...

Hâtons-nous de feuilleter les *Portraits du prochain siècle*...

Parmi les portraicturés, quelques-uns sont presque célèbres. Tels M. Paul Adam, en qui M. Bernard Lazare voit un *transcendant idéaliste*, un *satirique nerveux*, un *lyrique évocateur*; M. Francis Viellé-Griffin, auteur de *beaux, doux et clairs* (?) *livres*; M. Bernard Lazare, qui possède un *œil guetteur*, lequel (dit M. Paul Adam) *fatigue, détruit, émiette la raison de l'adversaire*; M. Henri de Régnier, qui *housse sa main vers la bague d'une solitude élue, dont il tourne en dedans de son âme le chaton d'invisibilité* (voilà sans doute un compliment bien troussé); M. Laurent Tailhade, de dynamiteuse mémoire, qui a composé des *vers sonores, précis et coruscants*; M. Camille Mauclair, à qui nous devons, paraît-il, des *œuvres inoubliables*; M. Jules Case, auteur de trois romans *qui sont trois chefs-d'œuvre*; Maurice Mœterlinck, *âme élue par la métaphysique, dédiée aux ivresses abstraites de Plotin*; M. Georges Rodenbach, *cruel et méprisant aux malfaiteurs de notre chère littérature*; M. Maurice Barrès, *grand dignitaire ecclésiastique du XVIII° siècle*; M. Georges Vanor, *un trouvère qui a cru devoir quitter sa viole*; le Sâr Péladan, en qui s'incarne *l'humilité sainte couvrant de la pompe des Orgueils salvateurs les Doctrines* (l'humilité du Sâr Peladan me semble sujette à caution...).

J'en passe, et des meilleurs.

Mais ces gens de lettres ont fait leurs preuves et donné leur mesure ; on peut juger de ce qu'ils produiront par ce qu'ils ont produit. Mieux vaut s'occuper des autres, des inédits, dont la gloire éblouira bientôt l'univers. Opérons de nouvelles fouilles dans le petit livre, et signalons au lecteur :

1° M. Edmond Cousturier. — Son biographe (M. Ch. Saunier) le croque en ces termes : « Un œil limpide, des traits fins, une barbe dorée. *Correctement serré dans des vêtements d'une coupe irréprochable* (ah! si M. Georges Ohnet avait écrit cette phrase!), il se promène le long des quais et s'amuse à regarder les vieilles gravures. »... Par malheur, M. Edm. Cousturier *ne consent à écrire que dans de rares occasions*... Cela est fâcheux. M. Saunier affirme que le jour où M. Cousturier *consentira à écrire* il mettra tous les critiques d'art dans sa poche. Mais M. Cousturier daignera-t-il jamais *vouloir*?...

2° M. Albert Samain. — Celui-ci a produit des poèmes « qui ont la rigide perfection de ceux de Leconte de Lisle » et d'autres « qui ont la beauté plastique de ceux de M. José-Maria de Heredia. » Mais, par un inconcevable entêtement, il n'a pas voulu les publier. Il les confie à ses seuls amis intimes. Nous le supplions d'immoler sa modestie à notre légitime curiosité.

3° M. Jean Court. — Encore un timide qui entasse

Pélion sur Ossa dans le silence du cabinet et qui compte à son actif *un roman annoncé, presque terminé,* et qui possède en ses cartons « *cinquante tentatives et projets somptueux.* » Voyez-vous ces cinquante projets somptueux fleurissant un beau matin sur le pavé de Paris ! Quel remue-ménage dans les Lettres !

4° M. Charles Merki. — Autre paresseux, mais qui, du moins, adore les voyages. Il vient de parcourir l'Extrême-Orient, d'où il rapporte « une ample moisson de beaux rêves *qu'il gerbe actuellement en un livre impatiemment attendu de ses amis* »... Dieu veuille que cette impatience ne soit pas trahie et qu'il ne s'en suive pas une déception. Après cela, si le livre de M. Charles Merki n'est qu'un demi-chef-d'œuvre, ses confrères s'en consoleront.

5° M. Gaston Danville. — C'est un romancier de l'école scientifique qui a « sondé l'âme humaine *jusqu'en ses derniers replis subcrâniens* et qui connaît à fond les *valonnements de ce pays gris du cerveau* »…. Comment ce prodigieux psychologue n'est-il pas parvenu à la grande renommée ? Mais j'y songe : peut-être est-ce lui qui, sous le nom de Paul Bourget, a publié quelques romans estimés...

6° M. Eugène Hollande. — Le théâtre se meurt. M. Hollande va lui infuser un sang nouveau. Il « prépare en ce moment un *grandiose drame lyrique* »... Allons, tant mieux !

7° M. Charles Saunier. — On accuse les Français

d'être frivoles. C'est que tous les Français ne ressemblent pas à M. Charles Saunier. Croiriez-vous que ce jeune homme a poussé la conscience jusqu'à « apprendre le japonais pour déchiffrer les légendes des Outamaros ! » N'est-ce pas admirable ? Seulement M. Charles Saunier a consacré tant de jours à l'étude du japonais qu'il n'a pas encore eu le temps d'écrire son premier livre...

Je pourrais prolonger cette analyse et vous présenter plusieurs douzaines de grands hommes non moins authentiques. Je suppose que vous êtes suffisamment édifiés... Et remarquez que, dans ce volume, où tant de médiocrités célèbrent réciproquement leur gloire, on ne trouve le nom ni de Jules Lemaître, ni d'Anatole France, ni de Sully-Prudhomme, ni de Coppée, ni de Paul Bourget, ni d'Alphonse Daudet, ni de Zola, ni de Lavedan, ni de Paul Margueritte, ni de Bouchor, ni de Marcel Prévost, ni d'aucun des artistes qui sont l'honneur de la nouvelle génération. Pour les doyens, on les traite avec le plus révoltant mépris : Vacquerie n'existe pas, Ernest Legouvé est un épicier de lettres, Sarcey mérite qu'on le pende (*vade retro Satanas*). En général tous les écrivains dont le public se détourne et dont les ouvrages se vendent mal sont portés aux nues ; tous ceux qui ont obtenu la consécration du succès matériel excitent de jalouses et sourdes colères. Ainsi juge cette petite église où la majorité se compose d'envieux, d'impuissants et de ratés...

Et ne croyez pas que leur haine ne s'attache qu'aux individualités supérieures. Ils s'abhorrent entre eux. A lire les notices qu'ils se consacrent, on les croirait animés d'un tendre esprit de sympathie et de confraternité. Mais interrogez-les séparément; arrachez-leur des confidences; et vous verrez comme ils s'entendent à draper leurs camarades, avec quelle clairvoyance acérée ils apprécient mutuellement leurs productions. Le sirop des dithyrambes tourne au vinaigre. Les applaudissements de théâtres font place aux conversations de couloirs. C'est l'éternelle histoire des perfidies et des lâchetés humaines...

Réjouissons-nous de la publication des *Portraits du prochain siècle*. Ce volume restera comme le témoignage d'un certain état d'esprit particulier à notre époque. Il fournira un piquant sujet d'article aux chroniqueurs du vingtième siècle qui, par hasard, le retrouveront dans l'étalage des bouquinistes et qui prendront en pitié nos vanités maladives. Ils liront, avec stupeur, ces complaisants éloges, décernés à des auteurs dont la renommée fut circonscrite entre le jardin du Luxembourg et le boulevard Saint-Michel. Et ce navrant exemple servira d'enseignement aux poètes d'alors, qui, selon toute apparence, ne seront pas moins infatués d'eux-mêmes ni moins ridicules que les contemporains de M. Jean Moréas...

VOYAGE SENTIMENTAL AU PAYS LATIN

« Non, tu n'es plus, mon vieux Quartier latin! »
Ainsi s'exprimait M. le sénateur Lepère, dans une
chanson très mélancolique. Tous les sénateurs et
tous les notaires qui furent étudiants, et qui ont
passé l'âge des folies, versent une larme sur leur
vieux Quartier latin. Ils pleurent surtout leur jeunesse évanouie; ils ressemblent à ces vieillards qui,
n'ayant plus d'appétit, déclarent que le rôti est
brûlé. Mort! le pays latin! L'Odéon est-il supprimé
et la Sorbonne rasée et le Boul'Mich aboli? Schaunard, hier encore, suivi de Rodolphe et de quelques
douzaines de bons drilles, ne faisait-il pas le coup
de main contre les chevaliers du trottoir? Enfin
nous savons, par les journaux, que d'immenses
monômes s'organisent, en de certains jours, et vont
se déroulant, depuis la montagne Sainte-Geneviève
jusqu'au Moulin-Rouge, non sans s'être arrêtés,
selon la tradition, chez la mère Moreau, au coin du
Pont-Neuf. Les jeunes gens qui se livrent à ce

divertissement sont-ils si pessimistes et si découragés que le dit la chanson?

> C'est des jeun's gens sérieux qui s'ront un jour célèbres,
> Ç'a f'ra des grands médecins ou des grands avocats,
> Mais s'ils voulaient tout d'même entrer aux Pomp's funèbres
> Dans cette institution on en f'rait un grand cas.

J'ai voulu voir et voici ce que j'ai vu :

... Sept heures... Brasserie *d'Harcourt*, boulevard Saint-Michel. C'est le moment où l'on dîne. Je m'engouffre avec mon guide (un étudiant blanchi sous le harnois) dans le vaste établissement. La plupart des tables sont occupées, nous nous installons tant bien que mal au bout de la salle... L'atmosphère est chargée de tabac et surchauffée. Les consommateurs sont plutôt bruyants; ils s'interpellent en mots gaillards et honorent le garçon d'une familiarité qui va jusqu'au tutoiement : « Or çà, garçon, tu te f... de moi ! » Ainsi Buridan, dans la *Tour de Nesle*, apostrophait Orsini : « Tavernier du diable. » Tout près de nous se tient un pochard en bonne fortune, quelque étudiant pharmacien qui a trop fêté Bacchus. Il fait, à lui seul, autant de bruit qu'une caserne. Il tape sur la table, il ânonne des paroles incohérentes et, pour mieux appuyer sa démonstration, il renverse la bouteille et casse son verre. Et le voilà furieux : « Enlevez-moi cette nappe ! » Et, comme on ne se presse pas d'obéir, il saisit la nappe et la jette à terre, et avec la nappe, il précipite le turbot hollandaise et le filet Richelieu dont les sauces se mélangent : hideux spectacle, qui d'ailleurs ne soulève aucune protestation. Le public de l'endroit est habitué à ces sortes d'incidents. Notre potard en goguette n'est pas seul. Sa compagne, une blonde fanée, au type et à l'accent faubouriens, demeure impassible; les excentricités de son ami lui arrachent un sourire. Elle nous dit à mi-voix : « Il n'est pas méchant, mais faut pas le contrarier... » Soudain, la petite blonde se lève, la joue en feu, l'œil plein de colère. Que s'est-il passé ? Une grosse brune s'est approchée de la table et y a glissé sournoisement une soucoupe. La petite blonde a surpris cette manœuvre, qui lui inspire une grande indignation : « Espèce de... (je passe les épithètes), tu veux nous faire payer tes consommations ! Tiens, voilà ta soucoupe ! (la soucoupe décrit une parabole et va s'aplatir contre le mur). Et puis, tâche de ne plus recommencer ou sinon... »

La petite blonde se tourne vers nous, toujours furieuse : « Croiriez-vous que cette... (je passe encore les épithètes) a le toupet de me poursuivre partout où je vais ! Mais qu'elle ne s'y frotte pas ! Je lui ai administré l'autre soir une *tatouille*, je suis toute prête à recommencer... Vous pensez bien que ce n'est pas pour sa soucoupe; je me moque de sa soucoupe; je n'en suis pas, Dieu merci ! à regarder à une soucoupe. Mais j'aime qu'on soit poli... »

Cependant la salle achève de s'emplir. Quelques

bérets font leur entrée. « Ce sont, me dit mon guide, des étudiants frais émoulus de province ; ils s'imaginent que l'on porte encore le béret à Paris, on ne le porte plus depuis un an. » Tant pis, car ce béret a, ma foi ! bonne tournure. Les nouveaux venus esquissent une farandole en poussant d'épouvantables clameurs. Je me représente la tête des locataires de l'immeuble, si ces vociférations leur parviennent. Je saisis le patron de l'établissement, qui circule affairé, mais néanmoins heureux de voir son commerce prospérer : « Est-ce que cette maison est habitée ? — Oh ! monsieur, ne m'en parlez pas. Tout le monde donne congé. Je vais être obligé de procéder comme le *Turenne* de la rue Soufflot. — Et qu'a fait le *Turenne*? — Il s'est fait construire un plafond de liège qui intercepte le bruit. »

Je crois que le *D'Harcourt* sera obligé de suivre les errements du *Turenne*. Le tapage devient, en effet, insoutenable. Vli ! vlan ! des gifles !... C'est encore la petite blonde... Une voisine lui a demandé sa boîte à poudre de riz. Elle a refusé. La voisine s'est fâchée et vli ! vlan ! « Je ne puis pourtant pas donner ma poudre de riz à tout le monde, s'écrie la petite blonde. — Attends, attends, dit le bon pochard, je m'en vais la mettre à la raison. » Il s'éloigne lourdement, on aperçoit de loin une bousculade, des bras qui se lèvent, et le pochard revient le nez dans son mouchoir, il a reçu un maître coup de poing qui lui a mis la figure en marmelade.

Il est temps de quitter ce lieu de délices, où l'on ne respire plus qu'avec peine. Et puis je tiens à varier mes plaisirs.

— Allons au *Monôme*.
— Va pour le *Monôme* !

Une petite ruelle dégringolant, à côté de la Sorbonne, la rue Champollion, qui disparaîtra un de ces jours, sous la pioche des démolisseurs, comme la rue Saint-Jacques, comme la rue Cujas, comme toutes les vieilles rues si pittoresques qui rayonnent vers le Panthéon. Une porte bâtarde violemment illuminée. Nous y sommes... La salle où nous pénétrons est décorée de treillages verdâtres dans le goût du siècle dernier. D'ailleurs, la poussière et la crasse souillent les murs. Cette taverne suinte l'humidité et le graillon. Je veux m'asseoir, je tire un tabouret, et le tabouret résiste. Il est rivé au sol. « C'est pour qu'on ne puisse pas se les jeter à la tête », m'explique-t-on. Charmant! Au fond, j'aperçois vaguement dans la buée une silhouette qui se tortille et j'entends le son d'un piano poussif. Le *Monôme* est un café-concert, mais un café-concert d'amateurs. Chacun a le droit de s'approcher du piano et d'en *chanter une*. Précieuse ressource pour les jeunes poètes qui aspirent à la gloire de M. Xanrof...

A ce moment un colosse se hisse sur l'estrade et entonne d'une voix tonitruante la *Chanson des Dos* de Bruant, que le public reprend en chœur. Ce colosse est le « grand Charles ». — « Si vous l'aviez vu l'an dernier, me dit mon compagnon; il portait de grands cheveux, des pantalons de rapin, une immense redingote, ce n'était plus le même homme, il était superbe. » Je dois avouer que le « grand Charles », depuis qu'il a fait couper ses cheveux, n'est plus très intéressant, il ressemble tout au plus à un garçon charcutier. Au « grand Charles » succède un petit être nerveux, grimaçant, sec comme une trique, qui se met à hurler une composition de son cru, *la Cuvette*, dont je ne puis rien dire — et pour cause. Cette obscénité obtient le plus vif succès; l'artiste défile parmi les consommateurs qui lui prodiguent les compliments. — « Vous allez, lui dis-je, nous chanter autre chose?... » — Le poète sourit avec dédain. « Regardez-moi le public, murmure-t-il. N'est-ce pas une honte? Rien que des cuisinières et des portiers... La littérature n'a rien à voir avec ces gens-là!... Et ils sont grigous et rapiats! Croiriez-vous que mes billets de tombola ne sont pas encore placés? » Et je vis qu'en effet mon homme tenait à la main des bouts de carton crasseux qu'il vendait dix centimes pièce. Chaque carton portait un numéro; le numéro sortant gagnait une bouteille de champagne. On m'expliqua ce mécanisme et l'on me fit observer que la bouteille sortait généralement parmi les numéros non placés. C'est ainsi que l'auteur de *la Cuvette* parvenait à soutenir sa frêle existence...

Dix heures sonnent au beffroi... On peut se diriger vers Bullier... Chemin faisant, mon aimable cicérone me parle des étudiants célèbres qui furent ses amis, Il connut un peu Ponchon, Bouchor et Richepin. Il connut beaucoup Sapek. « Vous avez connu Sapek? Parlez-moi de Sapek. » Et il invoque aussitôt mille souvenirs joyeux.

Ils étaient deux, qui ne se quittaient guère, le long Sapek et le petit Décori... Sapek était maigre comme une Anglaise, Décori était tout rond, tout boulot. Sapek se hissait sur de hauts talons pour paraître encore plus grand, Décori se rapetissait en pliant les jambes. Sapek se collait des favoris rouges, s'habillait en highlander, jambes nues et bras nus avec une jupe écossaise. Décori s'affublait d'une barbe de modèle qui lui traînait jusqu'aux pieds. Et tous deux, se tenant par la main, descendaient gravement le boulevard Saint-Michel... D'autres fois Sapek entrait dans un magasin de fruiterie. Il s'emparait d'un artichaut et disait à la marchande, sur un ton d'indicible mélancolie : « Je vous l'emprunte pour quelques heures, je le rapporterai ce soir. » Et il s'esquivait, et la fruitière, stupéfaite, n'osait courir après lui... La dernière plaisanterie de Sapek fut peut-être sa meilleure. Il était entré dans l'administration, il avait été nommé quelque part conseiller de préfecture. Il fut, un jour, invité à présider un comice agricole, un tout petit comice régional : il n'avait affaire qu'à des paysans illettrés et devait néanmoins prononcer une harangue. Que fit mon Sapek? Il apprit par cœur le discours du pharmacien Homais, dans *Madame Bovary*, l'ironique discours où Flaubert a entassé tous les lieux communs de l'éloquence politicienne, clichés de réunions publiques, phrases vagues et vulgaires, déclamations imbéciles. On assure que Sapek fut chaudement applaudi et qu'il donna aux gens du comice une haute idée de ses talents oratoires... Il mourut malheureusement quelques mois plus tard. Il mourut fou. Sapek avait trop d'esprit pour vivre longtemps en notre société décrépite...

Bullier! nom évocateur! Bullier succéda à la Closerie des Lilas qui fut chantée par Murger et par Théodore de Banville. O Musette! ô Mimi! ô Phémie! ô Muse dont l'aile était si vive, le pied si léger, avez-vous disparu? Vous êtes-vous transformées? Une épaisse cohue emplit le « jardin d'hiver » et nous cherchons de l'œil le tablier de Phémie et le bonnet de Musette... Les tabliers sont rares et les bonnets inconnus. On n'aperçoit que des robes de soie voyantes et fripées, et des chapeaux défraîchis. Nous ne sommes pas à Bullier, nous sommes au Moulin-Rouge. C'est un Moulin-Rouge moins huppé, un Moulin-Rouge de province, où le champagne est remplacé par la limonade gazeuse et les princes russes par des calicots... Fuyons ce séjour funèbre...

Il me reste à explorer les cafés littéraires, les sous-sols de brasseries où se réunissent les poètes inconnus et méconnus, grands hommes de demain et d'après-demain. Où perchent ces réformateurs, successeurs des hydropathes, critiques *in partibus*, tarisseurs de chopes, dévots de Verlaine? Il y a les fidèles de *la Plume*... Mais *la Plume* ne tient ses assises que le samedi et ce n'est point son jour. Je me rabats sur *Procope*. Ce café me plaît, étant célèbre et même historique. D'ailleurs je sais qu'une nouvelle Compagnie vient de s'y fonder, sur l'initiative de l'illustre Trimouillat.... Montons à l'assaut de Procope. Hélas! Procope est mal défendu! Il ouvre sur la rue noire des fenêtres solitaires... Pas une âme! La caissière bâille entre des pyramides de cuillères à punch. Je sirote tristement un cassis à l'eau de Seltz en songeant aux vicissitudes des gloires humaines; en songeant qu'à cette même place où je suis assis, Diderot pérorait peut-être et Vadé fredonnait un couplet gaillard. Tout à coup, je crois entendre les accords d'une musique lointaine... Est-ce une illusion?... « Le concert est au premier étage, me dit obligeamment la caissière. — Et Trimouillat? — Trimouillat est là-haut! — J'y cours! »

Représentez-vous un salon étroit et profond, coupé en deux parties par un rideau d'andrinople. D'un côté du rideau les auditeurs, de l'autre l'inévitable piano et les artistes... Ils défilent en bon ordre. Ils sont trois qui se succèdent et font le roulement D'abord, l'ineffable Trimouillat. Vous connaissez Clovis Hugues ! Prenez Clovis Hugues par la tête et par les pieds, et tirez de façon à l'allonger de 50 centimètres. Vous avez Trimouillat. C'est un Clovis aminci, vacillant sur de longues jambes maigres. Et la voix, comme le corps, a diminué. La voix de Clovis est un tonnerre marseillais, c'est le mistral qui souffle au pont d'Avignon, c'est le Rhône aux flots tumultueux : la voix de Trimouillat est une caresse du zéphyr, le murmure d'un ruisseau jaseur, c'est presque une voix de jeune fille. Et Trimouillat nous dit, en vers harmonieux, la puissance corruptrice de l'argent et la déplorable immoralité des classes capitalistes... Trimouillat disparaît ! il est remplacé par Xavier Privas, honnête chansonnier qui croit encore à l'amour, au printemps en fleur, aux papillons et aux roses. Comme il achève son troisième papillon, la porte s'ouvre et nous LE voyons paraître. IL s'appuie sur une canne et traîne la jambe; IL est vêtu d'un paletot-sac, coiffé d'un chapeau mou; SA face est luisante; SON front bossué comme un vieux chaudron de cuivre; SA barbe, rebelle aux efforts du peigne, forme un inextricable tissu! IL est suivi d'un disciple, le dessinateur Cazals, qui s'attache à SES pas, exalte SA gloire, et crayonne SON portrait, de face, de dos, de profil, par le flanc droit et par le flanc gauche. Et n'écoutant plus la musique, insensible aux accents de Trimouillat, je contemple ce vieillard qui jouit à Paris d'une si prodigieuse réputation. Paul Verlaine (car c'est LUI, et vous l'aviez deviné !...) vient ainsi, entre deux villégiatures à l'hospice Broussais, se délasser au *Procope* ou dans quelque autre « beuverie » du Quartier latin. Trimouillat le console de Broussais. Broussais le repose de Trimouillat. Il s'achemine de la sorte, cahin-caha, vers le repos éternel. Et pour lui rendre la route plus agréable, ses amis les étudiants, assemblés en concile, le proclament successeur de Musset, *poète de la jeunesse française...* Oui, ce podagre, ce rhumatisant, ce malade de brasserie et ce pilier d'hôpital, incarne en ses haillons, sur sa face jaunie, en ses mains tremblantes, l'*âme de la jeunesse français!...*

J'ai vu l'*âme de la jeunesse française* boire un bock et se moucher dans un mouchoir à carreaux... Je n'ai point perdu ma soirée et je n'ai pas lieu de regretter ce petit voyage au Pays latin... Et j'ai compris la sagessse du vieux géographe Pierre Ganière qui, ayant à figurer sur une carte de 1699 le territoire occupé par les escholiers et les bazochiens, y dessinait les villes de Nez-Cassé, Bas-Crottés, Manches-Déchirées, Sans-Cravate, Songe-Malice, Chapeau-en-Gouttière et Tête-de-Bois...

TABLE DES MATIÈRES

POÈTES ET ROMANCIERS

M. Auguste Vacquerie............................	3
Le chansonnier Nadaud...........................	13
M. Paul Déroulède...............................	25
M. Jean Aicard..................................	37
M. Laurent Tailhade.............................	47
Le comte Mathias Villiers de l'Isle-Adam........	59
Frédéric Mistral, roi du Midi...................	71
Le poète du silence : M. Georges Rodenbach......	79
M. Jean Richepin................................	87
La politique de M. François Coppée..............	93
M. Paul Verlaine................................	105
Deux poètes des champs..........................	121
M. Robert de Montesquiou........................	131
Littérature helvétique..........................	143
L'art du développement chez Victor Hugo.........	157
M. Maurice Mœterlinck...........................	175
L'art du développement chez M. Pierre Loti......	185
Le roman populaire : M. Émile Richebourg........	197
Le premier roman de M. Émile Zola...............	205
L'histoire et la légende dans les romans d'Alexandre Dumas père...........................	213
M. Léon de Tinseau..............................	227
Le faux scepticisme de Mérimée..................	237

Deux conteurs : MM. Masson-Forestier et Georges
    d'Esparbès... 247
Quelques romans célèbres.............................. 259

LES FANTAISISTES

M. Joséphin Péladan................................... 337
M. Francis Poictevin................................... 345
M. Louis Figuier....................................... 353
Portraits du prochain siècle.......................... 361
Voyage sentimental au pays latin..................... 369

Coulommiers. — Imp. PAUL BRODARD. — 34-95.

www.ingramcontent.com/pod-product-compliance
Lightning Source LLC
Chambersburg PA
CBHW060607170426
43201CB00009B/933